国家卫生和计划生育委员会"十二五"规划教材
全国高等医药教材建设研究会"十二五"规划教材
全国高职高专院校教材

供康复治疗技术专业用

人 际 沟 通

主　编　王凤荣

副主编　吴立红　吴　玲

编　者（以姓氏笔画为序）

王凤荣（黑龙江农垦职业学院）

王宪宁（福建卫生职业技术学院）

邢　岩（黑龙江护理高等专科学校）

杨聪敏（宁波卫生职业技术学院）

吴　玲（江苏建康职业学院）

吴立红（无锡卫生高等职业技术学校）

何光明（鹤壁职业技术学院）

宋淑玲（黑龙江省农垦总局总医院）

温晓会（大庆医学高等专科学校）

詹玲利（漯河医学高等专科学校）

秘　书　王慧颖

人民卫生出版社

图书在版编目（CIP）数据

人际沟通/王凤荣主编. —北京：人民卫生出版社，2014

ISBN 978-7-117-19400-6

Ⅰ.①人… Ⅱ.①王… Ⅲ.①人际关系学-高等职业教育-教材 Ⅳ.①C912.1

中国版本图书馆 CIP 数据核字（2014）第 141795 号

人卫智网	www.ipmph.com	医学教育、学术、考试、健康，购书智慧智能综合服务平台
人卫官网	www.pmph.com	人卫官方资讯发布平台

人 际 沟 通

主　　编：王凤荣

出版发行：人民卫生出版社（中继线 010-59780011）

地　　址：北京市朝阳区潘家园南里 19 号

邮　　编：100021

E - mail：pmph @ pmph.com

购书热线：010-59787592　010-59787584　010-65264830

印　　刷：廊坊一二〇六印刷厂

经　　销：新华书店

开　　本：850×1168　1/16　印张：10

字　　数：277 千字

版　　次：2014 年 8 月第 1 版　2024 年 8 月第 1 版第 12 次印刷

标准书号：ISBN 978-7-117-19400-6

定　　价：27.00 元

打击盗版举报电话：010-59787491　E-mail：WQ @ pmph.com

质量问题联系电话：010-59787234　E-mail：zhiliang @ pmph.com

为了认真贯彻落实十八届三中全会"加快现代职业教育体系建设,深化产教融合、校企合作,培养高素质劳动者和技能型人才",和国务院常务会议关于"发展职业教育是促进转方式、调结构和民生改善的战略举措"精神,全国高等医药教材建设研究会和人民卫生出版社在教育部、国家卫生和计划生育委员会的领导和支持下,成立了第一届全国高职高专康复治疗技术专业教育教材建设评审委员会,并启动了全国高职高专康复治疗技术专业第二轮规划教材修订工作。

按照《医药卫生中长期人才发展规划(2011—2020年)》、《教育部关于"十二五"职业教育教材建设的若干意见》等文件精神,随着我国医药卫生事业和卫生职业教育事业的快速发展,高职高专相关医学类专业学生的培养目标、方法和内容有了新的变化,教材编写也要不断改革、创新,健全课程体系、完善课程结构、优化教材门类,进一步提高教材的思想性、科学性、先进性、启发性、适用性。为此,第二轮教材修订紧紧围绕高职高专康复治疗技术专业培养目标,突出专业特色,注重整体优化,以"三基"为基础强调技能培养,以"五性"为重点突出适用性,以岗位为导向、以就业为目标、以技能为核心、以服务为宗旨,力图充分体现职业教育特色,进一步打造我国高职高专康复治疗技术专业精品教材,推动专业发展。

全国高职高专康复治疗技术专业卫生部规划教材第一轮共8种于2010年8月全部出版,均为卫生部国家级规划教材。第二轮教材是在上一轮教材使用基础上,经过认真调研、论证,结合高职高专的教学特点进行修订的。第二轮教材修订坚持传承与创新的统一,坚持教材立体化建设发展方向,突出实用性,力求体现高职高专教育特色。在坚持教育部职业教育"五个对接"基础上,教材编写进一步突出康复治疗技术专业教育和医学教育的"五个对接":和人对接,体现以人为本;和社会对接;和临床过程对接,实现"早临床、多临床、反复临床";和先进技术和手段对接;和行业准入对接。注重提高学生的职业素养和实际工作能力,使学生毕业后能独立、正确处理与专业相关的临床常见实际问题。

在全国卫生职业教育教学指导委员会、全国高等医药教材建设研究会和全国高职高专康复治疗技术专业教育教材建设评审委员会的组织和指导下,对第二轮教材内容反复修改,对体例形式也进行统一规范,并设置了学习目标、学习/本章小结、思考题/复习题等模块,同时鼓励各教材结合自身内容特点在正文中以插入文本框的形式增设一定篇幅的拓展内容,如"知识拓展"、"课堂互动"、"案例分析"等,以便于教师开展形式多样的教学活动,拓宽学生视野,提升教学效果。为了帮助学生有效掌握课本知识,熟练操作技能,增强学习效果,适应各级各类考试,部分教材配套了实训指导与学习指导。此外,本轮教材还配套了网络增值服务内容,在人卫医学网教育频道(edu.ipmph.com)平台上,大量难以在纸质教材中表现出来的内容,围绕教材形成便捷的在线数字化资源教学包,为教师提供教学素材支撑,为学生提供学习资源服务。

本轮修订全国高职高专康复治疗技术专业规划教材共 17 种,全部为国家卫生和计划生育委员会"十二五"国家规划教材,3 种为教育部"十二五"职业教育国家规划立项教材,将于 2014 年 8 月陆续出版。

	教材名称	主编	副主编
1	人体形态与机能	倪月秋　陈　尚	胡小和　陈宝琅　袁海华
2	基础医学概要	杨朝晖　张　忠	王东辉　关静岩　肖建英
3	临床医学概论	胡忠亚　曾　华	马建强　李伯和　何　昕
4	康复治疗基础	王俊华　周立峰	姚万霞　徐冬晨
5	康复评定技术	王玉龙　张秀花	周菊芝　沈维青　王　红
6	运动治疗技术	章　稼　王晓臣	李海峰　罗　荣　张　震
7	物理因子治疗技术*	吴　军　张维杰	周国庆　尚经轩　刘　曦
8	作业治疗技术*	闵水平　孙晓莉	胥方元　梁　娟
9	中国传统康复技术	陈健尔　甄德江	吕美珍　郭　彦　李海舟
10	疾病康复	张绍岚　何小花	周美慧　彭　力
11	康复工程技术	肖晓鸿	杨文兵　千怀兴
12	言语治疗技术*	王左生　王丽梅	田　莉　孙　华
13	社区康复	罗治安　张　慧	黄　毅　蓝　巍　王秀清
14	康复心理学	周郁秋　张渝成	冯金彩　曹建琴
15	运动学基础	尹宪明　井兰香	马　萍　李古强
16	人际沟通	王凤荣	吴立红　吴　玲
17	中医学基础	陈文松　聂绍通	张玲玲　石君杰　陈军平

*教育部"十二五"职业教育国家规划教材

网络增值服务（数字配套教材）编者名单

主　编

吴立红

副主编

王凤荣　吴　玲

编　者（以姓氏笔画为序）

王凤荣（黑龙江农垦职业学院）

王宪宁（福建卫生职业技术学院）

邢　岩（黑龙江护理高等专科学校）

杨聪敏（宁波卫生职业技术学院）

吴　玲（江苏建康职业学院）

吴立红（无锡卫生高等职业技术学校）

何光明（鹤壁职业技术学院）

宋淑玲（黑龙江省农垦总局总医院）

温晓会（大庆医学高等专科学校）

詹玲利（漯河医学高等专科学校）

医学本质上是人学，是为人、为社会而存在的。人文医学是医学体系中除生物医学外的另一重要组成部分。人文医学的内涵在康复治疗技术专业有更突出的意义，因为康复治疗是一个漫长的过程，其效果不仅仅决定于康复治疗师的技术，更重要的是患者及家属的积极配合。所以康复治疗师的沟通及交往能力不仅是个体必备的基本素质和成功素质，更是提供优质医疗服务的核心和关键。

为服务教改，推动医改，加速康复治疗技术专业发展，促进专业建设，提高学生的沟通及交往能力，依据全国高等医药教材建设研究会和全国高职高专康复治疗技术专业教材评审委员会要求，遵循"以服务为宗旨，就业为导向，以岗位需求为标准"的职业教育指导思想，编写了《人际沟通》教材。本教材主要供高职高专院校康复治疗技术学生使用，也可作为在职康复治疗技术人员学习和提高的参考用书。

本教材为康复治疗技术专业首次编写，共十章内容，分别为沟通概述、人际关系、医疗人际关系、语言沟通、非语言沟通、康复治疗工作中的沟通技巧、康复治疗师与患者的沟通、临床实习中的人际沟通、跨文化背景下的人际沟通、日常生活中的人际沟通。

本教材具有以下特点：第一，体现了培养学生的综合素质并突出职业技能的培养目标。强调以能力为本位，以学生为主体，贴近社会生活，贴近专业岗位，理论与实践紧密联系。第二，内容丰富、系统、完整并突出重点。在科学、系统阐述理论知识的前提下，遵循"必需、够用"的原则，突出沟通技巧在康复治疗工作中的应用，并阐述学生在临床实习、跨文化及日常生活中的沟通，体现内容的专业性、实用性和实践性。并且与全国康复治疗师执业资格考试紧密对接。第三，教材体例形式多样、图文并茂、直观生动。每章章首有学习目标，章末有学习小结，学生学习有针对性，易于把握重点；目标下设有情境导读，激发学生的学习兴趣，有利于培养学生的综合分析及解决实际问题的能力；内容中设有知识拓展、案例、名人名言等内容，拓宽学生的知识面、提高学习兴趣；章后设有思考与练习，通过练习和实践活动，及时强化所学知识，提高沟通能力。

本书在编写过程中，参考了有关学者的教材、著作和学术论文，也得到了各参编院校领导的支持，在此表示诚挚的谢意！

将沟通理论及应用技巧运用于康复治疗领域，是一种新尝试、新探索，因而教材从内容安排到语言表述都不够成熟。同时受编者水平和时间的限制，教材尚有许多错漏、欠缺和不足，恳请同行专家不吝赐教，也希望广大师生惠予指正。

王凤荣

2014 年 5 月

目　录

第一章

沟 通 概 述

学习目标

1. 掌握:沟通的过程及要素;人际沟通的层次、功能及影响人际沟通的因素。
2. 熟悉:沟通的概念、目的及意义;人际沟通的概念、方式及特征。
3. 了解:人际沟通在康复治疗工作中的作用。
4. 能鉴别影响人际沟通的各种因素,并在学习、生活中给予关注。
5. 建立沟通意识,培养良好的沟通态度及沟通能力。

情境导读

缺少沟通的孩子

在深圳,有一位女老总,40 岁时才生了一个儿子,全家为他起名"来喜"。来喜从小过着衣食无忧的生活。但由于父母忙于生意而无暇照顾他,在丰富的物质生活中,来喜变得越来越自闭,几乎不和任何人交谈。直到他 10 岁生日那天,妈妈问他话时才发现,来喜已经不会与人交流了。这下急坏了全家人,立即带他到处求医问药,医生的答复是:这是心理疾病,需要心理治疗和亲人的关心。心理医生的解释是,来喜得这种病的原因是他能得到家庭给予的所有物质满足,却得不到与亲人的情感交流与沟通,孩子需要沟通。孩子的母亲很后悔,也很疑惑:与孩子沟通竟有这么重要的作用?

第一节 沟 通

一、沟通的概念

关于沟通(communication)的学科定义很多,至今仍无统一的定论。一般认为:沟通是信息交流的过程,是信息发送者遵循一系列共同规则,凭借一定媒介将信息发给信息接受者,并通过反馈以达到理解的过程。

知识拓展

沟通的学科定义

沟通的本意指开沟以使两水相通。对于沟通的学科定义,十年前,美国威斯康星大学教授 F·丹斯统计过:关于"沟通"的定义已达 126 种,现在可能有 150 多种。概括来说有以下几种类型:

共享说:沟通是传者与受者对信息的分享。如美国著名传播学家施拉姆认为:"我们在沟通的时候,是努力想同谁确立'共同'的东西,即我们努力想'共享'信息、思想或态度。"

交流说:沟通是有来有往的双向的活动。如美国学者霍本认为:"沟通即用言语交流思想。"

影响(劝服)说:沟通是传者欲对受者(通过劝服)施加影响的行为。如美国学者露西和彼得森认为:"沟通这一概念,包含人与人之间相互影响的全部过程。"

符号(信息)说:沟通是符号(或信息)的流动。如美国学者贝雷尔森认为:"所谓沟通,即通过大众传播和人际沟通的主要媒介,所进行的符号传送。"

　　沟通既可以是通讯工具之间、人与机器之间,也可以是组织之间、组织与个人之间、个人与个人之间的信息交流。现代意义上的沟通指的是个人、组织、社会之间的信息传递、接受、分享和双向交流的过程。

二、沟通的目的及意义

(一) 沟通的目的

　　人们在进行不同的沟通活动时可能具有不同的目的,如传递、说明、教育、娱乐、解释、劝导、宣传和号召等。根据沟通程度和难度的不同,沟通目的可以从低级递增到高级,分为传递、理解、接受和行动。

　　1. **传递**　是沟通最初级的目的,也是最容易达到的目的。只要信息的发出者能够使信息到达特定的个人或组织,就可以视为达到了沟通目的,而并不追求信息一定对其他人或组织产生影响。

　　2. **理解**　是较深层次的沟通目的,它要求信息的受众能够广泛、深入明了信息的性质、含义、用途和影响。如文化教育以及一部分解释、说明就属于这种性质的沟通。要达到使人能够理解的目的,就要求信息发出者在进行信息策划时,必须考虑符合信息受众习惯和能力的信息编码和表达方式。

　　3. **接受**　是沟通较高层次的目的,它指信息受众不仅要能够理解信息,而且要认同信息的内容。接受的核心是态度上的趋同。很多解释、说明、劝导就是以接受作为沟通目的的。

　　4. **行动**　是沟通的最高层次的目的,它要求信息受众不仅能够接收、理解、接受信息的内容,而且会受到该信息的影响而采取某种行动。一些劝导、宣传、号召活动往往是以说服某些人采取某种行动作为目的的。

(二) 沟通的意义

　　个人与个人、个人与群体、群体与群体都需要传递与交流思想、情感等信息。因此,具有良好的沟通能力是成功的关键。沟通的意义主要体现在以下六个方面:

　　1. **协调关系**　通过沟通可以正确处理和改善人们社会、生活、工作中的各种关系,起到良好的协调作用。可以协调个人、家庭及社会成员之间的关系;也可以协调个人与社会的关系,团体与团体的关系,甚至国家与国家之间的关系;还可以协调企业管理、决策过程、公共关系及个人形象等方面的问题。

　　2. **社会整合**　生活在社会中的人,其地位、角色是不同的,通过沟通可以明确人们在社会各种关系中的角色定位;将相同特点的人整合为一个群体;增进对不同人群的了解,更为和谐地与人共处,维护社会的稳定;发挥团队合作作用。

　　3. **获得信息**　通过沟通可以收集、存储、整理新闻、数据、事实、意见、评论等信息,从而获得更多的情报;可以掌握其他人对某事的了解程度或看法,收集更多的观点,有更多的依据,以对周围环境、事实情况或预测做出反应、判断和决定。

4. **教育学习**　通过沟通能够促进人们相互学习,相互弥补知识的不足,增加向他人学习的机会,学习以多种方式和观点分析问题,促进能力的提高,培养良好的品格。

5. **澄清事实**　通过沟通可以表达不同的观点、澄清事实,避免相互间的误解和猜疑,从而使人们达成一致的意见。

6. **管理功能**　著名组织管理学家巴纳德说:"沟通是一个把组织的成员联系在一起,以实现共同目标的手段。"有研究表明:管理中70%的错误是由于不善于沟通造成的,可见,管理离不开沟通,沟通渗透于管理的各个方面。

三、沟通的过程及要素

沟通是一个双方互为信息的发送者和接受者,对信息进行反复的编码和译码的过程。在人际沟通过程中,信息发送者将要表达的信息(如思想、观念等)编成接受者能够理解的一系列符号,通过一定的渠道(书面的渠道如信件、便签等,口头的渠道如交谈、演讲等,身体动作如手势、表情、姿态等)发送给信息的接受者。接受者把收到的信息符号译成具有特定含义的信息后,加以理解并向发送者发出反馈信息。发送者通过反馈信息可以了解其传递的信息是否被对方准确地接受。一个完整的沟通过程是由下列六个基本要素构成的(图1-1)。

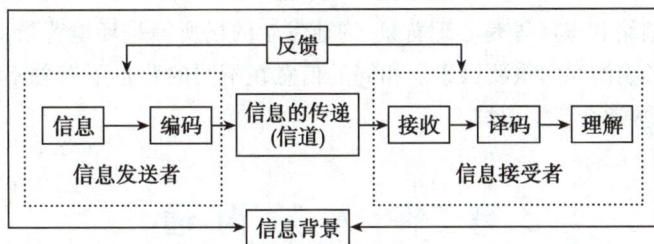

图 1-1　沟通过程基本要素

(一) 信息发送者

信息发送者(message sender)是指发出信息的人,是沟通的主动方,是整个沟通过程中信息发送的源头。信息发送者发出的信息必须通过一定的形式才能进行传递,这种形式就是对信息进行编码。所谓编码就是信息发送者将要传递的信息符号化,即将信息转换成语言、文字、符号、表情或动作。信息发送者必须充分了解信息接受者的情况,以选择合适的沟通渠道以利于接受者的理解。

(二) 信息(message)

信息(message)的发送者和接受者是沟通活动的主体,而信息是沟通传递的客体。信息是指沟通时所要传递和处理的内容,即信息发送者希望传达的思想、感情、意见、观点等。信息必有一定的内容意义,其内容意义可能会带有背景因素的色彩及信息发送者的风格,可以说是上述二者的具体化。

(三) 信息传递途径

信息传递途径(route of message transmission)是指信息传递所通过的渠道,是信息得以传递的手段和媒介,是连接发送者和接受者的桥梁。如视觉、嗅觉、味觉、听觉、触觉等。

在沟通交流中信息发送者在传递信息时使用的途径越多,接受者对信息越能更多、更好地理解和接受。美国学者罗杰斯1986年的研究表明:一个人对单纯听过的内容能记住5%,对见到的内容能记住30%,对讨论过的内容能记住50%,对亲自做过的事情能记住75%,对教给别人做的事情能记住90%,这个研究结果给了我们深刻的启示。因此,作为康复治疗师在与患者的沟通交流中,应努力使用多种传递途径使患者有效地接受信息,从而达到促进患者身心健康

的目的。

（四）信息接受者

信息接受者（message recipient）是指收受信息的人，是沟通的被动方，即对信息发送者所传递信息进行解码并加以理解的人。从沟通渠道传递的信息，需要经过信息接受者接收并接受之后，才能达成共同的理解并形成有效的沟通。信息接受过程包括接收、译码和理解三个步骤。首先，信息接受者必须处于接收状态；其次是将收到的信息符号进行译码，即将符号信息还原为意义信息，变成可以理解的内容；最后根据个人的思维方式理解信息内容。有效的沟通应该是信息接受者对信息的理解与信息发送者发出的信息含义相同或近似。

（五）反馈

反馈（feedback）是指信息接受者，把收到的信息经过判断、整理后，通过各种渠道传递给信息发送者。反馈是确定沟通是否有效的重要环节，只有当发出的信息与接受的信息相同时，才能实现有效沟通。反馈使沟通成为一个互动的过程，反馈的信息成为新的信息源，信息接受者重新扮演信息发送者的角色。信息正是在这样的角色互换中，不断得到交换传递，从而达到沟通的目的。因此，反馈是有效沟通的核心过程。

（六）信息背景

信息背景（information background）是指沟通发生的场所、环境及事件，是引发沟通的"理由"。沟通双方的情绪和态度等是心理背景，沟通发生的场所等是环境背景，还有社会背景、文化背景等等，都是影响沟通的重要因素。相同的信息在不同的背景下有着不同的意义，脱离背景来理解沟通内容常常会产生误解。

第二节　人　际　沟　通

一、人际沟通的概念

人际沟通（interpersonal communication）是指人与人间的信息交流过程，也就是人们在共同活动中彼此交流各种观念、思想和感情的过程。有效的人际沟通是在恰当的时机、适宜的场合下、采取得体的方式表达思想和感情，最终获得对方的正确理解，并积极给予反馈的过程。

人们在沟通过程中，不仅仅是单纯的信息交流，也是思想、观念和情感的渗透。因此，人际沟通，总是沟通者为了达到某种目的、满足某种需要而展开的。良好的人际沟通能促进人们之间的相互了解，调节人们的社会生活，使人们的行为能够更好地适应社会环境，从而使社会生活维持动态的平衡；良好的人际沟通不仅是个人事业成功的重要因素，也是个人身心健康的重要保证。

二、人际沟通的方式

人际沟通的方式十分复杂，而且每种方式的沟通都与人们日常工作生活有密切的联系，一般有以下几种：

（一）按照沟通所使用的符号系统分为：语言沟通与非语言沟通

1. 语言沟通　是指通过语词符号实现的沟通。是一种最常见、最准确、最有效、运用最广的沟通方式。语言沟通分为有声的语言沟通或称口头语言沟通（以口头讲话方式进行沟通，如谈话、演讲、打电话等）和无声的语言沟通或称书面语言沟通（以书面语言方式传播，如医疗文件的书写、发通知、讲课中的板书等）。随着人类进入信息时代，借助电子信息技术进行语言的编码、解码和传递，如手机短信、网络传输等，在人们生活和工作中占据越来越重要的位置，它也是语言沟通的一种形式。

2. 非语言沟通　是指借助非语词符号实现的沟通。非语词符号通常包括：服饰、面部表情、

手势、姿态和步态、触摸、人际距离、语速语调等。

（二）按照是否需要第三者转送信息分为：直接沟通与间接沟通

1. 直接沟通　是指发送信息与接受信息无须第三者传递。如面对面谈话、电话直接对话等。

2. 间接沟通　是指发送信息与接受信息之间有第三者传送信息，有时需要两个以上的第三者。

（三）按照沟通的组织形式分为：正式沟通与非正式沟通

1. 正式沟通　正式沟通是指通过组织明文规定的程序和渠道进行的信息传递和交流。如会议制度、汇报制度、文件的传达与呈送、组织间的公函来往等。其优点是沟通效果好，信息具有权威性，约束力较强；缺点是沟通速度慢，互动性不足。

2. 非正式沟通　是以个人身份进行正式沟通渠道以外的信息交流活动，如私下交换意见、传播小道消息、议论某人某事等。这种沟通的优点是沟通方便、速度快，更能体现感情交流；缺点是信息容易失真。

（四）按照沟通信息有无反馈分为：单向沟通与双向沟通

1. 单向沟通　是指在信息沟通时，一方只发送信息，另一方接受信息，接受信息者不再向发送者反馈信息。如作报告、演讲、下达指标等。特点是接受者面广，信息传递速度快，但不能及时获得反馈，容易产生误解等特点。

2. 双向沟通　是指信息发送者和信息接受者的角色不断变换，以共同讨论和协商进行信息交换的沟通方式。如谈心、讨论、病史采集、健康指导等。双方的信息可以通过反馈环节形成一个循环往复的过程。其特点是双方的信息及时反馈校正，准确可靠，信息传递速度较慢。

（五）按照沟通中信息传递的方向分为：纵向沟通与横向沟通

1. 纵向沟通　是指在组织内部，上下级之间的信息传递。包括上行沟通和下行沟通两种形式。

（1）上行沟通：是自下而上的信息交流，是下级向上级反映情况的沟通，即"下情上达"。如院长接待日听取职工或患者的意见，学校组织的教学信息反馈、座谈会等。其功能在于组织决策层及时而准确地了解内部运行状况，成员的意见、意愿及建议，以便做出正确决策。具有非命令性、民主性、主动性和积极性等特点。

（2）下行沟通：是一种自上而下的沟通，指上级把政策、目标、制度、规则等向下级传达的沟通，即"上情下达"。如国家发布主席令，医院院长办公室向各科室发出指令、传达决策、提出要求等。其功能在于安排工作、布置任务等。具有指令性、法定性、权威性和强迫性等特点。

2. 横向沟通　是指在组织内部横向部门和人员间进行的信息传递。包括平行沟通和斜行沟通两种形式。

（1）平行沟通：是指在组织内部同一层次人员之间进行的沟通，如医生与医生之间，医生与护士之间的沟通等。具有非命令性、协商性和双向性的特点。

（2）斜行沟通：是指在组织内部既不在同一条指挥链，又不在同一层次的人员之间的沟通，如医生与护士长之间的沟通等。具有协商性和主动性的特点。

（六）根据沟通的效果，把沟通分为：有效沟通和无效沟通

1. 有效沟通　根据所达到的沟通效果又可分为"沟而能通"和"不沟而通"。①"沟而能通"是指沟通渠道通畅，双方在和谐的气氛中畅所欲言，交流感情。如人们常说的关系好、交情深、场合对，就能有话直说，有话实说。②"不沟而通"是指人与人之间在高度默契时形成的沟通。是一种特有的高效而快速的沟通，一种难得的沟通美景，即人们常说的"心有灵犀"，是通过心灵感应进行能量传输的沟通，沟通双方可以不用说话就知道对方的体会和感受。

2. 无效沟通　是指花费了很多时间却没有达成有效沟通的沟通，也称之为沟而不通。造成

这种沟通结果的原因很多,如不善于倾听、自以为是、带有偏见、缺乏反馈、不能很好掌握和运用沟通技巧等。

为了实现有效沟通,应以沟通的具体条件出发,把沟通的有效实现作为衡量标准而选择不同的沟通形式。在沟通类型或方式的选择上,应扬长避短,把各种沟通方式巧妙地结合起来,共同发挥它们的积极作用。

三、人际沟通的层次

根据沟通的深度,可以把沟通分成 5 个层次。

(一)一般性交谈

是指一般的社交应酬开始语。如"您好""下班了""有空来家里坐坐"等招呼语。这类比较浅层的沟通,有助于在短时间内打开局面和建立关系。一般性交谈不需要深入思考,不需要担心说错话,让人有安全感。

(二)陈述事实

是指不包含个人意见,不牵扯人与人之间关系,只报告客观事实的沟通。在沟通双方未建立信任感时,多采用此种沟通方式,防止产生误解或引起麻烦。康复治疗师要充分利用这一层次的沟通,鼓励患者叙述病情,尽量不要影响患者陈述。

(三)交换意见

是指沟通双方已经建立了一定的信任,可以彼此谈出看法和意见的沟通。在这一层次,康复治疗师和患者之间就可以相互交流对某一问题的看法或者对某疾病的治疗意见进行探讨。作为康复治疗师,应以关心、同感和信任的语言和非语言动作鼓励患者说出自己所有的看法和意见。

(四)交流感情

是指沟通双方彼此无戒备,有了安全感时进行的交流。在这一层次上,人们自然会愿意说出各自的想法和对各种事件的反应,尊重并分享彼此间的感情。康复治疗师应做到坦诚、正确地理解患者,为患者创造一个适宜的情感环境。

(五)共鸣沟通

共鸣沟通也称为沟通的高峰。它是一种短暂的、完全一致的、高度和谐的感觉,是人际沟通中的最高层次,也是沟通双方希望达到的理想境界。这一层次的沟通是双方信任程度及参与程度最高的,是在观点和看法高度共识的基础上达到的情感共鸣。只有情感交流到一定程度,才会产生此层次的沟通。

沟通双方的信任程度是决定沟通层次的关键因素。随着相互信任程度的增加,层次逐渐升高,信息量逐渐扩大。康复治疗师与患者沟通过程中,上述各种沟通层次均可出现,康复治疗师应允许患者自主选择交流方式,不能强迫患者进入高层次的沟通;同时还要对沟通的过程进行准确的评估,避免与患者及其家属只进行一般性交谈,或因自己语言行为不当影响医患沟通进入更高层次。

四、人际沟通的特征

(一)社会性

生活在社会中的人们以信息沟通为主要方式,通过运用复杂的符号系统来交换信息、交流思想、融洽感情、增强信任、调整行为、提高效率,不断地推动社会的进步。沟通是社会得以形成的工具。没有沟通,就不会有社会;同样,没有社会,也不会有沟通。

(二)互动性

沟通过程是一个交互作用的过程,是以改变对方思想、行为为目的的一种行为,沟通的双方都处于不断的相互作用中,刺激与反应互为因果。如乙的言语是对甲言语的反应,同时也是对

甲的刺激。一旦沟通的一方停止互动,沟通就失效了。

(三) 实用性

通过沟通,可以建立各种各样的人际关系,在广泛的交往过程中,彼此可以获得工作、学习、生活、娱乐相关的信息,直接为工作、生活提供服务;还可能产生情感,相互吸引,形成亲密的关系。也就是说,人们可以通过沟通行动追求自我利益、他人利益和群体利益。

(四) 关系性

指在任何的沟通中,人们不只是分享内容意义,也显示彼此间的关系。在互动的行为中涉及关系中的两个层面:一是涉及关系的情感层面,即关系中的情感表明双方关系的亲疏和远近。二是涉及关系的控制层面,在控制层面中又包括互补和对称两种关系。在互补关系中,沟通双方地位不对称,地位高者较有控制权,发出的信息是支配性的;在对称关系中,控制权较互补关系更为均等,沟通双方都可能处于控制地位。所以,相比较而言,对称关系比互补关系更容易发生冲突。

(五) 习得性

有人认为沟通能力与生俱来,是天生的"口才",甚至把一些沟通上或态度上的错误都想成"这是天生的性格问题,是无法改变的",所以不研究沟通方法与技巧。其实沟通能力是学习得来的,只能在学习和实践中提高。

(六) 不可逆性

是指沟通时发送信息方一旦将信息发出就无法收回,事后的弥补往往事倍功半。为此特别提醒沟通者在沟通过程中要出言慎重,三思而行,以免产生不良的影响。

五、人际沟通的功能

(一) 生理功能

作为信息加工和能量转化系统的人类有机体,必须与外界环境保持相互作用,必须接受外界的各种刺激,并对各种刺激做出反应,才能维持正常的生命活动。心理学家赫伦(W. Heron)1954 年曾经做过"感觉剥夺"试验,他将自愿的被试者关在一个隔绝光线、声音的实验室里,身体的各个部位也被包裹起来,尽可能地减少触觉体验。试验期间,除给被试者以必要的食物外,不允许其获得其他任何刺激。结果仅仅三天,人的整体身心就出现了严重的障碍,甚至连大动作的准确性也受到严重损害。研究结果提示:缺乏满意的沟通甚至会危及生命。

(二) 心理功能

人际沟通为人们提供探索自我及肯定自我的平台,人们希望从沟通的结果中找到自己被肯定、受重视的感觉。通过与人交往,能够建立自我概念,从别人的评价中调整和发展自我意识。人生活在一定社会环境中,必须通过沟通建立与他人的联系。与人相处的机会、能力丧失或减弱,人们将失去自我识别感,还容易导致心理失调。

(三) 社会功能

人际沟通提供了社会功能,且凭借沟通的社会功能人们可以发展与维持与他人的关系;凭借沟通,个体可以接受社会信息,学习社会知识,并联合起来进行社会活动;凭借沟通,人们可以树立社会意识,增强岗位能力,优化综合素质,强化团队协作精神,逐步成为社会所需要的合格人才。

(四) 职业功能

从事不同的职业,对人际沟通能力有不同的要求。康复治疗师是对人际沟通能力要求较高的职业。新的医学模式下的康复治疗更强调与患者及家属的沟通对患者疾病康复的作用。康复治疗师的人际沟通能力从很大程度上决定了患者康复效果、医疗团队的工作成效和个人职业生涯。

(五)决策功能

生活和工作中人们随时都可能进行各种决策。各种决策一方面依靠自己的判断能力,另一方面,决策水平的高低往往取决于相关信息的掌握程度。人际沟通则刚好满足了决策过程的两个方面:促进信息交换和影响他人。因此,通过各种渠道收集信息,在与他人交往中获得启发与帮助,是决策的正确途径。

六、人际沟通的影响因素

人际沟通的影响因素很多,主要有以下几方面。

(一)个人因素

1. 身体因素

(1)永久性的生理缺陷:它包括感官功能不健全,如听力、视力障碍;智力不健全,如弱智、痴呆等。具有永久性生理缺陷的人其沟通能力长期受到严重的影响,与其沟通时应采取特殊的沟通方式。

(2)暂时性的生理不适:它包括疼痛、饥饿、疲劳等暂时性生理不适的因素。易使沟通者分散注意力而影响沟通的正常进行和沟通效果。

(3)疾病:患病是临床影响医患沟通的主要因素之一。如患者昏迷、窒息、失语、失忆、哮喘发作、严重心力衰竭等各种急危重症,或老年痴呆、精神疾病等,均可严重影响沟通的进行,甚至不能沟通。

2. 心理因素

(1)情绪:情绪是一种具有感染力的心理因素,可对沟通的有效性产生直接的影响。轻松愉快的情绪能增强人的沟通兴趣和能力;而生气、焦虑、烦躁等负性情绪可干扰人对信息的传递或接受。当沟通者处于特定的情绪状态,如激动、愤怒时,容易对某些信息出现过度反应,甚至误解;当沟通者处于伤感、悲痛的状态时,容易对某些信息反应迟钝、淡漠,都会影响沟通的进行。所以,康复治疗师要具有敏锐的观察力,及时发现患者的情绪问题,同时也要学会控制自己的情绪,确保医患之间的有效沟通。

(2)认知:是指人对待发生在周围环境中的事件所持的观点。由于个人经历、受教育程度和生活环境等不同,每个人的认知角度、深度、广度、涉及的领域、专业等方面都有差异。一般来说,知识水平越接近,知识面重叠程度越大(专业相同或相近),沟通时越容易相互理解。所以,康复治疗师在与患者进行沟通时,要注意考虑对方的知识水平和职业,尽量选用通俗易懂的语言。

(3)个性:个性是指一个人整个精神面貌。是影响沟通的重要因素之一。一般情况下,热情、直爽、健谈、开朗、大方、善解人意的人容易与他人沟通;而冷漠、拘谨、内向、固执、孤僻、以自我为中心的人很难与他人沟通。

(4)态度:态度是指人对其接触的客观事物所持有的相对稳定的心理倾向,并以各种不同的行为方式表现出来,它对人的行为具有指导作用。真心、诚恳的态度有助于沟通的顺利进行,而缺乏实事求是的态度可导致沟通障碍。

(5)角色:是指人在社会结构或社会制度中一个特定的位置,是一定地位的权利和义务的语言、行为及思想的表现。由于人们处于不同的政治、宗教或职业角色,使人们形成了不同的意识,导致人们对同一信息可能作出不同的解释,从而形成一种沟通障碍。如不同党派的人对同一事件可能会有完全不同的看法;不同职业的人在沟通中常有"隔行如隔山"的困难。此外,信息发出者的角色身份也会影响信息的接受程度,相同的信息内容,如果信息发出者是信息接受者的领导、下属、朋友、亲人等不同身份,其沟通的结果都可能大相径庭。

3. 年龄因素
年龄也是影响沟通的因素之一。如婴幼儿的语言表达能力有限,老年人听

力、视力、反应能力减退等;不同年龄的个体所具有的社会阅历和经验不同,对感兴趣的事物也有所不同,这些均可影响沟通的进行和效果。

4. 文化因素　是指沟通双方的社会文化背景,如不同种族、民族、文化、职业、信仰的人由于生活习俗的不同,或其表达思想、感情的方式不同而容易产生误解。美国的文化学家作过一些调查,认为东方人注重人际关系的和睦、谦恭、好客、尊敬老人、感恩报德,群体观念强;而西方人注重金钱、时间效率、个人价值、男女平等。这些文化的差异有时会影响沟通的进行和效果。因此,不同文化背景的人与人之间进行沟通时彼此要理解和尊重对方的文化传统。

5. 语言因素　语言是极其复杂的沟通工具。同一事物、同一思想可能会有很多的表达方式,同一种表达方式可能有多重意义。如何把话说得明白、恰到好处,这就需要语言技巧。有的人口齿不清、地方口音重、不会讲普通话,或者语法错误、语义不明、措辞不当等都会阻碍沟通。康复治疗师应重视自己的语言表达技巧,恰当温馨的话语对患者而言不仅能够保证沟通的顺利进行,甚至可以减轻或消除病痛。

6. 信息因素　信息的内容影响沟通的效果。一般情况下,对个人利益相关的信息比无关痛痒的信息容易沟通;有前因后果的信息比孤立的信息容易沟通;传递的信息和个人隶属团体的价值观相一致时容易沟通。人们对信息内容的兴趣程度依次为:对人的问题最感兴趣,对事情比较有兴趣,而对理论一般不感兴趣。

（二）环境因素

1. 物理环境　是指进行沟通的场所。包括环境的安静程度、光线、温度等。如环境中有很多噪声、光线不足、温度过高或过低等都会影响沟通者的心情和效果。

（1）安静度:安静环境是保证口头语言沟通信息有效传递的必备条件。若环境中有许多噪声,如机器的轰鸣声、邻街的喇叭声、电话铃声、开关门窗的碰撞声、嘈杂的脚步声、各种喧哗声以及与沟通无关的谈笑声等都会影响沟通的有效进行,当沟通一方发出信息后,可能会因噪声干扰而失真,造成另一方无法接受信息或误解信息含义,发生沟通障碍,甚至会影响沟通的效果。

（2）舒适度:如房间光线昏暗,沟通者看不清对方的表情,室温过高或过低及难闻的气味等,都会影响沟通者的注意力。一般情况下,在医院这一特定环境中进行医患沟通,患者身处白色的病室,面对身着白色工作服的医生,会产生恐惧、压抑的心理感受,从而限制和影响患者的沟通。康复治疗师要为患者创造一个安静整洁、舒适安全的环境,有利于医患沟通。

（3）相距度:心理学家研究发现,根据沟通过程中保持的距离不同,沟通也会有不同的气氛背景。在较近距离内进行沟通,容易营造融洽的氛围;而当沟通的距离较大时,则容易造成敌对或相互攻击的气氛。

2. 心理环境　是指沟通双方在信息交换过程中是否存在心理压力。如沟通时缺乏保护隐私的条件,或因人际关系紧张导致的焦虑、恐惧情绪等都不利于沟通的进行。

（1）隐秘因素:凡沟通内容涉及个人隐私时,若有其他无关人员在场(如同室病友、清洁工,甚至包括患者家属),就会影响沟通。因此,康复治疗师在与患者交谈时,应该注意环境的隐秘性,条件允许时最好选择无人打扰的房间,无条件时注意说话的声音不要太大,尽量避免让他人听到。

（2）背景因素:是指沟通发生的环境或场景。沟通总是在一定的背景中发生的,任何形式的沟通都会受到各种环境背景的影响,包括沟通者的情绪、态度、关系等。如学生正在自由交谈,突然发现学校领导或老师在旁边,就会马上改变交谈的内容和方式。有人专门对异性之间的沟通方式进行研究,发现配偶在场或不在场时夫妻各自在与异性沟通时会表现出明显的不同。由此可见,在某种意义上,与其说沟通是由沟通者自己把握的,不如说是由沟通背景控制的。

（三）媒介因素

沟通媒介选择不当会造成沟通错误或无效。如一位领导为了表述对下属工作的不满,可将同样的内容通过不同的沟通媒介表达——在会上公开批评;很小范围内提出批评;私下进行批评等,不同方式会产生不同的沟通效果,以至对接受者产生不同的意义。

（四）组织因素

1. 传递层次 信息传递的层次越多失真的可能性越大。信息每多传递一次,就存在多丢失一份的可能。组织庞大,层次繁多,增加了人与人之间的距离,也增加了信息传递过程的诸多中间环节,造成信息传递速度减慢,甚至出现信息失真或流失。同时,组织内中间层次越多,越容易出现贯彻最高决策层的指令走样或力度不足。因此,减少组织层次和信息传递环节,是保证沟通内容准确无误的根本措施。

2. 传递途径 在传统的组织结构中,信息传递基本上是单向进行,机构安排很少考虑由下往上反映情况、提建议、商讨问题等沟通途径。常常出现信息传递或反馈不全面、不准确,上级的决策下级不理解或不感兴趣,下级的意见和建议上级无法接收的现象。因此,应从多方面增加沟通途径,畅通沟通渠道。

第三节 康复治疗工作中的人际沟通

一、人际沟通在康复治疗工作中的作用

（一）适应新的医学模式的需要

生物-心理-社会医学模式要求康复治疗师以患者为中心,全方位地了解患者,从整体角度满足患者的综合要求。有效的人际沟通有助于建立良好的医患关系,满足患者医疗安全的需要,有效康复的需要,日益提高的自我保健的需要及其他各种心理需求。

（二）营造良好的工作氛围

在医院这个特殊的环境中,康复治疗师、患者以及家属相互依存。良好的医患沟通和平等信任的医患关系是愉快工作环境的缔造者,它不仅能直接影响患者的心理活动,使其以良好的心理状态面对疾病,并且也能在较大程度上提高治疗师的工作热情,从而营造一个团结、合作、友爱、互助的健康和谐的工作环境,有助于医患双方的愉快合作。

（三）提供有效的健康服务

有效的人际沟通是与患者及其家属建立良好的人际关系的基础,而良好的医患关系是一切治疗工作的基础。良好的医患沟通一方面能充分发挥患者的主观能动性,取得患者的积极配合,另一方面有利于康复治疗师进行健康教育,确保治疗工作的顺利进行和效率的提高。

（四）减少医疗纠纷

人际沟通可以提供信息、调节情绪、增进团结,有利于协调人们之间的行为。如果医患之间缺乏必要的沟通,就会使关系停滞、产生隔阂、发生误会、引起矛盾,甚至会使已经建立起来的关系中断或恶化。研究表明,80%的医疗纠纷与不良的医患沟通有关,只有不到20%的案例与医疗技术有关。因此,良好的医患沟通可以协调和改善医患关系,使之朝着健康的方向发展,从而减少医疗纠纷。

二、康复治疗师人际沟通能力的培养

从职业教育的角度可将能力分为一般能力、群集职业能力和岗位专项能力。医患沟通能力属于岗位专项能力,需要康复治疗师的职业情感、专业知识及技术的支持。因此,康复治疗师在上岗前必须进行沟通能力的培养和训练。这种能力的培养,需要从以下几个方面做起:

（一）培养高尚的职业道德

职业道德是从事一定专门职业活动的人们,在特定的职业活动中应该遵守的行为准则和规范。每个行业都有本行业的职业道德要求,康复治疗师的职业道德是其社会价值和理想价值的具体体现,它与康复治疗师的职业劳动紧密结合。有了高尚的职业道德,就能做到:关心患者,热情负责;尊重人格,平等待人;诚实谦让,文明礼貌;恪守信誉,保守秘密。康复治疗师的职业道德,是进行医患间交往的行为准则,遵循这些准则,就能协调彼此间的关系,解决医患交往中出现的各种问题。

（二）养成良好的个性品质

个性品质是影响医患关系的重要因素,良好的个性品质对人际交往具有巨大的吸引力。康复治疗师与患者沟通,一方面对患者起着潜移默化的作用,另一方面可以向患者展示自己良好的个性品质、传播丰富的专业知识。在治疗工作过程中要以高度的责任心,真诚对待患者,尊重患者,才能真正为患者提供满意的服务。

（三）加强相关知识的学习

一个人的沟通能力是在正确的理念指导下,在长期的社会实践中形成和培养起来的。要提高康复治疗师的沟通能力,必须加强沟通知识及相关知识的学习和沟通能力的训练,为培养和提高医患沟通能力奠定基础。

（四）掌握娴熟的沟通技巧

儒家说,"善人者亦善之",即善者,友好也。人际交往中要想成为受欢迎者,首先要对他人友好,而对他人友好,又要先学会善言,善言就是善于说话,说好话,说得体的话。作为一名合格的康复治疗师,应熟练掌握临床工作中的常用沟通技巧,遵循沟通原则,注重"第一印象",善于倾听患者谈话,注意语言的科学性和艺术性,善于运用非语言行为等。娴熟的沟通技巧,对建立良好的医患关系起着事半功倍的效果。

学习小结

沟通就是信息的交流,是由信息发送者、信息、信息传递途径、信息接受者、反馈及信息背景六个要素组成,反馈是保证沟通进行的重要环节。人际沟通不仅能保持个体的生理、心理处于平衡状态,还能使个体与社会建立广泛的联系,完成好本职工作,做好决策。人际沟通过程中会受到个人、环境、媒介、组织等多种因素的影响,其中个人因素和环境因素又是非常重要的,正确认识沟通的影响因素能帮助人们进行有效的沟通。对康复治疗师而言,沟通能力既是其作为社会成员的基本素质,又是完成职业功能的必备素质。人际沟通除了具有社会性、互动性、实用性、关系性、不可逆性外,还有就是习得性。所以康复治疗师要树立沟通意识,自觉养成与人沟通的良好习惯,掌握沟通技巧,培养沟通能力,提高医患沟通的层次,为建立良好的医患关系而努力。

（杨聪敏）

思考与练习

一、选择题

A1 型题

1. 人与人之间的信息交流称为

    A. 反馈　　　　　　　　B. 传递　　　　　　　　C. 沟通

D. 人际沟通　　　　　　E. 接受

2. 下列不属于信息的是

　A. 知识　　　　　　B. 意见　　　　　　C. 情感

　D. 设备　　　　　　E. 观点

3. 传达上级会议精神属于

　A. 公共沟通　　　　B. 非正式沟通　　　C. 正式沟通

　D. 上行沟通　　　　E. 口语沟通

4. 下列哪项不是人际沟通的功能

　A. 生理功能　　　　B. 心理功能　　　　C. 激活功能

　D. 社会功能　　　　E. 职业功能

5. 下列哪项属于影响人际沟通的心理因素

　A. 噪声　　　　　　B. 文化因素　　　　C. 态度

　D. 信息的传递途径　E. 组织分类

6. 下列哪项不属于沟通过程的基本要素

　A. 编码　　　　　　B. 信息接受者　　　C. 信道

　D. 信息背景　　　　E. 反馈

二、思考题

1. 在日常生活中,有哪些因素会影响到你的沟通?

2. 人际沟通对康复治疗工作的作用有哪些?

3. 举例说明自己在与人沟通时,是否曾受过干扰? 这些干扰是什么?

2 第二章

人 际 关 系

学习目标

1. 掌握:人际认知效应;人际吸引规律;建立良好人际关系的策略。
2. 熟悉:人际关系的概念、特点;人际交往的需要与动机。
3. 了解:人际关系与人际沟通的辩证关系。
4. 能合理应用人际认知效应、人际吸引规律、建立良好人际关系的策略,建立和发展良好的人际关系。
5. 自觉培养建立良好人际关系的意识。

情境导读

王亮内心的苦恼

王亮是某三甲医院康复科的一名康复治疗师,他才华横溢,篮球、书法、朗诵、主持样样精通,为科室争得了很多荣誉,成为医院里的"风云人物"。他工作上兢兢业业,深受领导的好评。然而,让王亮苦恼的是,他与同事的关系越来越冷淡了。

一年前他刚入职时,与同事们相处得都很愉快。可有一次刚参加完比赛后,回到办公室,同事们约他凑100元给另外一名同事过生日,因刚参加工作,经济不富裕,再加上比赛劳累,便婉拒了同事的相邀。从那以后,办公室的聚餐或活动再也没有人喊过王亮。

现在王亮发现虽然自己在领导眼里颇受器重,可在同事中却没有交到一个知心朋友,没有人为他的比赛加油,也没有人主动约他到食堂一起吃饭,办公室的同事不麻烦他,也不理睬他。有一天他约同事们一起看医院的文艺汇演,同事们却说"哪敢和你这么优秀的人物在一起呀,我们和你不是一个层次啊!"可王亮却发现其他同事一起在舞台的另一侧观看节目。王亮内心十分苦恼,不知道该怎样做才能处理好与同事之间的关系。

第一节　人际关系概述

在人的一生中,不论主观意愿如何,总是要和不同的人进行交往并建立各种各样的人际关系。美国教育家戴尔·卡耐基曾说过:"现代人的成功15%靠专业技术,85%靠人际关系。"与他人建立良好的人际关系是人类社会生活中最为重要的任务之一。

一、人际关系的概念

人际关系(interpersonal relationship)是指人们在社会生活中,通过相互认知、情感互动和交往行为所形成和发展起来的人与人之间的相互关系。相互认知是人际关系的前提,情感互动是

人际关系的重要特征,而交往行为则是人际关系的沟通手段。人际关系的本质是人与人之间在活动过程中形成直接的心理关系,或心理上的距离。它反映了个人或群体在寻求满足社会需要时的心理状态。豪斯顿研究人际关系时发现:良好的人际关系有利于生活幸福,有利于心理健康和身体健康。

二、人际关系的特点

(一) 社会性

人是社会的产物,社会性是人的本质属性,也是人际关系的基本特点。随着社会生产力的发展和科学技术的进步,人们的活动范围不断扩大、活动频率逐步增加、活动内容日趋丰富,人际关系的社会属性也不断增强。建立和发展人际关系是个人参与社会生活的基本方式,是个人社会化的基本途径。

(二) 多重性

多重性是指人际关系具有多因素和多角色的特点。每个人在社会交往中扮演着不同的角色:如一个人可以在患者面前扮演康复治疗师的角色,在同事面前扮演朋友角色,在妻子面前扮演丈夫角色,在孩子面前扮演父亲角色等。在扮演各种角色的同时,又会因物质利益或精神因素导致角色的强化或减弱,这种多角色多因素的状况,使人际关系具有多重性。

(三) 动态性

人际关系的建立、发展是一个不断变化的动态过程。一个人在少年、青年、中年、老年等不同的人生阶段,其交往的目标、兴趣、倾向以及人际互动的方式都是随着社会心理、文化环境以及交往的条件而不断发展变化的。因此人际关系具有动态性的特点。

(四) 复杂性

现实生活中,人际关系多种多样、纵横交错。导致人际关系复杂性的主要原因有两点:一是人际关系主体的复杂性。每个人都有各自的特点,有着不同于其他人的经历、个性、愿望、抱负、交往目的及交往准则等等。当与他人建立关系时,交往双方的多面性相互发生着影响和作用。二是人际关系的外在条件与影响因素的复杂性。包括客观的自然环境及社会环境、社会历史文化背景等。由于人际关系的复杂特性的存在,所以在人际交往过程中,交往的结果可出现心理距离的拉近或疏远,情绪状态的积极或消极,交往过程的冲突或和谐,评价态度的满意或不满意等复杂现象。

(五) 目的性

在人际关系的建立和发展过程中,均具有不同程度的目的性。交往的根本目的是满足交往双方的各种需要。在人际关系中,交往个体的需求层次不同,交往的目的也呈现出不同的形态:有的是为满足经济利益等物质的需求;有的是为满足友谊、理解、支持等情感的需求;有的是为了满足安全感的需要;有的是为了满足其获得爱、尊重甚至自我价值实现等较高层次的需求;有的是为了获得高效的工作业绩的需求。随着市场经济的推进,人际关系的目的性更为突出。

三、人际关系与人际交往

人际交往(interpersonal communication)是指人与人之间的相互作用与相互影响,具体地讲就是人与人相互提供产品或服务。人际关系是在人际交往中实现和展开的。这里包含两层意思:其一,没有任何接触与交往的两个个体之间是不存在任何人际关系的,也根本不存在心理距离上的远近亲疏;其二,只有单方面的信息发送,而无双向的信息、情感、行动的反馈,二者之间仍然算不上交往,因此也无人际关系可言。

人际交往始终存在于人际关系发展的各个阶段当中,交往的状态与人际关系的密切程度高度相关。良好的人际关系表现为良好的交往状态,不良的人际关系,表现为交往状态的恶化;而交往的中断,则往往标志着人际关系的终止。

（一）人际交往的需要

交往需要是人际交往行为的最原始动力。作为具有社会属性的个体,社会化是人生存之必需,每个人都需要同别人进行交往。人际交往究其实质来讲,是人的本质的表现,是本性的要求。人际交往的需要是复杂多样的,主要有以下几方面。

1. 促进人的社会化的需要　社会化就是由自然人到社会人的转变过程,每个人必须经过社会化才能使外在于自己的社会行为规范、准则内化为自己的行为标准,成为一个社会人。社会交往是社会化的基本途径。婴儿出生时,已经表现出对孤独的恐惧,当他(她)独处时,就容易啼哭,而在母亲或其他人的陪伴下,便安静许多。婴儿在不断地与人交往中,掌握了与他人交往的部分方式。例如,别人朝他(她)笑时,他(她)也能够以笑相迎。正是在这种交往中,一步一步地完成了人的社会化的过程,使其个性得以形成及发展。“狼孩”在小的时候只与狼为伴,而缺乏与人的正常交往,当他回到人类社会中就无法适应了。十几岁“狼孩”的智力水平只相当于三四岁儿童的智力。由此可见,适应社会、与人交往是何等的重要。

2. 自我价值肯定的需要　人是社会的动物,其自我意识是在社会化的过程中形成和发展起来的。一个人用来自我评判的价值标准,也是在社会化过程中获得的,是社会性的。一个人对自我价值评判的主要途径就是将自身置身于社会的背景当中,通过人际交往,将自身与他人进行比较,来确立自己的价值。当自我价值得到肯定时,人在主观上就会产生一种自信、自尊和自我稳定的感受,这就是所谓的自我价值感。个体要获得这种自我价值感,就要通过人际交往,经过社会的比较,获得支持性的信息,使自己相信自己是有价值的。如果社会比较的机会长期被剥夺,就会使人因缺乏自我状况的社会反馈信息,而导致个人自我价值的危机,并产生高度的自我不稳定感。个体为了使自己的人生具有价值,获得明确的自我价值感,需要同他人进行交往,建立并保持一定的人际关系。

另外,个人的力量都是有限的,尤其是在自身尚未建构起获得成功的基本条件下,实现自我价值就会受到阻碍。通过交往,就可借助他人的帮助,进而联合力量促进自我发展,实现自我价值。

3. 获得安全感的需要　安全的需要是人根本的原发性需要之一。安全感包括生物安全感和社会安全感。个体在面临危险的情境时需要有他人的陪伴;在自己不能明确方向时需要有他人的指引;在自己烦恼、忧伤、痛苦时需要他人来安慰和排解。所有这一切,导致了一个人对他人的依赖,导致了人们对交往和稳定人际关系的需要。

社会心理学研究证实,与人交往,可以有效地减少恐惧感,是获得安全感的最有效的途径。如,当个体处于危险的情境而感到恐惧时,与他人在一起,能直接减轻恐惧感,而感到安宁与舒适,生物安全感得到满足。而当个体的社会安全感出现危机时,进行社会交往的需要则十分强烈。如,当个体孤独时,就特别希望能与感情至深的人在一起。但与生物安全感的建立不同的是,个体要获得充分的社会安全感,仅有他人的陪伴或表面的交往是不够的,而需要通过交往建立稳定可靠的人际关系,即稳定的情感联系和支持,才能把握或控制所处的社会情境。因此,获得社会安全感的有效途径仍然是与人交往并建立稳定的人际关系。

4. 获得心身健康的需要　个体心理健康的标准之一是“能够建立并保持良好的人际关系,乐于与人交往”。正常和谐的人际交往对人的心理具有保健功能,它有利于人们心理相容,保持愉快的情绪状态,可以丰富个人生活,缓解紧张情绪和孤独感。也可从别人的认可中增强自尊心、自信心,从中体会到愉悦,建立良好的自我意识。良好的人际交往环境,有利于培养开朗、大方的人格,调节、释放不良情绪,积极促进心理健康,减少精神疾病的发生。

个体的情绪状态及人格特征是影响心身疾病发生的重要因素。良好的交往可使交往双方处于积极健康的情绪状态,从而减少心脑血管疾病及癌症等心身疾病的发生。

（二）人际交往的动机

交往动机是交往行为的内部动力,是引发交往活动的直接原因,这种动力是以需要为基础的,建立于交往需求的基础之上,有交往需求才会产生交往动机。人的一切交往活动,不论其实

质如何,都是由交往动机引发的。引发交往行为的动机有很多,主要包括以下几方面。

1. 生存动机　人是最名副其实的社会动物,生存离不开社会群体,离不开社会交往。在远古时期,为了生存,人需要与人联合,向大自然索取衣食、防御自然灾害及敌人侵犯。在现代社会,人们的生存更离不开社会交往。人们希望工作学习顺利;希望自己受到社会保护,不被社会遗忘和抛弃;希望被理解、被尊重、被接纳;希望排除孤独和寂寞;所以我们投身于群体。只有在群体中,才能使我们的这些需要得到满足。

2. 归属动机　美国心理学家马斯洛曾指出,如果一个人被别人抛弃或拒绝于团体之外,便会产生孤独感,精神会受到压抑,严重的还会产生无助、绝望的情绪,甚至走上自杀的道路。每个个体都有强烈的归属感,都希望归属于某一群体,某一群体接纳他(她)。这样,个体与群体之中的任何人都有着密切的社会交往,他们之间保持互动、分享情感、互相慰藉、互相依存。人生最大的不幸就是任何人都不需要你,当个体游离于群体之外,那无疑是与群体脱离社会关系,没有人再需要你,你将没有存在的价值。这种无价值感会使人消极厌世,失去斗志,甚至失去活下去的信心。所以强烈的归属动机驱动着人们的交往行为。

3. 亲和动机　社会用关押在监、与世隔绝的方式惩罚罪犯,就是破坏当事人的亲和动机。所谓亲和动机是指人们害怕孤独,愿意与他人在一起的心理倾向。亚里士多德从本能论观点出发,以行为界定的方式,将与他人的亲和理解为一种本能;柏拉图从生存论观点出发,将亲和理解为人类的必需。心理学则这样诠释亲和:亲和动机是一种重要而又极其复杂的衍生性动机,是人们寻求友谊,建立和发展友谊的动力。亲和动机强的人,对朋友、对家庭、对群体充满了向往,渴望与他人交往,建立深刻的情感联系。

4. 成就动机　是指个人对于自己认为重要的工作,努力去做并尽量做好的心理倾向。任何人都有成就动机,每个人都能在自己的工作中做出不同水平的贡献,达到或超过自己原先希望达到的标准,获得成就。而成就的衡量,可以采用既定的标准,也可以是个人完成工作后与他人相比较而得出,后者更经常使用。成就动机对人们的交往行为有显著的影响,成就动机强烈的人,为了取得事业的成功,乐意与人交往、与人合作,具有强烈的竞争意识,在交往中总是首先明确告诉对方与之交往的目的,向对方提出希望和要求,从而达到追求成功的愿望,满足自我发展。

5. 赞许动机　是指人们在工作上取得成绩以得到他人或集体的鼓励和赞许,获得心理上的满足的心理倾向。成就动机最终是建立在赞许的基础上的,赞许动机促使人为了取得他人或集体的欢乐、赞赏而努力工作。人们正是通过社会对个体行为的赞许或否定,逐渐辨别是非,习得社会规范,确立价值标准,进而约束自己的行为的。可以这样认为,赞许动机实质上是原发于一种取得成就和得到同伴、组织及社会的承认、尊重、赞扬的需要。显而易见,它对人的交往行为起着强大的驱动和强化作用。

四、人际关系与人际沟通的辩证关系

(一) 建立和发展人际关系是人际沟通的最直接的结果

人际关系是在人际沟通的过程中形成和发展起来的。任何性质、任何类型的人际关系的形成,都是人与人之间相互沟通的结果。人际沟通是一切人际关系赖以建立和发展的基础,是形成、发展人际关系的根本途径。

(二) 人际沟通状况决定人际关系状况

人际关系是人们在社会交往活动中相互间形成的心理关系,而人际沟通则是形成人际关系的一种手段。如果沟通双方在情感和心理上有着广泛而长期的联系,说明他们之间已建立了较为密切的人际关系,其表现为心理距离亲近;如果双方在情感和心理上缺乏沟通和联系,说明他们之间心理距离疏远,容易出现人际关系紧张。同时人际关系一旦确定,又会影响并制约人际沟通的频率和状态。因此不同类型的人际关系在沟通频率与关系亲疏方面有着明显的差异。

(三) 良好的人际关系是顺利交往与沟通的基础和条件

人际沟通一般在两个层面展开:内容层面和关系层面。内容是指在沟通中所传递的信息的实质性含义;关系是指沟通各方在沟通中所处的地位和联系方式。在沟通中如果各方所处的地位恰当,联系方式得当,那么沟通各方的关系可以处于和谐、有效的良好状态中,内容沟通可以顺利展开;如果在沟通中各方地位不当、联系方式不得当,则人际关系将处于紧张和不和谐的状态,内容沟通将产生障碍,甚至无法进行。

(四) 人际沟通与人际关系研究的侧重点不同

人际沟通重点研究的是人与人之间联系的形式和程序,人际关系则重点研究人与人在沟通基础上形成的心理关系。

第二节 人际关系的基本理论

一、人际认知理论

(一) 人际认知的概念

认知是指人的认识活动,人际认知(interpersonal cognition)是个体对他人的个性特征、心理状态、行为动机或意向以及人与人之间关系进行推测与判断的过程。人际认知主要包括三个方面的内容:对自我的认知、对他人的认知和对人与人之间相互关系的认知。人际认知是个体社会行为的基础,是决定人际关系的重要环节。知人者智,知己者明。正确合理的人际认知可以提高人际交往的有效性,建立良好的人际关系。

(二) 认知效应

心理学把人际认知方面具有一定规律性的相互作用称为人际认知效应。例如一个人给别人留下的最初印象,往往会影响别人对他进一步的认识;又如人们往往会因为一个人某一方面的表现,而影响对这个人整体的认识等。掌握了这些人际认知效应的客观规律,可以帮助我们在人际交往中更科学、更深刻地相互认知,避免人际认知偏差,妥善地处理人际关系。

1. **第一印象与首因效应** 对于不熟悉的交往对象,第一次接触后所形成的综合印象,称为第一印象。构成第一印象的重要成分是性别、年龄、身材、服饰、发型、容貌、表情、言谈举止等偏于外在的表现。认知者从被认知者那里接收到了这些信息之后,通过联想、想象和推理等一系列心理活动,对这些信息进行主观的加工处理,从而形成了对于被认知者的一个综合性的印象,这便是第一印象。

在第一印象的形成中,最初接触到的信息(首因)对印象形成起到了重要的作用,这种首要因素决定印象形成的反应效果,叫首因效应。

🎓 **知识拓展**

阿希的首因效应实验

阿希设计了一个经典实验用来研究首因效应:他用一个简单的程序,让受试者看有六个形容词的表,并告诉他们每个形容词都描写了一个人的稳定的内在特质。一半受试者看到的词是这样的顺序:①聪明的;②勤奋的;③冲动的;④爱批评的;⑤顽固的;⑥嫉妒的。另一半受试者看到的词的顺序与前面相反:①嫉妒的;②顽固的;③爱批评的;④冲动的;⑤勤奋的;⑥聪明的。可以看出第一组形容词的排列顺序是从积极的描述到消极的描述,而第二组形容词的排列顺序是从消极的描述到积极的描述。那么,这种不同的排列顺序对形成印象有差别吗?实验结果表明,前一组受试者对这个人的评价是更善交际、更幽默、心情更愉快。

第一印象一旦形成便具有比较牢固的持久性和稳定性,起到了先入为主的作用,但又不是固定不变的。随着新的信息的增多,对象特点的变化,认知主体主观特点如需要、动机、情感的变化,已形成的第一印象也会发生改变。

2. 近因效应　在人际认知中,因最近或最后获得的信息而对总体印象产生了最大影响的效应,便是近因效应。由近因效应而形成的人际认知,有时甚至能成为压倒一切的认知因素,左右着人们对一个人的总体评价。近因效应是在实践顺序上与首因效应相反的信息处理,这两种看似矛盾的信息加工方式,最一般的区别是,在与陌生人交往时,首因效应的作用比较明显;而在与熟悉的人进行交往时,近因效应的作用更为明显。

3. 晕轮效应　亦称光环效应,它是指当认知者对一个人的某种人格特征形成好或坏的印象之后,就倾向于据此推论该人其他方面的特征。这就是说,一旦我们对某人形成了一个大体的印象之后,我们往往会以这种印象相一致的方式去评价他所有的特征。"情人眼里出西施"就是典型的晕轮效应。晕轮效应是一种以偏概全的主观心理臆测,属于人际交往中的认知偏差,它往往抓住事物的个别特征,习惯以个别推及一般,以点带面,要么全盘肯定,要么全盘否定,掩盖了人或事物的本来面貌。

4. 刻板效应　又称定型效应,是指对某一类人产生的一种比较固定的、类化的看法。比如,人们一般认为男性理性决断、女性敏感温柔、北方人豪爽直率、南方人灵活精明等都是类化的看法,都是人脑中形成的刻板、固定的印象。由于刻板效应的作用,人们在认知某人时,会先将他的一些特别的特征归属为某类成员,再把属于这类成员所具有的典型特征归属到他的身上,以此为根据去认知他。刻板效应在个体对关于他人的资料或信息不充分时,可以简化人们的认知过程,有助于对人迅速做出判断。但它也容易使人的认识僵化保守,造成认知上的偏差,如同戴上有色眼镜去看人。因此人际交往中要正确看待刻板效应的积极作用,还要努力纠正刻板效应的消极作用。

5. 投射效应　是指一个人在形成对别人的印象时,总是假设他人与自己有着相同的倾向,把自己的特征归属到其他人身上。"以己度人",就是典型的投射效应。其实质就在于"强加于人",即把自己的特性、爱好、情感和愿望投射到认知对象身上,以为对象也是如此。投射效应可以分为两种类型:一种类型是个体没有意识到自己有某些特性,而把这些特性投射到他人身上,如一个人对另外一个人怀有敌意,那么他总感觉到对方对他自己也不怀好意;另一种类型是,当个体意识到自己某些负面的特性,而把这些特性投射于他人,如惯于说谎的人一般不轻易相信他人的话,认为别人也惯于说谎。这种把自己的特征投射到交往对象身上,进行美化或丑化的心理倾向,使人们失去了交往中认知的客观性。

6. 先礼效应　是指在人际交往中,要向对方提出批评意见或某种要求时,先从礼貌的语言行为起始,以便对方容易接受,从而达到自己的目的。先礼是一种让对方建立人际认知的过程,因为先礼体现善意和诚恳,对方可以通过这种先礼过程,感受到友善的意愿。当对方感知了这种意愿之后,即容易接受意见、批评或要求。

7. 免疫效应　是指当一个人已经接受并相信某种观点时,便会对相反的观点产生一定的抵抗力,即具有一定的"免疫力"。也就是对与自己相反的意见不接纳和不相容。免疫效应会使个体不能正确认识个体间在认知上的差异,不能与不同意见相容,不能团结与认知者观点不同的人。

(三) 人际认知效应的应用策略

在人际交往与沟通过程中,掌握人际认知的规律性,合理应用人际认知效应,将有助于避免人际认知偏差,从而建立和发展良好的人际关系。

1. 给对方留下良好的第一印象　因为第一印象是评价他人、与他人继续交往、深入发展的基础,所以人际交往中应注意给他人留下良好的第一印象。为此,要重视生活中无数个第一次,如见好第一面,谈好第一次话,做好第一次汇报,办好第一件事等等。康复治疗师与患者第一次接触,给患者留下可信赖的良好的第一印象,对建立良好的医患关系起着非常重要的作用。

2. **避免以貌取人** 与人交往中,首因效应和第一印象等偏于外在的表现固然重要,但不一定完全准确,也不能反映一个人的全貌,需要在长期的交往中不断深入了解,才能及时修正因为首因效应和第一印象而产生的人际认知偏差。

3. **合理运用近因效应** 第一,在对自己的认知中,不要因为最近犯了一次错误,就背上沉重的心理负担而自卑消沉,不忘记"浪子回头金不换";也不能用历史的辉煌来褒奖现在的懈怠,不忘记"好汉不提当年勇"。第二,人们应该用"心"去维系、经营已经建立起来的友谊及情感"大厦",不要因最近的一次冲突而使"大厦"顷刻间土崩瓦解。

4. **宽容、接纳不同的人和不同的意见** 由于个体间遗传因素、接触的环境、所受的教育、经历的事件不同,导致个体间个性特征等方面有很大的差异。所以生活中我们应尽量减少免疫效应的作用,在不违背基本原则的前提下,应学会宽容、接纳别人与自己不同甚至是相反的观点,同时接纳与自己有很多不同特征的人。

5. **注重了解人的个性差异** 尽管某类人可能具有固有、相似的特征,但人与人之间个性的差异是客观、普遍存在的。在人际交往过程中,如果忽视个性差异,用同一标准去评价某群体中的所有人,势必会造成人际认知偏差,给人际交往带来障碍。

6. **注重在动态和发展中全面地观察、认识人** 在人际交往过程中,既要重视一个人过去的表现,又要重视其当前的表现;既要注重一个人一贯的表现,又要注意其近期的变化和进步;既要看到一个人的优点又不能忽略其缺点。不要以一当十,以偏概全;不凭一时的主观印象办事。

二、人际吸引理论

(一) 人际吸引的概念

人际吸引(interpersonal attraction)是指人与人之间在感情方面相互接纳、喜欢和亲和的现象,即一个人对其他人所持有的积极态度。人际吸引是以情感为主导的,并且以相互之间的肯定性评价为前提。人际吸引像一个无形的磁场,将人与人吸纳到一起,让人们赢得友谊、获得爱情、稳固亲情,建立良好的人际关系。

(二) 人际吸引规律

1. **相近性吸引** 是指人们彼此由于时间及空间上的接近而产生的吸引。在空间距离上的邻近可以增加人们交往、互动的机会,如互相照顾、互相帮助、互相沟通信息等,彼此之间容易吸引,如同学、同乡、邻居等。另外,时间上的接近,如同龄、同期毕业入伍、入场等,也易在感情上相互接近产生相互吸引。

2. **相似性吸引** 人们彼此之间某些相似或一致性的特征是导致相互吸引的重要原因。在日常生活中,人们持有相似的态度、信仰、价值观和兴趣;相似的学历、经历、职业和专业;相似的社会地位、经济条件,乃至相似的身体特征等,均可能成为相互吸引的条件和原因。

3. **相悦性吸引** 相悦是指在人际交往中能够使人感受到心理上的愉快及满足的感觉。相悦主要表现在个体间间情感上的相互接纳、肯定、赞同及接触上的频繁及接近,相悦是彼此建立良好人际关系的前提。

4. **互补性吸引** 当交往双方的需要以及对对方的期望成为互补关系时,可以产生强烈的吸引力。互补性吸引实际上是一种需要的相互满足,当双方可以以互补的方式满足对方需要时,可形成良好的人际关系。

5. **敬仰性吸引** 敬仰性吸引关系,一般是指单方面对某人的某种特征的敬慕而产生的人际关系。如球迷、歌迷、影迷对球星、歌星、影星的爱慕。

6. **能力吸引** 个体具有较强的能力、多方面的特长是其人际交往中引人注意、令人欣赏的

重要条件。一般来说,人们都喜欢聪明能干的人,而讨厌愚蠢无知的人。与能力强的人交往,可使自己受到熏陶、学到知识、提高能力、少犯错误、日臻完善。另外聪明能干的人说话办事恰到好处,令人赏心悦目。

7. 人格吸引 人格的吸引力持久、稳定而深刻。如果一个人品德高尚、知书达理、善解人意、自信果断、幽默可亲,待人真诚、热情、宽容、支持、帮助他人,就会让人产生钦佩感、敬重感和亲切感,从而产生强烈的人际吸引力。

8. 喜欢回馈吸引 获得他人的赞许是一般人都具有的强烈社会动机之一,他人的喜欢是满足这一需要的最好奖赏。心理学家们研究发现,喜欢具有"往返回馈"的特征,即别人的喜欢,对我们构成"酬赏",从而产生人际吸引力,引起我们的相应反应,也喜欢对方;同样,我们喜欢他人,这对他人也会构成"酬赏",从而产生人际吸引,于是他人也会以喜欢来"报答"我们。这一观点与我们古语所说的"敬人者,人恒敬之""爱人者,人恒爱之"是相一致的。

9. 仪表吸引 仪表包含先天及后天的获得性素质,如身材及容貌属于先天性素质,而衣着、打扮、举止、风度、气质则与后天的文化、修养及知识层次有关。仪表在一定程度上反映个体的内心世界。仪表在初次接触的人际吸引过程中具有重要的作用。

(三) 人际吸引规律的应用策略

在人际交往过程中,为了促进良好人际关系的建立,应遵循人际吸引的规律,掌握增进人际吸引的方法和策略。

1. 培养自己良好的个性特征 通过良好的家庭、学校的教育,社会环境的影响,通过个体的积极实践培养自己良好的个性,使自己富有人格魅力,即具有深刻、久远的吸引力。

2. 不断提高自己的综合能力 一个人要善于学习,勇于实践,善于总结经验,持之以恒,提高自己各个方面的能力,当然也包括交往的能力与技巧。

3. 增加交往的频率,缩短与对方的距离 距离越近,交往越多,双方就越熟悉。交往的方式也可以是多种多样的,如节日的拜访、成功时的祝贺、悲伤时的安慰、有困难时主动向周围人求助等等。当然,这些交往应当建立在真诚的基础之上。

4. 注重自己的仪表,给对方以美感 在与对方交往时,整洁适体的服饰、亲切自然的仪容、端庄典雅的仪态、礼貌和平的语言,均给人以美感,产生强烈的人际吸引力,尤其是首次交往时尤为重要。所以应在内在的文化修养和外在的形象表达上长期积淀,达到内外的和谐统一。

第三节 建立良好人际关系的策略

建立良好人际关系的具体方法很多,在日常生活和康复治疗工作中,较为重要又可以有效地为每一个人所运用的策略有如下几个方面。

一、主 动 交 往

交往双方总有一方占主动地位,如主动与人打招呼。这些看似简单的小事却常常因个性原因不习惯或不好意思去做,或因没有意识到应该去做,结果丢失了许多可能是有重要意义的交往机会。可见康复治疗师建立并强化主动与人交往的意识,掌握主动与人交往的技巧,是建立良好人际关系的策略之一。

在人际交往与沟通中,许多人不是主动启动交往活动,主动去接纳别人,而是被动地等待别人接纳,或者试图去吸引别人的注意,有主动交往沟通的愿望,但无胆量去行动,内心很苦恼。究其原因,一方面是缺乏自信,另一方面存在"我先打招呼,低人一等""我这样麻烦别人,别人会讨厌的"等认识误区。改变这一处境的方式是:少担心,多尝试。

二、尊 重 对 方

尊重对方在人际关系的建立中,具有重要的意义。尊重可以使人们感到自身的重要、被关注和有价值。相反,当人们得不到尊重时,会感到伤心和被忽视,甚至被怠慢。康复治疗师在与患者的交往中,尊重主要通过为患者服务时对他的疾病和痛苦给予理解和回应而表现出来。尊重是一种态度,这种精神层面的态度需要转化为表示尊重的行为,才能拉近自己和患者间的距离。

在医患交往中,语言和非语言行为都可以表达尊重,如恰当称呼患者、介绍自己、注意力集中、保持目光接触、适当微笑、保护患者的隐私等。这些行为在人际交往中同样适用,在与同事的交往中,谦虚、周到地对待每一位同事,可以使得整个团队传达着相互尊重的氛围。

三、关 注 对 方

在沟通交流过程中双方的兴趣和关注点汇聚在一起时,交流才成为双方平等投入的过程,才能真正起到有效沟通和加强相互关系的作用。谈话兴趣和关注焦点的汇聚是一个渐进的过程,而且需要交流双方都将注意力投向对方,关注对方所关注的,而不只是集中在自己身上。如果康复治疗师只是在想自己的事情,以自己的理解和情感作为唯一的出发点,那么自然难以关注患者的兴趣和所关注的问题,不能满足患者的需要,当然就不易建立起良好的医患关系。

四、态 度 真 诚

真诚地对待他人,是建立良好人际关系的基础之一。真诚即真实诚恳,最根本的特点就是向对方表达真实的想法和感受,展示一个真实的自己。作为康复治疗师,真诚是获得患者和同事信任的重要一步。真诚的方式主要体现在交流中,具体来说就是说该说的话,比如关怀对方的话,设身处地为对方着想的话,某些不刺激对方的忠言,不涉及他人隐私的交谈等等。真诚并不意味着全部托盘而出,在表述真相时,需要评估对方的心理预期和接受能力,以及此时此地的需求,这样的真诚才是具有积极意义的。

在人际交往中,细微的行为往往都会体现出真诚,如记住对方的名字或小小的嗜好,一个对对方富有意义的日子等。真诚地对待他人,将会获得他人的真诚相待,而这些恰是良好人际关系的开端。

五、表 达 热 情

任何时候,当你想和另外一个人关系更密切、更加和谐时,表达热情是一个很好的方法。美国著名专栏作家安·兰德斯说过,"热情、善良、友谊是这个世界上人们最渴望拥有的东西,拥有它们的人将永远不会感到孤独"。友善热情可以使人与人之间变得亲近,是人际沟通的催化剂,使人感到舒服、放松、愉悦,觉得自己受欢迎。康复治疗师发自内心的热情是一剂良药,与康复治疗技能同等重要,患者一旦感觉温暖,就会更愿意沟通。

热情可以用语言和非语言的方式来表达,但更多是通过非语言的方式来表达,如细微的面部表情、肢体语言、身体的姿势以及空间距离等。语调的高低、语速的快慢也都将关系到热情的表达。温和的、充满感情的声音要比干枯的、刺耳的声音更能表达出说话者的热情;慈爱、柔和的话语要比严厉、轻率的话语显得更热情。

六、主动提供帮助

当一个人遇到困难、陷入困境时,他人的支持和帮助会给予安慰和力量,哪怕是一个鼓励的眼神、一句安慰的话语,都可使其铭记在心,对你抱有感激之情。这就是所谓的"患难之交"建立

起来的人际关系。

这里的"帮助"是多方面的,既包括情感上的支持,也包括物质上的、行为上的支持。真诚的帮助就是"给予",包括时间、精力、物质、情感等。在对方需要时帮其一把,"雪中送炭"永远优于"锦上添花"。

七、善用共情

共情能力是有效交往的核心,它作为一种心理品质,对一个人形成良好的人际关系、道德品质,保持心理健康,出现亲社会行为(包括分享、帮助、安慰、支持)乃至走向成功都有着重要的作用。共情是承认和接纳他人的能力,包含着对他人内心体验的理解以及对这种理解的恰如其分的表达,这种表达包括语言和非语言的。共情意味着摆脱自我中心,关注他人的需要。具有共情能力的人,具有较好的情绪感受能力,能够体验自己的情绪,同时也能很好地体会和识别他人的情绪,切身感受到他人的需要与苦恼,并提供适当的帮助。因此,共情既是一种态度,也是一种能力。作为态度,它表现为一种对他人的关切、接受、理解、珍惜和尊重;作为一种能力,它表现为能充分理解别人的心事,并把这种理解以关切、温暖、尊重的方式表达出来。

在医患沟通中,康复治疗师恰当地共情能使患者感受到被理解,感到温暖,从而更加信任康复治疗师,有助于帮助患者解决问题,并有效促进医患关系的协调发展。

知识拓展

同感心、同情心

同感心,又译作"共情""神入""同理心"等。同感心是指进入并了解对方的内心世界,并将了解的内容传达给对方的一种能力。同情心是指对他人处境的一种情感认同和表露,表现在情感方面,是一种能与他人感情起共鸣的能力。

同感心与同情心的区别在于:

1. 表现在思维逻辑方面 同情心是一种由己到人的思维方式,而同感心是由人到己的思维方式。同情心是由于对方的不幸遭遇,自己马上力所能及地提供帮助,至于对方是否需要帮助,或是帮助的内容对方是否需要都不重要;而同感心是设身处地地站在他人的角度,考虑如果处在那个环境,我最需要什么? 然后根据这种需要提供相应帮助。

2. 情绪、情感表达方面 同感心是你知道、理解、接纳别人在各种情境中产生的各种各样的情绪情感问题,肯定这些情绪问题存在的合理性,并表达给对方。同情心则是别人的在你看来不幸的境遇激发了你的情绪,你和对方的情绪缠绕在一起,在表达自己的情绪。

如,当对方遭遇不幸而哭泣时,同感心的表现是:"你很难过,我理解(握住对方的手),要是我遇到这种情况我也会非常伤心"。同情心的表现是"你的遭遇真是太不幸了,我很同情你。"与对方一起流下了眼泪。

八、真诚赞美

每个人都有自我价值感,都有得到他人肯定和尊重的需要。称赞是对他人的自我价值的发现与肯定。选择恰当的时机和适当的方式表达对他人的赞美是增进彼此情感的催化剂。与人交往时,要善于发现对方的优点,经常给予他人真诚的恰如其分的赞美。这种对他人自我价值的肯定,不但可密切人际关系,还会使对方向你所赞美的方向更好地发展。在逆境中给予支持性赞美犹如"雪中送炭",让人增强信心,看到希望;与当时的夸赞相比,人们更看重事后的回顾性赞美。赞美可通过语言和非语言方式来表达。

九、表现真实的自我

"人无完人",但人们都极力使自己成为"完人",因每个人都有表现自己优点、掩饰自己缺点,给别人留下美好印象的愿望。认为"完人"是有吸引力的,使人倾慕,故而极力掩饰缺点。然而过于掩饰自己的缺点结果会适得其反,给人一个保守、虚荣的印象。实际上,真实地表现自己(包括自己的缺点和不足),非但不会有损于你的形象,反而使人们产生一种真实感和亲切感,提升你的人格魅力,增加人际吸引力。

十、保守秘密

社会中的个体,面对不同沟通对象,都可能有不同的隐蔽不外露的信息。人际交往中为对方保守秘密,是对交往对象充分尊重的表现。一般来说,患者吐露的秘密都是他认为对他的身心健康有一定威胁的,因所处社会地位的不同,所扮演的社会角色各异,有些秘密对康复治疗师来说可能根本不成为秘密,但对患者而言,却直接威胁着自我价值或生理、心理的安全感。因此,为对方保密不仅应当成为为人处世的一条原则,而且在康复治疗工作中也应当是康复治疗师所应尽的责任和义务。

十一、应用恰当的沟通技巧

恰当的语言及非语言沟通技巧对建立良好的人际关系起着重要的作用。在康复治疗工作中,康复治疗师仪表端庄、服饰整洁、面带微笑、举止文雅、语气和蔼、认真倾听、恰当解释等都会给患者留下良好的印象,赢得患者及家属的好感及信任,从而建立良好的医患关系。

学习小结

通过本章的学习,了解到人际关系是人们在社会生活中,通过相互认知、情感互动和交往行为所形成和发展起来的人与人之间的相互关系。人际关系是人与人心理上的距离。与他人建立良好的人际关系是人类社会生活中最为重要的任务之一。人际关系是在人际交往中实现和展开的,交往需要是人际交往的原始动力,交往动机是引发交往活动的直接原因。相互认知是建立人际关系的前提,人际认知中存在着诸如第一印象等各种认知效应,人们应合理应用认知效应,建立和发展良好的人际关系。情感互动是人际关系的重要特征,人际吸引是以情感为主导的,人们应合理应用各种人际吸引规律,增进人际吸引。交往行为是人际关系的沟通手段,恰当的沟通技巧是建立良好人际关系的重要的策略之一。所以,应重视人际沟通知识的学习。除主动交往、表达热情、帮助别人、尊重并关注对方、善用共情等策略之外,应重视对个人能力的培养和良好人格的塑造,使自己具有更长久、更深刻的人际吸引力,为建立和发展良好的人际关系奠定坚实的基础。

(王凤荣)

思考与练习

一、选择题

A1 型题

1. 人际关系是人与人在沟通与交往中建立起来何种关系

    A. 心理上   B. 行为上   C. 合作方面

D. 利益上　　　　　　　　E. 情感上

2. "情人眼里出西施"反映的是何种认知效应

    A. 第一印象　　　　　　B. 晕轮效应　　　　　　C. 先礼效应

    D. 免疫效应　　　　　　E. 刻板效应

3. "善良的人容易上当"反映的是何种认知效应

    A. 投射效应　　　　　　B. 晕轮效应　　　　　　C. 先礼效应

    D. 免疫效应　　　　　　E. 刻板效应

4. 人际关系的基本特点是

    A. 目的性　　　　　　　B. 社会性　　　　　　　C. 复杂性

    D. 多变性　　　　　　　E. 多重性

5. "浪子回头金不换"应用的是何种认知效应

    A. 首因效应　　　　　　B. 近因效应　　　　　　C. 免疫效应

    D. 晕轮效应　　　　　　E. 刻板效应

6. 具有最久远吸引力的是

    A. 相似性吸引　　　　　B. 相悦性吸引　　　　　C. 相补性吸引

    D. 敬仰性吸引　　　　　E. 人格吸引

A2 型题

7. 美国总统林肯的朋友向林肯推荐了才识过人的阁员,但林肯因为此人相貌丑陋拒绝了这位阁员。当朋友愤怒地责怪林肯以貌取人,说任何人都无法为自己的天生脸孔负责时,林肯说:"一个人过了四十岁,就应该为自己的面孔负责。"林肯"以貌取人"反映了何种人际认知效应

    A. 第一印象　　　　　　B. 晕轮效应　　　　　　C. 先礼效应

    D. 免疫效应　　　　　　E. 刻板效应

8. 康复治疗师小刘,在给脑外伤的患者做康复训练中,多次对患者说:"麻烦您再将腿抬高些",但患者仍没有配合。小刘心里很是不悦,但却对患者说:"大爷,可能是我没说清楚,像我这样将腿抬高,这样主动运动您恢复得就会快些"。患者欣然接受,并配合。此例反映了何种认知效应

    A. 第一印象　　　　　　B. 晕轮效应　　　　　　C. 先礼效应

    D. 免疫效应　　　　　　E. 刻板效应

二、思考题

1. 选择你熟知的某个人,分析他(她)吸引你或者不吸引你的原因。

2. 案例分析:小李是患有腰椎间盘突出的刘大爷的治疗师,刘大爷有多年的糖尿病病史。小李发现刘大爷在很困难地开启罐头瓶盖,小李马上主动上前,面带微笑对刘大爷说:"刘大爷,我来帮您。""好。"小李费了很大劲还是没有打开。刘大爷接着说:"来,用这个螺丝刀撬开试试。"小李仍面带微笑说:"刘大爷,您可真聪明。"刘大爷说:"我啊,好久没吃罐头了,我身体康复差不多了,这回我得多吃点。"小李仍面带微笑说:"想吃罐头啊,我能理解。但您只能吃两块哦。实际上我有时候也控制不住自己的欲望,但为了健康,又不能不控制,我知道您能很好地控制,只不过是说说而已。"刘大爷高兴地夸小李是善解人意的好孩子,而且就吃了两块。

请分析小李用了哪些建立良好关系的策略?

第三章

医疗人际关系

▶ 学习目标

1. 掌握：促进康复治疗师与患者、患者家属、康复医师、康复护士之间关系的策略；康复治疗师的角色作用。
2. 熟悉：医患关系的影响因素；康复治疗师与患者家属关系的影响因素。
3. 了解：医患关系的性质与特点；医患关系的模式；患者家属的角色特征。
4. 能在康复治疗工作中与患者、患者家属及医院其他工作人员建立良好的人际关系。
5. 培养团队合作精神，认识到康复治疗师与患者、患者家属及其他工作人员良好合作关系的重要性。

✚ 情境导读

一个不恰当的称呼

玲玲是一个6岁的女孩，在1岁的时候发现步行不稳，诊断为脑瘫，现在在康复科进行康复治疗。在一次康复治疗过程中，责任康复治疗师小张与进修人员小李在治疗中闲谈，称呼玲玲为"弱智儿"，玲玲家属因此要求治疗师小张公开道歉并要求更换治疗师。小张困惑了：不就一个称呼吗，而且是实事求是，又不是无中生有，又道歉又换人的，这家属真是难缠！至于吗？现在的患者及家属都怎么了？

医学与人类社会生活关系密切，康复治疗师从事的是与人打交道的职业，医疗活动是在人与人之间进行的，因而在医学领域中存在着广泛的人际关系。在临床医学实践中的人际关系，即医疗人际关系，也就是我们所说的工作关系，主要有医患关系和同事关系。只有通过人际沟通来协调和改善人际交往中的关系问题，才能建立良好的医患关系和同事关系。因而，人际沟通在医疗工作中的应用十分广泛而且重要。

第一节 医患关系

医患关系是临床医学中最主要的人际关系，疾病的诊治、护理的过程都是以医患关系为中心的医患交往过程，所有医疗工作都要通过医患关系来实现。医患关系不仅直接影响医疗过程的顺利进行和医疗质量，而且影响患者对诊治、护理疗效的评价。

一、医患关系的性质与特点

（一）医患关系的概念

医患关系（doctor-patient relationship）是一种双向的、特定的人际关系，与其他的人际关系相

比,有不同的特点、模式和内容。医患关系有狭义和广义之分,狭义的医患关系是指医生和患者之间为了维护和促进健康而建立起来的特定的医患个体之间的关系;广义医患关系是指以医生为中心的群体(包括医生、护士、医技人员、医务行政管理人员等)与以患者为中心的群体(包括与患者有直接或间接关系的患者家属、亲戚、监护人及其所在工作单位的同事或领导等)在医疗活动中所建立的特殊人际关系。正如西方著名医史学家西格里斯特所言"每个医学行动始终涉及两类当事人:医生和患者,或者更广泛地说,医学团体和社会,医学无非是这两群人之间多方面的关系"。

(二) 医患关系的性质

医疗服务是一种特殊性质的社会服务,它不同于一般的消费服务,也不同于各种形式的管理服务和行政服务,它是涉及人们的生命安危和健康保障的一种特殊服务。医患关系最本质的性质是契约关系和信托关系。

1. 医患关系是契约关系　医患关系是建立在平等、自愿基础上的契约关系。门诊患者挂号就诊,住院患者办住院手续,医患双方实际就形成了在医疗活动之中权利和义务的约定,形成了契约关系。医患双方在法律地位上是平等的,都有各自的独立人格和意志,双方互相信任,没有高低、贵贱、主从之分,不存在管理与被管理、领导与被领导的关系。医务人员既不是患者的领导,也不是患者的仆人;患者既不是医务人员的下级,也不是医务人员的主人,双方都是为了保障健康利益主动走在一起的,双方互相尊重、平等相待。医务人员在诊治活动中要尊重患者的权利、人格和情感体验,患者应当尊重医务人员的职业自主权、人格和他们的劳动。医患任何一方都不能把自己的意志强加给另一方,不能强迫另一方听命于自己。医患双方应当遵循诚信原则,严格履行自己的义务和承诺,应当向对方提供准确和详细的医疗活动所必需的信息。医患双方应当遵循他们所承担的社会角色的行为规范,特别是法律规范和道德规范。

2. 医患关系是信托关系　"信托"中的信就是指医患相互间的信任,主要是医务人员取得患者的信任。为此医务人员一是要取得患者的信任,二是不要辜负这种信任。信任关系是医患关系建立的基础,患者如果不信任某个医务人员,就不可能到他那里就诊。医务人员是靠自己的学识、技术、素质和全心全意为患者服务的精神赢得患者信任的。托是指托付、寄托,即把保障自己健康和生命的重任托付给医务人员,这是在对医务人员高度信任的基础上产生的一种行为。在医疗活动中,患者是求医者,由于他们缺乏医学知识和对疾病的诊疗技术,他们需要从医务人员那里取得指导和帮助,达到祛病健身的目的,他们把医务人员看做生命和健康的守护神。患者求医的目的是明确的,消除病痛的愿望是迫切的,对医务人员寄予的期望是极高的,这就分外加重了医务人员身上的责任。这种信托要求,使医患双方在相互信赖的基础上结成了一种特殊的关系。

(三) 医患关系的特点

医患关系作为一种人际关系,既体现为医务人员对患者的关怀和救助关系,也体现为对患者的沟通和指导的关系。患者作为需方,医务人员作为"供方",他们之间形成一种特殊的供需关系。在这种关系中,需方是核心,供方是围绕着需方开展自己活动的,主要表现为以下一些特点:

1. 医患双方利益的根本一致性　医患关系是围绕着患者健康利益建立起来的,患者求医,医者施治,医患之间形成了相互依存、密不可分的关系。医务人员因患者而存在和发展,没有患者,医务人员就失去了存在的价值;没有医务人员,患者的健康和生命安全也会失去有效的保证。患者求医,是为了把自己的疾病治愈,医务人员实施医疗服务,也是为了救死扶伤,促进患者的康复,双方在根本利益上是一致的。医务人员的服务态度愈好,医疗技术愈高明,就愈会赢得患者和社会的尊敬和肯定,就愈能体现其自我实现的价值。患者则希望所有医务人员都是妙手回春的,只要康复训练,就能对恢复健康有帮助。这种根本利益的一致很容易使医患之间形成亲密和互信的关系,这种情况在其他行业中是比较少见的。医患关系应当成为社会上最和谐

的人际关系,这是患者和医务人员的共同期望,也是全社会的共同期望。当然,不是说医患关系之中就没有矛盾,医患关系和其他人际关系一样,受着多种因素的影响,会出现各种不同性质、不同程度的矛盾。但医患双方根本利益的一致性,却是医患关系的一个根本特点。

2. 医患关系的人文性　医患关系是一种重要的人际交往关系,是医务人员对患者实施救助过程的人际交往关系。医患关系中不仅具有深厚的文化积淀,而且充满着人文精神,充满着利他主义精神,是人类社会互助精神的充分发扬和升华。医务人员承担着为患者提供保健照顾的义务,成为患者患病期间可以信赖、可以依托的支柱。患者在患病期间,被允许可以发生在正常情况下不允许发生的行为举止,成为患者角色中的重要内容,医务人员对这些行为举止是宽容的、关怀的,并尽量使患者免受疾病的煎熬而尽快取得康复。医务人员对患者的抗病行为是激励的,使用一切方法调动患者和疾病抗争的积极性。医务人员不仅关怀患者身体健康问题,同时也关心患者的心理健康问题。医务人员关怀患者是不要求回报的,医务人员对患者的感情是真挚的,是不夹杂某些与医疗无关利益内容的。医务人员关怀患者,但始终保持以清醒的科学态度对待疾病,而不是使某种情感扰乱对疾病的诊治,医务人员对患者的情感倾注在为患者提供最佳的医疗服务上。

3. 医患关系的平等性　医患间的平等关系源于他们都是具有独立人格和自由意志的人,医务人员和患者应该建立起相互尊重、平等对待的关系。一是尊重人们的生存权和健康权,坚信人们的生存权和健康权是神圣不可侵犯的,医务人员对任何受到健康威胁的患者都有救助的义务,见死不救是医务人员最大的失职;二是医患双方所处的地位是平等的,双方之间都是具有法定权利和义务的主体,他们之间的交往是平等的交往,谁也没有支配对方的特权;三是医务人员对患者应当一视同仁,平等对待。不论患者社会地位高低,工作性质优劣,来自农村还是来自城市,与医务人员是否认识,是否能给医务人员提供方便,都应平等看待,他们的人格都应得到尊重,他们的权利都应得到维护;四是患者要平等对待所有医务人员,不能因为他们分工不同和在医疗服务中发挥的作用不同,而采取不同的态度,从而伤害一部分人的自尊心和人格;五是医患间的平等关系是一种建立在文明和礼仪基础上的人际关系,医务人员作为医患关系主导的一方,更应严格要求自己,医务人员应该行为端庄、语言文明、态度和蔼可亲,关怀、爱护和体谅患者,善于用自己的言行去调整患者的心理状态,医务人员与患者接触过程中应该始终保持理性状态,不能因任何因素影响产生不利于患者的不良情绪。医务人员良好的言行和公正态度会给患者以良性影响,有利于在医患之间构建和谐的互动关系。

二、医患关系的模式

1956 年美国学者萨斯(Seaz)、荷伦德(Hollender)在《内科学成就》上发表了《医患关系的基本模式》一文,文中指出患者症状的严重程度是影响医生与患者各自主动性大小的重要因素。据此,萨斯、荷伦德将医患关系归纳为三种类型:主动—被动型、指导—合作型、共同参与型。这种医患关系类型划分模式是被医学伦理学与医学社会学界广泛引用的医患关系模式,同时也是一种典型的医患技术关系模式。

(一)主动—被动型

主动—被动型是一种历史比较悠久的医患关系模式。在这一模式中,医务人员是主动的,患者是被动的,医务人员的权威性不会受到患者怀疑,患者也不会提出任何质疑,医患双方的地位是不对等的。这种模式的显著特点是患者到医院就诊,请求医务人员给予治疗,往往将自己处于被动地位,表现为"求医问药",而医务人员掌握治疗技术,接受患者的请求,给患者以治疗,往往以主导者自居。在这种模式中,患者不能发挥积极主动作用,不能发表自己的看法,也不能对医务人员的责任进行有效的监督,由于医务人员的完全主动和患者的完全被动,容易引发不应有的事故和差错。故西方学者又把这一模式称之为"父权主义模型"。这种模式,在尊重人

权,强调"以患者为中心"的今天,已受到越来越多的批评。但是,对于休克昏迷患者、危急外伤性患者、精神病患者以及难以表述自己主观意见的患者等来说则是适用的,因为这些患者已经失去了表达意见和表示主动性的任何可能性,不存在医务人员与患者沟通的问题,在这种特殊情况下,医务人员行使完全和独立的权利,按照自己的意志实施救治是合理而必要的。

(二) 指导—合作型

指导—合作型是一种对现代医患关系有重要影响的基础模式。在这种模式中,患者被看做是有意识、有思想的人,在医患双方关系中患者有一定的主动性,医务人员注意调动患者的主动性,但仍然具有权威性。此时,医患关系比较融洽,但这种融洽是有条件的,是以患者主动配合医务人员的治疗为前提的。主动配合的具体表现是:主动述说病情,反映诊治中的情况,配合检查和治疗,也可以提出疑问,寻求解释。但对医务人员应用的治疗措施,既不能存疑,更不能反对。总体来说,医者仍居于主导地位,患者则处于比较忠实地接受和执行医务人员劝告的地位。这一模式从患者主动性上来看,无疑比主动—被动型医患关系前进了一步,它有利于提高诊疗效果,有利于及时纠正医疗差错,在协调医患关系中能够起到一定的积极作用,但仍不够完善和理想,患者的主动性有待进一步积极调动。

(三) 共同参与型

共同参与型是一种新型的现代医患关系模式。此类型与以上两种类型的区别在于:患者在医疗过程中不是处于被动地位,而是主动与医务人员合作,主动参与医务人员的诊治活动,提供各种信息和建议,帮助医务人员做出正确治疗计划,有时患者还和医务人员一起商讨治疗措施,共同做出诊治的决定。在这种类型的医患关系模式中,医务人员在诊疗过程中能认真听取患者的意见,采纳其中合理的部分,医患间有近似相等的权利和地位,诊治中发挥着医患双方的积极性。在该种模式中,医者只是为患者提供不同的治疗方案,告知每一种方案的利弊,但最终的选择权掌握在患者手里,医务人员只能帮助患者执行和实施患者所选择的方案。这有助于消除医患隔阂,减少冲突,建立真诚和相互信任的医患关系。大多数慢性病的治疗和一般心理治疗等都比较适用于这种模型。

从"主动—被动型"到"共同参与型"的转变过程中,医患双方的地位和作用发生了很大的变化。医务人员对患者的主导或"控制"地位逐渐减弱,而患者在自己疾病诊治中的作用则逐渐增大,患者"人"的身份逐渐凸现。然而,应当指出的是,在此种变化中医务人员的作用和责任并没有随之减少;恰恰相反,为了调动患者的积极性和主动性,医务人员不仅要充分发挥其技术特长,还要引导患者共同参与这一活动,以促使其早日康复。由此可见,在一种模式向另一种模式的转化过程中,医务人员的工作不是少了,而是变化了内容。例如,对一个意识不清的患者,应按照"主动—被动"的模式加以处理;随着他病情的好转和意识的恢复,就可逐渐转入"指导—合作"模式;最后,当患者进入复原或康复期时,适宜的模式就变成了"共同参与型"。

这三种不同类型的医患关系模式,在它们各自特定的范围内是正确的、有效的,如对于一个昏迷休克患者、危急外伤性患者、精神病患者来说,医务人员在紧急情况下要决定使用的抢救措施方案,是不可能让患者参与意见的,当然征求患者家属意见除外。但对大多数患者来讲,按指导—合作型和共同参与型的医患关系组织诊疗更能达到诊疗效果。然而,该模式也不是完美无缺的,它的根本缺陷在于它是依据患者的技术反映能力及疾病状况构建的,仅仅考虑了医患之间的技术差异,而忽视了医患之间的情感互动、忽视了文化差异以及患者消费观念的改变和权利意识的增长所引起的医患关系的变动性及多样性问题。

三、医患关系的影响因素

(一) 医务人员的因素

1. 服务理念 医务人员热情、诚恳、负责、平等的态度,可以得到患者的好感和信任,有利于

建立良好和谐的医患关系。反之,医务人员在与患者的交往过程中,态度冷淡、语言生硬、缺乏同情心和对患者应有的尊重,使患者及家属遭受许多不便,心理上增添许多烦恼,使医患关系紧张,矛盾不断升级,以致出现医患纠纷。医务人员服务态度欠佳一直是引起患者不满和医疗纠纷的主要原因。

2. 医德医风　医务人员具有高尚的医德情操和高度的责任感,能正确理解患者的报答心理和对待各种利益的诱惑,不图私利,为患者提供真诚的服务,有利于融洽医患关系。反之,医务人员医德水准低下、敬业精神不强,如有的医务人员搞不正之风,收取甚至索要"红包",属于不良的医患关系。在医疗护理过程中,有时医务人员并无过失,患者出现了意外不良后果,正常情况下医患之间能达成一致认识。但有时却因为不良的医德医风,损害了医务人员和医院的声誉,影响了医患之间的关系,使问题复杂化,产生纠纷。例如医务人员在诊疗过程中收受患者送的礼品或者钱物。一旦患者出现不良后果,患者及其家属就会认为医务人员因所收红包不满意而有意耽误治疗,从而出现医疗纠纷。应加强医德医风教育,使医务人员牢固树立以患者为中心的服务理念,尊重患者的合法权益,转变观念,变被动为主动想方设法为患者提供方便,满足患者的需求。建立健全医疗管理制度,使医务人员加强责任心,严格执行各项规章制度,做到恪尽职守,严防医疗事故的发生。

3. 医疗质量　医务人员医术高明,治疗有效,能使患者的病情逐渐好转,有利于医患关系的良性发展。反之,医疗质量的缺陷,如医务人员对工作不负责任、医疗技术水平低下、经验不足导致医疗差错、医疗事故等,则不利于医患关系的良性发展,既给患者带来痛苦,又容易造成医疗纠纷。当今高科技迅猛发展,全球经贸往来扩大,医务人员要树立国际化大市场的观念,强化竞争意识,适应多国家、多民族、多元化服务,提升文化和多学科知识,加强业务学习,以便提高医疗技术水平,以适应当今时代的发展,满足患者的就医需求,提供高质量的医疗服务。

（二）患者方面的因素

1. 患者的期望值　医学是一门实际性很强的科学,至今仍有许多未知的领域,而个人的体质千差万别,可以说任何一种疾病的疗程、转归都是不确定的。如果患者能够认识到现有的医疗技术水平不可能解决所有的临床问题,疾病的治疗过程始终存在着成功和失败两种可能,能够正确对待治疗效果,有利于建立和谐的医患关系。但患者常常不能科学地认识自己的健康状况和正确地对待治疗效果,如康复科很多是脑卒中、脊髓损伤等患者,患者对康复的期望值高,但康复周期长,显效慢,一旦治疗效果不能达到他的期望值时,便认为是医务人员的无能,无理地责怪医务人员,以致出现医患纠纷。患者对医疗效果期望过高是造成医患纠纷的原因之一。

2. 患者的理解程度　医务人员承担着拯救患者生命的神圣使命,其职业是崇高的。由于医疗工作的特殊性质,医务人员已成为集高风险、高技术、低收入于一身的特殊群体。如果患者能够了解医务人员工作的特殊性质,并且给予尊重,使医务人员感到自身价值得以实现,有利于建立和谐的医患关系。有的患者对医务人员缺乏理解和尊重,认为既然是"花钱看病",那么医务人员和患者就是"买卖关系",患者就是"上帝",便苛刻地要求医务人员,任意地指责医务人员,造成医患关系紧张,容易引起医患纠纷。

3. 患者的个人因素　有的患者文化水平低,语言的表达能力差,医患沟通困难;有的患者自视清高,修养差,态度不好,说话出格,有意挑剔、中伤医务人员;有的患者不严格遵守医院的规章制度,擅自离院出走或者采取其他治疗手段,不遵医嘱、不配合医疗工作,又不听劝阻等等,都使得医患关系紧张。

（三）医院管理方面的因素

医院加强内部管理,充分调动医务人员的积极性,不断提高服务质量和效率,更好地为患者服务,树立良好的医院形象,能融洽医患关系。良好的医院形象是医院宝贵的无形资产,能促进医院的良性发展。

医院管理方面存在的缺陷,如规章制度不健全、职责划分不明确、部门之间个人之间对工作互相推诿扯皮、收费不合理、就诊环境差、后勤服务差、患者反映的问题得不到及时合理的答复和解决等等,都有损医院的组织形象,也是造成医患纠纷的重要原因。

医患关系除了受到上述因素的影响外,还要受到一定的社会、文化、经济、伦理道德、宗教信仰等因素的影响。

四、促进康复治疗师与患者建立良好关系的策略

(一) 树立良好职业形象来赢得患者信任

康复治疗师除娴熟的专业技能外,运用端庄的仪表、整洁的着装、优雅的谈吐、稳重的举止等语言和非语言沟通技巧,能给患者留下良好的印象,患者会获得安全感和对康复治疗师的信任感,患者信任康复治疗师是建立和谐医患关系的前提。反之,如果康复治疗师衣冠不整,白色工作服上沾满污渍,语言不文明、举止不文雅,将失去患者的信任,就不可能建立和谐的医患关系。

(二) 使患者建立正确的认知

1. **使患者正确认识医患关系**　通过沟通,康复治疗师要教育和帮助患者了解康复治疗师,理解康复治疗师工作的特殊性质,正确对待医患关系。不能僵硬地把医患关系视为一种法律关系,致使医患关系由目标一致的双向人际关系转变为相互对立的关系,也不能把医患关系视为"买卖关系",完全不考虑医疗活动过程中的多种不确定因素。

2. **通过沟通,使患者配合治疗**　康复治疗师要教育患者正确对待、恰当把握自己所拥有的权利,让患者明白自己的疾病状况,并做出相应的医疗选择,不要提出种种不切实际的要求和不配合康复治疗师科学合理的诊疗计划,正确处理医患关系。

在医疗活动中,患者享有知情权、参与权和一定的独立自愿的决定权利等。康复治疗师也具有一定独立的、自主的权利,如采用何种方法进行康复治疗等,患者虽然可以对疾病的康复提出各种参考意见,但这些不能代替和干预康复治疗师根据科学做出的决定。康复治疗师应根据患者的病情,做出科学的决定,并耐心地向患者解释,使其了解自己的病情和康复治疗师为什么要用这种治疗方法。这样既尊重了患者的参与权,又不会干预康复治疗师的正确决定。康复治疗师应以认真和慎重的态度审视患者权益,才能真正成为患者权益的维护者和代言人,以使医患关系保持良性发展。

(三) 正确对待和处理医患冲突

在与患者的沟通中,特别是在患者表示不满,情绪不稳定甚至发怒时,康复治疗师应保持冷静,要分析患者为什么会出现异常反应。如果是患者病情变化引起的,康复治疗师应针对病情做适当处置;如果是康复治疗师工作没做好引起的,就应向患者道歉并及时纠正;如果是患者抱怨医疗效果不尽如人意,康复治疗师就应如实向患者说明情况,并坦诚谦虚地承认技术能力的局限性;如果是患者不了解情况,产生误解引起的,康复治疗师就应该耐心、细致地向患者解释,以消除误会,取得患者的理解和支持,增强患者对康复治疗师的信任感,改善医患关系,避免医疗纠纷。

第二节　康复治疗师与患者家属的关系

康复治疗师与患者家属的关系是康复治疗师与患者之间关系的补充,是康复治疗师与患者之间沟通情感和调整关系的重要纽带,在增强康复效果和促进患者康复过程中起着非常重要的积极作用。

一、患者家属的角色特征

角色是指社会中某一特定地位的个体或群体,在实现与其地位相联系的权利与义务的过程

中,所表现出的符合社会期望的行为模式。每一个体同一时期会扮演不同的角色,完成不同的社会功能。个体患病住院治疗即进入患者角色,而脱离了原有的社会角色,患者家属原有的社会角色也相应发生了变化。

(一) 患者原有家庭角色功能的替代者

在患者患病之前,在家庭中都承担着一个以上的角色,其角色功能也相对固定,一旦患病,其原有的角色功能便只能由其他家庭成员分担甚至代替。如果家庭其他成员能够迅速承担患者原有的角色功能,对于消除患者的心理压力,安心治疗是非常有帮助的。

(二) 患者生活的照顾者

患者由于疾病的折磨,生活自理能力会不同程度的下降甚至丧失,住院期间和出院后的一段时间,生活上都需要有人照顾周全,一般情况下,患者家属会义不容辞地承担起照顾患者生活起居的责任,帮助患者走出困境。由于患者家属比其他照顾者更了解患者的生活习惯,同时,患者与亲属之间的亲情也使得患者从心理上更愿意接受家属提供的照顾,使患者得到更为周到、贴心的照顾。

(三) 患者康复治疗计划制订与实施的参与者

康复治疗,不仅仅是康复医师、治疗师、护士的责任,在康复治疗的过程中,还需要得到家属的理解、支持及配合。患者康复治疗计划的制订需要家属提供必要的信息,某些康复治疗的实施需要家属参与,这样才有可能取得事半功倍的效果。患者不能自理时,患者家属可在适当情况下,给予帮助,但应谨记的是协助并非是替代,患者仍应积极参与康复治疗。

(四) 患者的心理支持者

患者患病后,容易出现恐惧、焦虑等心理问题,甚至抑郁,对治疗及康复失去信心,所以就需要有人疏导、排解和安慰,由于患者家属与患者长期一起生活,感情深厚,对患者心理活动和生活习惯也最为了解,因此就成为帮助患者稳定情绪、提供心理支持的最合适人选。亲属的支持,对患者的康复尤为重要,这是康复治疗师和其他医护人员无法替代的。

(五) 患者病痛的共同承担者

疾病不仅给患者带来痛苦,也会引起患者家属一系列痛苦的心理反应。按照我国医疗保护的惯例,对于心理承受能力较差的患者,医护人员会采取"越过式"的沟通方式,将患者的预后不直接告知患者而是告知患者家属,因此患者家属往往更早承受精神上的打击,而且还不能将这种难以抑制的悲伤和痛苦在患者面前表露,只能埋藏在心里。

二、康复治疗师与患者家属关系的影响因素

在为患者提供康复治疗的过程中,康复治疗师与患者家属接触频繁,影响康复治疗师与患者家属关系的因素主要有以下几个方面:

(一) 缺乏角色理解

在为患者做康复治疗期间,家属应该和康复治疗师密切配合,共同努力促进患者早日康复。然而有些患者家属对自己的角色责任认识不清,认为交纳了住院费用,康复治疗师就应该为患者承担全部康复治疗,家属只要扮演旁观者和监督者的角色即可,因此不主动提供帮助,当某些康复治疗需要亲属配合时,便产生不满情绪。但是,有些康复治疗师因工作繁忙,没有为患者家属提供帮助和指导,甚至将本应自己完成的一些基础工作交给患者家属,由于患者家属大多不是专业人员,从而严重影响康复效果。当患者家属由于缺乏专业的康复知识而出现差错时,康复治疗师却把责任推给患者家属,最终引发康复治疗师与患者家属之间的矛盾冲突。

(二) 角色期望冲突

患者家属由于承受不同程度的心理压力,会产生紧张、焦虑、恐惧、悲伤等一系列心理反应,常会将亲人康复的一切希望都寄托在医护人员身上,认为医务人员能够妙手回春,对康复治疗

师的期待往往过高,认为康复治疗师应该解决一切问题,操作无懈可击,但是康复治疗师不可能满足患者家属的所有要求。许多患者家属不了解康复治疗师的工作特点及患者疾病的情况,再加上康复治疗师不当的沟通方式,往往导致与患者家属之间的矛盾冲突。

(三) 经济压力过重

随着高端诊疗技术的推广,新器械的开发应用,医疗服务走向市场化,患者的诊疗费用不断攀升,而康复科患者还存在治疗周期长、护工费高的特点,看病难、看病贵已经成为一个普遍存在的问题,医疗收费成为患者和家属非常敏感的问题。当医疗费用与患者家属的经济承受能力之间差距越来越大,尤其是当患者家属花费了高昂的医疗费用却未见明显的康复效果时,往往难以接受而产生不满情绪,从而导致与康复治疗师之间的关系紧张,影响双方关系的正常发展。

三、促进康复治疗师与患者家属建立良好关系的策略

康复治疗师在与患者家属进行有效沟通的过程中起着主导作用。与患者家属建立和发展良好关系,可以指导患者家属更好地承担角色职责,支持和配合康复治疗师为患者提供治疗,帮助患者早日康复。

(一) 换位思考,体会难处

亲人患病,患者家属身心都会承受巨大的压力,作为康复治疗师要学会换位思考,多站在患者家属的角度体会他们的心情,考虑他们的难处。在对患者进行康复治疗时,要尽可能把患者及其家属想象成自己的亲人,以真诚的态度对待他们。认真倾听他们的意见,设身处地地想象他们的处境,并感受他们的忧虑和悲伤,让他们切切实实感受到康复治疗师对他们是非常重视和关心的。在与患者家属沟通时,应该多使用下面这些语句,如"假如我是您的话……""要是我母亲得了这个病,我也会着急,但是现在我们需要……",要让患者及其家属看得出来,作为康复治疗师也很着急,很想尽快帮他们解决病痛。在康复训练中,要及时告知患者家属患者目前的情况,让家属有心理准备。总之,康复治疗师除了具有精湛的康复治疗技术外,还要富有同情心、仁爱心,当患者家属情绪比较激动时,一定要体会他们的感受,尽可能多为他们着想,不要对他们产生抵触情绪。

(二) 主动介绍,有的放矢

康复治疗师应想患者之所想,了解患者家属的迫切需求,明确沟通交流的重点,才能和他们产生共鸣。一般而言,就医过程中患者家属所关心的问题主要包括患者疾病的严重程度、重要检查的目的及结果、主要的康复治疗方案、康复治疗的效果、诊疗费用等情况。康复治疗师应按照康复治疗方案有的放矢地将上述内容介绍给患者家属,使他们既了解疾病诊疗中的困难、矛盾,又对战胜疾病充满信心。在进行每一项具体内容的介绍时,也应做到重点突出,使患者家属对患者的病情和康复治疗的进程有一个比较清晰的认识,从而争取他们的理解、支持和配合,保证康复治疗工作的顺利开展。

(三) 提供指导,耐心解答

由于患者的康复训练专业性强,需要康复治疗师对家属进行相应的训练指导,让家属积极地参与到康复训练中来,以更好地照顾和支持患者。康复治疗师应当以此作为与患者家属建立和发展良好关系的重要内容,根据自己对患者情况的了解,所掌握的专业知识以及临床工作经验,耐心解答患者家属提出的各种健康问题,并向其宣传相关的卫生保健知识,以消除患者家属的紧张、焦虑、恐惧等心理,从而促进与患者家属关系的协调发展。

(四) 心理疏导,缓解压力

由于长期照顾患者的劳累和经济负担等,患者家属会有焦虑、压抑的心理。康复治疗师应注意患者家属情绪的变化,善于倾听,了解其需要,给予安慰、鼓励和疏导,帮助其减轻心理压力,并使对方产生被关心、被尊重的感觉。

　　除上述几点外,康复治疗师在和患者家属进行沟通时还应该分清主次,应与患者的主要家属做好沟通,因为在对患者的诊疗过程中不同家属由于经济情况、性格等的不同,会有不同的想法,与主要家属做好沟通有利于使家属之间形成统一的意见。

第三节　康复治疗师与医院其他工作人员的关系

　　现代医院是一个以患者为中心的健康服务群体,由管理者、医生、护士、医技人员及行政后勤人员等组成。他们的职责分工有所不同,但目标一致。其中,康复治疗师承担着为患者提供康复治疗的工作,与医院其他工作人员需要密切配合。因此,康复治疗师应与之建立良好的沟通关系,这对于发挥自己的角色功能,提高康复治疗水平,有着重要作用。

一、康复治疗师的角色作用

　　每个角色在社会中都不是孤立存在的,是与其他角色相互依存的,不同的角色在其所在的群体中发挥着相应的角色作用。

(一) 康复治疗师在康复治疗小组中的角色作用

　　1. **康复治疗小组**　康复治疗小组(the rehabilitation team)是康复医学工作中较为特有的一种工作模式,在工作中体现了每个专业的重要性、对等性、参与性、团队性,同时对每个组员自身专业知识提出了更高的要求。小组包括康复医师、康复治疗师(运动治疗师、作业治疗师、言语治疗师、针灸治疗师、按摩治疗师、心理治疗师、理疗师、康复工程师、职业康复师、水疗治疗师等等)、康复护士,对患者进行个性化的评估,治疗方案的制订并实施。康复治疗师是制订、实施康复治疗计划的主要执行者,扮演不可或缺的角色。康复治疗师、康复医师、康复护士三者之间的工作关系最为密切,只有团队成员关系融洽,目标一致,精诚合作,才能提高整体工作效率,为患者提供优质的康复治疗服务,建立良好的工作关系是为患者提供康复治疗的重要保证。

　　2. **康复治疗师的角色作用**

　　(1) 康复治疗方案的具体执行者:康复治疗是一个团队协作的过程,团队成员各司其职,协调配合完成对患者的综合全面康复。其中康复治疗师扮演着举足轻重的角色,主要体现在治疗师是康复方案的具体执行者,与患者接触的时间长,能够多方面交流,对患者情况了解较详实。这些条件使得康复治疗师能够起到团队成员间的桥梁和纽带作用。

　　(2) 提供康复治疗咨询的健康教育者:康复医学是特殊的医学,强调患者主动参与,并把这种主动性提升到很高的层面,最大限度地挖掘患者本身的潜能,许多时候只需要康复治疗师给予具体的引导教育,或从旁督促即可。很多患者的康复周期较长,需要患者家属的共同参与,而且他们参与的积极性往往也很高,譬如脑瘫患儿的康复、脑卒中患者的康复等等。康复治疗师除了指导患者还要对患者家属进行宣教,使得患者回归家庭和社会后也能获得更好的康复疗效。

　　近年来,随着人民生活方式的改变,社会老龄化问题,癌症、职场人员的亚健康如颈腰痛、免疫力低下等越来越受到关注。康复治疗师在治疗过程中,还要把一些有针对性的预防知识灌输给患者,担当起施教者的角色。

　　(3) 康复治疗中信息的传达者与反馈者:在工作中,康复治疗师还需要同团队成员间甚至临床科室之间直接进行沟通,以便能够全面了解患者病情,熟悉治疗方案,还要把患者的病情变化及发展状况及时反馈给团队各成员,使康复计划能够及时合理地调整,及时对患者出现的新情况作出反应,使患者的康复治疗能达到最好的疗效。

　　(4) 在康复治疗中的陪伴者:康复医学强调共同参与型医患模式,医患双方都处于平等的地位,是一种朋友或亲人般相互依存、相互需要和相互作用的关系。身体的康复往往需要以心

理情感的复健和信任为基础,陪伴是与患者在治疗、康复过程中的携手共度,是促进情感认同与信任的来源。在漫长的康复治疗过程中,康复治疗师与患者陪伴依存,充分发挥自己的主导作用,使医患双方所有成员之间关系和谐,交流顺畅,配合治疗,实现有效的康复。

(二)康复治疗师与康复医师及康复护士之间的关系

1. 关系模式 康复治疗师、康复医师及康复护士,三者是并列—互补型关系模式。三者之间是即相对独立、不可替代,又紧密联系、缺一不可的并列合作关系,它们之间相互依存,相互促进,互为补充,共同协作,由此形成了并列—互补型关系模式。

2. 康复治疗师、康复医师及康复护士三者关系的影响因素

(1)角色心理差位:心理方位包括心理差位和心理等位关系两种。心理差位是指人际交往时,双方在心理上分别处于不平等的上位和下位关系中,如父子关系、师徒关系、主雇关系等;心理等位关系是指人际交往时,彼此之间没有心理上的主从之分,而是处于同等位置,如同事关系、同学关系、朋友关系等。康复治疗师、康复医师及康复护士,各有自己的专业技术领域和业务优势,在为患者提供康复治疗服务中,康复治疗师、康复医师及康复护士之间只是职责分工不同,没有高低贵贱之分,更没有孰重孰轻之别,三者是一种合作的伙伴关系。因此三者是一种平等的同事间的关系,即心理等位关系。

但是,临床实际工作中,康复医师在康复治疗师和康复护士面前易形成心理优势,常居高临下,而康复治疗师和护士也易形成被动的习惯,造成心理劣势;而康复治疗师在护士面前也易形成心理优势。康复治疗师及护士易形成对康复医师的依赖、服从心理;护士对康复治疗师也易形成依赖、服从心理。在三者之间形成了错误的心理差位关系,破坏了三者的平等、互助、协作关系。与此同时,也存在高年资的、临床经验丰富的康复治疗师比低年资的康复医师能更好地掌握患者的病情及康复治疗情况,有更好的康复治疗技术,因此,表现出来不尊重,甚至挑剔低年资康复医师的情况;同时也存在一些康复护士对康复治疗师不尊重,甚至轻视的表现。以上情况都会影响三者之间的正常互动关系。

知识拓展

沟通的位差效应

沟通的位差效应是美国加利福尼亚州立大学对企业内部沟通进行研究后得出的重要成果。他们发现,来自领导层的信息只有20%～25%被下级知道并正确理解,而从下到上反馈的信息则不超过10%,平行交流的效率则可达到90%以上。进一步的研究发现,平行交流的效率之所以如此之高,是因为平行交流是一种以平等为基础的交流。为试验平等交流在企业内部实施的可行性,他们试着在整个企业内部建立一种平等沟通的机制。结果发现,与建立这种机制前相比,在企业内建立平等的沟通渠道,可以大大增加领导者与下属之间的协调沟通能力,使他们在价值观、道德观、经营哲学等方面很快地达成一致;可以使上下级之间、各个部门之间的信息形成较为对称的流动,信息在执行过程中发生变形的情况也会大大减少。他们得出了一个结论:平等交流是企业有效沟通的保证。

(2)角色压力过重:在为患者提供康复治疗服务中,康复治疗师、康复医师及康复护士均有自己独立的角色功能,并在各自的工作范围内承担责任。如果分工合理,各自的角色负担比较适当均衡,相互关系比较容易协调,矛盾冲突也较少发生。但实际上,在康复治疗工作中相对来说康复治疗师工作量大,工作繁忙,尤其是由于多种原因,虽然康复治疗师的治疗方案、治疗措施非常得当,但患者的病情并无起色,康复治疗效果不尽如人意,此时康复治疗师会比康复医师及康复护士感受到更多更大的压力;康复治疗师又是与患者及家属接触最多最密切的医务人

员,稍有不慎,就可能引起患者及家属的不满。由于过重的角色压力,康复治疗师易变得脆弱、易怒和紧张不安,容易因为一点小事与同事产生矛盾和争执;再者,由于康复治疗师承受了过重的工作压力,不得不全神贯注地投入到康复治疗工作中,没有更多的时间和精力与其他医务人员沟通,导致团队成员之间关系的不和谐,易使工作关系得不到健康的发展。

（3）角色理解欠缺:严格来说,康复医师首先应是一个合格的康复治疗师。但到目前为止,我国的康复医师大多数是来自于非康复医学专业,而纯粹的康复医学专业的康复医师还很少。这样,康复医师、康复治疗师及康复护士是三个不同的专业,有各自不同的学科体系,其教育教学一般是在相对独立的情况下进行的,互相对对方的专业缺乏必要的了解,从而影响相互之间的合作关系。特别是专业发展和变革迅速的情况下,更容易造成不同专业之间的理解欠缺。就目前情况而言,存在着大多数康复医师对康复治疗师的工作程序和内容不是十分理解,对康复护士的整体护理不十分理解;康复治疗师对康复护士的整体护理不理解的专业理解欠缺的现象。由于对专业、对工作的不理解,从而导致对实现工作内容的角色不理解。

由于在临床工作中相互间存在诸多的不理解,康复治疗小组成员间常常相互埋怨或指责,如康复医师埋怨康复治疗师治疗手法不当,疗效不明显;康复治疗师埋怨康复医师治疗处方不明确;康复治疗师埋怨康复护士观察病情不及时,不准确,反馈不恰当。这些现象虽然有其客观因素,但主要原因是双方缺乏交流沟通而造成误解。

（4）角色权利争议:康复治疗师、康复医师及康复护士按照分工,各自在自己的职责范围内承担责任,同时也享有相应的自主权。但是在某些情况下,他们常常会觉得自己的自主权受到侵犯,而引发矛盾冲突。比如,康复治疗师对康复医师所下的医嘱有不同看法时,便可产生自主权争议。有时,康复治疗师认为康复医师开具的康复处方不适合患者的实际需要,而有权对不妥当的医嘱提出意见。再比如,当康复治疗师与康复医师对同一患者的病情评估不一致时,或高年资的康复治疗师对低年资康复医师处理病情的方法有异议时,或高年资护士对低年资的康复治疗师的处理意见有异议时都可能发生自主权争议。当医护间发生自主权争议而引起矛盾冲突时,冲突双方应心平气和地通过平等交流,达成共识,避免影响医疗关系的正常发展。

二、密切康复治疗师与康复护士之间关系的策略

(一) 认清角色,各司其职

康复治疗和护理是两个不同的专业,有各自不同的学科体系。在为患者提供健康服务的过程中,康复治疗师和护士都有自己独立的角色功能和工作职责。如果分工合理,就能协调关系,共同协作。为了维护患者的利益,保证医疗护理的安全,康复治疗师和护士还要相互监督,及时发现医疗护理中的差错。

(二) 虚心学习,共同提高

康复治疗师和护士要相互尊重对方的人格,理解对方的工作特点,分清各自所承担的责任和义务。双方应了解彼此专业的特点与进展,关心彼此的成长与进步,互相学习,取长补短,营造一个互相支持、互相理解的合作氛围,以求得康复治疗与护理的互相渗透、互相启迪。

(三) 加强沟通,团结协作

康复治疗师与护士要确保康复治疗和护理的顺利开展,一定离不开有效沟通。当双方出现不同意见时,要冷静思考,分析原因,提出合理化建议,共同找出解决方法。

三、密切康复治疗师与康复医师之间关系的策略

(一) 康复治疗师与康复医师应加强沟通

目前,我国康复治疗师的队伍越来越壮大,大部分康复医师不承担具体的康复治疗工作,所以对具体的康复治疗技术不十分熟悉,对已经发展的康复治疗技术的选择并不比康复治疗师准

确,在实施过程中适时调整康复处方的能力也有限。而康复治疗师是负责进行康复治疗的专业人员,可根据康复医师的处方,针对患者的具体情况再做出康复计划。

康复治疗师与康复医师具有平等的地位,康复医师对康复治疗师的工作可以提出建议和意见,康复治疗师也可以根据患者的情况与康复医师沟通,及时更改治疗处方。这样做能够准确地应用康复治疗技术,使开具的医嘱满足康复治疗的实际需要,可避免医嘱脱离治疗需要的矛盾发生。

(二) 使用统一的评定量表,减少矛盾发生

康复评定是制订康复治疗方案、实施康复治疗以及进行科学研究的基础。康复医师根据专科特点选择使用康复评定量表,并以此客观地、准确地评定功能障碍的性质、部位、范围、程度、发展趋势、预后和转归,为科学地提出康复目标,制订康复治疗计划,选择康复治疗方法,评定康复疗效提供了客观依据。根据客观的量表值来确定康复治疗师可以实施的治疗方案,可避免康复医师与康复治疗师在治疗方案上的不统一,有效避免因主观的不一致导致矛盾,构筑和谐关系。

(三) 康复治疗师和康复医师协作查房

由康复医师和康复治疗师共同查房,对每位患者的整体情况进行全面分析、评价,共同制订康复治疗计划,体现并列—互补型关系。康复医师和康复治疗师以不同的角度,对每位患者实施有效的治疗方案,弥补相互的不足,保证治疗及时、有效,使得患者对康复治疗师的满意度得到显著提高。二者共同查房拓宽了查房的内涵,可以提高医疗质量,减少纠纷,构建和谐关系。

学习小结

　　本章学习了医患关系的性质、特点、模式和影响因素;促进康复治疗师与患者及患者家属建立良好关系的策略;康复治疗师与患者家属的关系的影响因素;康复治疗师与医院其他工作人员的关系。通过学习体会到康复治疗师可以通过树立良好职业形象,良好医患沟通技巧,正确对待和处理医患冲突来促进医患关系发展。通过换位思考,体会难处;主动介绍,有的放矢;提供指导,耐心解答;心理疏导,缓解压力来促进与患者家属的关系发展。了解到康复治疗师的角色作用,并能通过认清角色,各司其职;虚心学习,共同提高;加强沟通,团结协作来协调与康复护士之间关系。通过和康复医师加强沟通、使用统一的评定量表、协作查房来协调与康复医师的关系。

(邢　岩)

思考与练习

一、选择题

A1 型题

　　1. 体现医患之间契约关系的有下列做法,错误的是

　　　　A. 先签写手术协议书然后手术　　　　B. 患者挂号看病

　　　　C. 医生向患者做出应有的承诺　　　　D. 先收费然后给予检查处置

　　　　E. 患者被迫送红包时保证不给医生宣扬

　　2. 医患关系的性质是

　　　　A. 医患关系是一般的契约关系

　　　　B. 医患关系是纯粹的信托关系

C. 医患关系是在信托关系基础上的契约关系

D. 医患关系是契约关系而不是信托关系

E. 医患关系是信托关系而不是契约关系

3. 共同参与型和指导—合作型医患关系日益成为占据主导地位的医患关系模式,说明医患关系呈

A. 商品化趋势　　　　B. 分化趋势　　　　C. 民主化趋势

D. 物化趋势　　　　　E. 法制化趋势

4. 不属于患者家属角色特征的是

A. 患者原有家庭角色功能的替代者　　　B. 患者生活的照顾者

C. 康复治疗咨询的健康教育者　　　　　D. 患者心理支持者

E. 患者病痛的共同承担者

5. 康复治疗方案的具体执行者是

A. 患者　　　　　　　B. 患者家属　　　　C. 康复治疗师

D. 康复医师　　　　　E. 护士

二、思考题

1. 康复治疗师与患者家属沟通时要注意哪几方面问题?

2. 康复治疗师可以通过哪些方法来改善与康复医师之间的关系?

3. 康复治疗师在康复治疗小组中角色作用有哪些?

第四章

语言沟通

学习目标

1. 掌握：医患交谈的原则、技巧；医患交谈常用语言及禁忌语。
2. 熟悉：语言沟通的概念、类型、功能；交谈的特点及基本类型。
3. 了解：书面语言沟通、演讲以及电子媒介沟通。
4. 能巧妙运用交谈技巧进行有效的医患沟通。
5. 树立在医患沟通过程中自觉运用交谈技巧的意识。

情境导读

问题在哪？

刘芳性格开朗、说话直爽，在大学读康复治疗技术专业，学习成绩特别好，每门课程都是优秀，毕业后进入一家医院康复科工作。工作中，刘芳每次给患者做康复治疗时都喜欢与患者沟通，有一次，在给一位脑卒中患者进行运动治疗时，刘芳看着患者的治疗情况，对患者说："你情况不理想啊，今天没有昨天效果好。"患者听了之后没说什么，但是接下来几天，在做治疗时，患者的积极性明显不高了。

这样的情况出现几天后，刘芳觉得很困惑，在学校时学过只要坚持做治疗，会康复的，但是现在患者的情况真的没有进展。她不知道问题出在什么地方了。

第一节　语言沟通概述

语言是人际沟通的重要载体。人类借助语言进行思想和情感的交流，人类还借助语言进行思维活动，揭露事物的本质和规律，创造人类的物质文明和精神文明。医学之父希波克拉底曾说过："医生治病有三宝：语言、药物、手术刀。"由此可见，医务人员与患者的语言沟通在患者康复过程中发挥着重要的作用。

一、语言沟通的概念

语言沟通（verbal communication）是指以语词符号为载体进行的沟通。主要包括口头语言沟通、书面语言沟通和电子媒介沟通三种类型，具体表现为人际活动中的听、说、读、写行为，是康复治疗工作中重要的沟通方式。

语言沟通不但能使人深入地交流感情，还可以超越时间空间的限制，通过文字记载，来研究古人的思想，也可以将当代人的成就传给后人，借助于传播媒介，一个人的思想、知识可以供很多人分享。所有这些，没有语言是无法实现的。

二、语言沟通的功能

（一）获得信息

通过语言沟通，人们可以收集自己需要的新闻、数据、图片、事实及评论等一系列的信息，以便对信息及时作出反应和决定。比如在康复治疗工作中，康复治疗师可以通过与患者的语言沟通，获得患者的资料，从而可以对患者实施正确的康复治疗措施。

（二）和谐人际关系

语言沟通是人际沟通的主要形式。通过语言沟通，能有效调节人与人之间的关系，增进人们之间的感情，不但能提高自己的沟通能力，还能创造和谐的人际关系。

（三）增进心理健康

每个人都有融入群体并且相互沟通的需要，人们之间的相互交流，是保持心理健康的必要条件。如果缺乏沟通，将会导致个人心理问题的产生，比如寂寞、孤独、压抑和自闭等，严重的可能发展为心理疾病。

（四）增强社会活动能力

由于语言沟通能够增加人们的信息量，能够提供相关的信息，因此语言沟通能帮助人们顺利进行社会活动，加强社会联系，维系社会关系网络，增强人们的自信心。

（五）提高职业素养

语言沟通不仅能促进人们智力的发展，而且还能提高其在人生不同阶段的基本素质和能力。康复治疗是对语言沟通能力要求较高的工作，在工作中，康复治疗师要不断地通过语言沟通对患者及其家属进行健康教育和指导。加强语言沟通能力训练，是不断提高康复治疗师的职业素养及康复治疗水平的重要途径。

第二节　交　　谈

一、交谈的定义和特点

（一）交谈的定义

交谈（talk）是口头语言沟通的主要方式，是指两个或两个以上的人，借助于口头语言所进行的信息传递，它是人们彼此之间交流思想情感、传递信息、开展工作、增进了解等较为重要的一种形式。交谈使用广泛且沟通迅速，可即兴发挥，随机应变，是人类语言沟通中最基本最常用的一种方式。交谈是一个人知识、阅历、教养和应变能力的综合体现，可以反映出一个人的文化水平、内心世界和品德修养。康复治疗师应掌握交谈的基本方法和技巧，以获得与患者沟通的满意效果。

（二）交谈的特点

1. **目的性**　任何交谈，启动交谈的动机大都是一方或者双方为了获取信息或者交流感情，都具有目的性。因此参加者会有意识地把谈话内容锁定在一个或多个特定的话题上。如果是进行康复知识教育的交谈，则会把话题锁定在与康复治疗有关的内容上。

2. **灵活性**　交谈是人们日常生活中最常用的沟通手段，使用广泛，具有很大的灵活性，包括内容和场地的灵活性，交谈时可以就一个话题展开，也可以随时提出新话题，不用做特殊的准备，交谈方式也因人、因时、因事而不同。

3. **互动性**　交谈作为一种交流思想、交换信息的双向沟通活动，通常发生在交谈双方面对面的交流过程中，是一种双向交流，是交谈的双方相互影响和相互回应的过程。在谈话的过程中，交谈双方彼此遵循人际沟通信息传递的规律，使信息能够顺畅传递，从而实现谈话的同步性

和反馈性。在交谈中,交谈双方交互地询问与答复,使谈话不断地朝着目的发展,为最终解决问题达成共识或谅解。

4. 程序性 交谈中,交谈双方始终围绕一定的目的,遵循一定的原则,进行一系列的活动。一般情况下可以把交谈的过程分为开始、进入主题和结束三个阶段。从某种意义上来讲,交谈能否顺利展开和深入,能否真正达到沟通的目的,取决于问题的提出和回答的程序,也取决于提出问题和回应的技巧。

二、交谈的基本类型

(一) 个别交谈和小组交谈

1. 个别交谈 指特定环境中两个人之间所进行的信息交流,如医患交谈、师生交谈和医护交谈等。个别交谈的形式比较多样,内容比较广泛,气氛一般比较轻松。由于个别交谈一般会以对方感兴趣的内容作为话题,因此交谈者之间常常具有亲近感,彼此容易说出心里话,信息的传递、理解、反馈直接而顺畅,容易达到目的。

2. 小组交谈 指三人或三人以上的交谈。如果小组人员过多,将会无法在有限的时间内达到充分交流和沟通的目的,也可能无法清楚表达个人的思想和意见,达不到交谈的目的,因此人数最好控制在 3～7 人,最多不超过 20 人。有意形成的交谈小组,一般主题明确、目的性较强,如康复治疗师对患者进行康复治疗指导,对患者及家属进行健康教育等。无意形成的交谈小组,交谈主题不易把握,目的性欠强,如等待在诊室外的患者家属,会借等待的机会对其诊断及预后进行猜测等所进行的交谈。

(二) 面对面交谈和非面对面交谈

1. 面对面的交谈 交谈双方处于同一空间环境里,双方可直接通过口语,借助表情、动作和手势等来直接阐明自身的观点和意见,比如医患之间、医护之间的交谈多为面对面的交谈。

2. 非面对面交谈 交谈双方可通过通讯工具、网络、书信等非面对面的方式进行交谈。这种交谈形式,交谈双方可以不受时间和地域的限制,同时也可以避免面对面沟通可能会发生的尴尬局面,能够使交谈双方更放松,话题更加自由。如电话随访、网络交流都属于非面对面的交谈。

(三) 一般性交谈和治疗性交谈

1. 一般性交谈 这种交谈的内容比较广泛,一般不涉及健康与疾病的内容。主要目的是相互交流,相互熟悉,维持融洽的关系,缩减心理距离,以便进一步加强交往。例如,为了获得一些与个人有关的人际交往和工作问题方面的信息而进行的语言交流,这些有明确的目的,但是大多与疾病和健康没有关系。即使涉及疾病和健康,主要也是对他人表示关注、了解、问候和祝愿,这种交谈没有特定的时间限制。

2. 治疗性交谈 交谈的内容可以涉及生理、心理、政治、经济和文化等方面,但这些内容都和健康紧密相关,治疗性交谈目的明确,即为了解除病痛、预防疾病和促进康复。

三、医患交谈的原则

(一) 保密性原则

每个行业都有自己的职业道德规范,康复治疗师的语言首先应该遵守医务工作者总的职业道德要求。医师职业道德要求中指出:医师要医术求精,慎言守密,根据这条规范要求,康复治疗师在康复治疗工作中与患者沟通应该做到:①要保护患者隐私。在康复治疗过程中,不主动打听患者的与治疗无关的信息,对已经了解掌握到的患者隐私,未经患者允许,不能随意告诉无关人员;②保护医护人员的隐私。不要把医护人员的个人情况比如感情、婚姻、家庭和亲友等情况告诉患者;③保守医疗秘密。易造成患者精神打击的医疗内容不要告诉患者,例如一些诊断

以及预后情况等,但要及时告知患者家属。更不要将医疗内容随意告诉无关人员。

(二) 科学性原则

首先,在康复治疗过程中,康复治疗师所用的例子或资料都应该有可靠的科学依据,不能把民间流传的偏方或者效果不确定的内容引入到康复治疗中。其次,康复治疗师在与患者及家属进行沟通时,用词一定要准确无误,不要歪曲事实,不要为了给患者希望而把治疗效果过度夸大,也不要为了引起患者的高度重视而危言耸听。再次,为患者进行康复指导及健康教育时,使用的语言要符合医学原理,不但能说出来是什么,更要能讲清为什么,不要含糊其辞。

(三) 规范性原则

康复治疗师与患者进行沟通时,要语音纯正,语调适中,语义准确,在语法上要规范,表达应简洁、精练,要有系统性和逻辑性,选用通俗易懂的语言和文字,尽量口语化,避免使用患者难以理解的医学术语和医院内常用的省略语。同时也要熟悉一些方言以利于与患者更好的沟通。

(四) 治疗性原则

常言道:"心病还需心药医",心药也就是语言。良好的语言能促进治疗,刺激性语言能扰乱患者的情绪,严重的能引起病情恶化。因此,康复治疗师在与患者交谈时,语言应该是诚挚、关心和体贴的,多使用积极暗示性、鼓励性及安慰性语言,使语言对患者产生良性影响,为患者创造一个有利于接受治疗的心理环境,从而达到治疗的目的。

(五) 情感性原则

"感人心者,莫先乎情",人们之间的语言沟通都伴随着情感。亲切和善是康复治疗师语言的情感风格,如对年龄小的患儿,可用贴近他们生活的儿童语言与他们沟通,避免使用"不听话,就给你打针"之类的恐吓性语言。对于脾气暴躁的患者,要耐心地安抚他们。

(六) 委婉性原则

委婉是指人们为了使对方更容易接受自己的意见,以婉转的方式表达语义的一种语言表达方式。康复治疗师并不是在任何情况下都应该对患者实话实说的,尤其是在患者的诊断结果、治疗方案和疾病预后等问题上,更要注意委婉谨慎。谈及患者的后遗症,康复治疗师应尽量避免使用患者或患者家属忌讳的字词。要考虑用什么样的语气,使用什么言辞,采用哪种句式以及使用什么样的修辞手法等,才能减轻患者的心理负担,才能减少和防范医疗纠纷的发生。

(七) 严肃性原则

严肃性是指康复治疗师语言的情感表达要有一定的严肃性,要使人感到端庄、大方。在和善的语态中要带几分维护自尊的肃穆,这样才能体现出"工作式"的交谈。如果说话声调过于抑扬顿挫或者太随便,或者肢体语言过多且矫揉造作,都会给人不严肃的感觉,导致患者对康复治疗师产生不信任感。另外,康复治疗师在工作期间不要与患者漫无目的地长时间闲聊。

(八) 幽默性原则

幽默是指某事物所具有的荒谬荒唐的、出人意料的,而就表现方式上又是含蓄或令人回味深长的特征。幽默常会给人带来欢乐,其特点主要表现为机智、自嘲、调侃、风趣等。幽默有助于消除敌意,缓解摩擦,防止矛盾升级,也有人认为幽默可以改善血液循环,激发免疫功能,增强机体抵抗力。对于患者来说,幽默是一剂良药,能使他们从痛苦的经验和情绪中摆脱出来。康复治疗师要根据环境氛围,患者的性格、病情,适当地运用幽默,这样可以更好地表达康复治疗师的意见,调动患者的愉悦情绪,使康复治疗工作取得事半功倍的效果。

(九) 尊重性原则

尊重沟通对象是语言沟通的首要原则,在与患者进行沟通时,康复治疗师要将对患者的尊重、友好和恭敬放在第一位,平等待人。要敬人之心长存,处处不可失敬于人,在交谈中切记不可伤害患者的尊严,更不能侮辱患者的人格,如称呼患者时要用尊称:"李大娘""赵先生""刘小姐"等,不能直呼床号,如"3 床、5 床"等。

（十）目标性原则

语言沟通是交谈双方的一种有意识、有目标的沟通活动。康复治疗师与患者及其家属沟通时，不管是提出问题、说明一个事实还是询问一件事，都应该做到有的放矢、目标明确，以达到为服务对象解决健康问题，促进治疗和康复的目的。

（十一）礼貌性原则

在沟通中使用礼貌用语，是博得他人好感与体谅的最为简单易行的做法。以人为本的服务理念越来越得到重视，每位患者都有被尊重的需求。在康复治疗工作中，康复治疗师使用礼貌的语言可使患者感到亲切自然、心情愉悦，有利于促进医患关系的和谐发展。

四、医患交谈的技巧

（一）倾听

1. 定义　倾听是有效沟通的必要组成部分，它不同于一般的听或听见。狭义的倾听是指凭借听觉器官接受言语信息，进而达到认知、理解的全过程。广义的倾听是指交谈者全神贯注地接收和感受对方在交谈中所发出的全部信息，并做出全面的理解。

2. 倾听的作用

（1）获取各种信息：倾听有助于更多地了解他人，增加沟通的有效性。沟通时，通过倾听，听其言、观其行，从而才能获得比较全面的信息，有利于沟通的进一步展开。

（2）改善人际关系：沟通中，在倾听对方诉说时，是在向对方传递这样的信息：我在接纳你，我在关注你，我在尊重你。对方在接收到这个信息之后，会全部或者部分解除戒备心理，毫无顾忌地说下去，他们会感到很愉快，这样能改善人际关系。

3. 倾听的技巧

（1）创造倾听环境：在沟通中，我们需要创设一个倾听环境，不断向对方发出"我愿意听"的信息。倾听的环境有：①安静的环境。康复治疗师要创造一个安静的环境，尽量排除一些偶然因素的干扰，如接打电话或突然的噪声的干扰。②平等的环境。在沟通时，康复治疗师要以平等、恭敬的心去听，通过倾听，不仅能加深医患之间的了解，还能促进医患关系的进一步发展。③积极的环境。倾听要专注，切记不能边听边做别的事情，若非必须，也要首先和对方打招呼；要适时适度给对方发出反馈，还要不时用点头、微笑或用如"嗯""哦""是""后来呢"等简短的词语来鼓励对方讲下去；不要急于下结论，应耐心听对方诉说，以全面完整地了解情况；若非必须，不要随意打断对方的谈话或者不恰当地改变话题，以免说话者思路中断，影响医患交流。

（2）善用表情及肢体语言：倾听时，康复治疗师要与患者保持目光接触，面部表情应和谐自然，随对方情绪的变化而变化；可以的话，与患者保持合适的距离坐下，面对患者，身体稍稍前倾与患者进行交流，这样表示康复治疗师有足够的兴趣和耐心来倾听其诉说；交谈时手势不要太多，动作不要太大，以免使对方产生厌烦心理。

（3）善于归纳总结：康复治疗师在倾听患者交谈时，应善于寻找患者传递信息的价值和含义。需要在较短的时间内把患者所讲的事实、信息、情感和行为反应进行回顾整理和总结。总结是交谈中倾听活动的结晶，通过总结，康复治疗师可以获得患者的真实想法。

（二）提问

1. 定义　提问是指在沟通中，向对方提出问题，让对方回答的过程。提问在医患交谈中作用十分重要，它不仅是搜集信息和核实信息的手段，而且可以引导交谈围绕主题展开。

2. 提问的类型　提问有封闭式提问和开放式提问两种方式。

（1）封闭式提问：这是一种将患者的应答限制在特定范围之内的提问。患者回答问题时的选择性比较少，一般限于"是"和"不是"两种状态。它的优点是患者能直接坦率地做出回答，使康复治疗师能迅速获得所需要的和有价值的信息，比较节省时间。它的缺点是使用这种提问方

式时,患者处于被动地位,回答问题比较机械死板,患者无法充分表达自己的想法和讲述自己的情况,康复治疗师也难以得到提问范围以外的其他信息。

(2)开放式提问:开放式提问的问题范围比较广,也不限制患者的回答,因此便于患者开阔思路,说出自己的观点、意见、想法和感觉。如:"通过这几天的康复治疗,您感觉怎么样了?"它的优点是有利于患者敞开心扉,宣泄和表达自己感受,患者有较多的自主权,不但可以调动患者的主动性,还能缩短双方的心理距离。

3. 提问的技巧

(1)提问从小事着手:在交谈开始时,患者可能会比较紧张,为了缓和气氛,康复治疗师可以从具体小事着手进行提问:"您以前了解康复治疗吗?""您昨晚休息的好吗?""您家是哪的?"这些问题都比较简单,能够有效缓解患者的紧张情绪。

(2)提问应突出重点:提问不仅能获得信息和核实信息,还能帮助患者了解自己。在医患沟通中,康复治疗师在提问时应明确目的、突出重点,这样可以帮助患者理清思路,准确作答。同时康复治疗师要根据交谈的目的,选择合适的提问方式。

(3)提问应注意间隔:在医患交谈过程中,防止同时提出多个问题。如康复治疗师在给患者进行康复治疗时询问患者:"赵先生,昨晚睡得好吗?""我教您的主动运动做了吗?""您的腿还疼吗?"。这样的提问会使患者感到困惑,难以作答,容易遗漏。正确的做法是在患者准确回答完一个问题后,再提出另一个问题。

(4)提问应敏锐:有些时候患者虽然有着强烈的诉说欲望,但可能由于难以启齿或没有适合的引导等诸多原因,不能倾诉。这时康复治疗师就应通过用心倾听其所言、观察其所为,捕捉各种信息,敏锐感知患者此时希望表达出的真实情感,扮演准确拔出"瓶塞"的角色。这种技巧需要康复治疗师能深入患者的内心世界,体验患者的真实感受。

(三)阐释

1. 定义　阐释,即阐述并解释。在康复治疗工作中,康复治疗师时常要解答患者及家属提出的各种疑问;向患者解释康复治疗的目的及注意事项;针对患者存在的健康问题提出建议和指导等。通过合理的阐释,帮助患者更好地面对或处理自己所遇到的问题,以促进康复目标的实现。

2. 阐释的技巧

(1)尽量为对方提供其感兴趣的信息:在进行阐释时,康复治疗师要尽量为患者提供其感兴趣的信息。这样才能激发患者交谈的积极性,利于交谈进行下去。

(2)语言简洁、通俗易懂:当康复治疗师把自己的观点和意见阐释给对方时,要选择简明扼要,通俗易懂的语言,不要使用过于专业的语言。

(3)语气要委婉:康复治疗师在阐释观点和看法时,应该用委婉的语气向患者表明自己的观点和看法并不一定绝对的正确,患者可以选择完全接受、部分接受或者完全不接受。

(四)共情

1. 定义　共情(empathy)在国内有多种译法,如共感、移情、同感心、同理心、投情等。共情是指能设身处地地体验他人的处境,对他人的情绪和情感具备感受力和理解力,并将这种理解进行恰当的表达。在与他人交流时,能进入对方的精神境界,感受对方的内心世界,能将心比心地去体验对方的感受,就好像"站在别人的鞋子里"。共情能够帮助康复治疗师更好地理解患者,从而有利于医患沟通的有效进行。

2. 共情的技巧　共情包括三个步骤:①感受到对方的情感——共情的感觉(感同身受);②表达对对方的情感和状况的理解——表达共情(理解万岁);③让对方感受到对其的理解——对方感觉到共情(心领神会)。具体技巧为:

(1)善于换位思考:康复治疗师与患者是两个完全不同的人,双方的人生观、价值观、世界

观、生活方式、知识背景等可能完全不同。康复治疗师如果只从自己的角度来与患者沟通,那么他很难理解患者,只有置身于患者的处境,体验患者的内心世界,才能深刻准确地理解患者,才能做到共情。

(2) 恰当表达共情:康复治疗师不但要理解患者存在某种情绪和情感的合理性,更要将这种理解给予充分的表达。最常见的用来表达共情的语言是"我理解""我知道"等,如"我理解您的感受""我知道您很不容易"等。表达共情,还要把握恰当的时机,一般是在患者完整表述某一问题及相应的感受后,适度共情。表达共情不足,会让患者感觉康复治疗师不能理解自己,或者不能深入、准确地理解自己;但是表达共情过度,容易使患者对康复治疗师产生误解,感到康复治疗师小题大做。

(3) 善用肢体语言:在表达共情时,除借助语言外,还要运用非语言来表达,如目光传递、面部表情、身体姿势和动作等。康复治疗师对患者关注的目光,交谈时微微前倾的身体姿势,理解时点头的动作,随着交谈内容而变化的面部表情等,都能帮助康复治疗师对患者表达共情。

(五) 赞美

1. 定义　赞美是指对他人的行为品质高度的认同与肯定,并以称赞、表扬的方式表达出来,是发自内心的对于美好事物表示肯定的一种表达。人本主义心理学家马斯洛指出:人的需要是无止境的,从最基本的生理需要到自我实现的需要是一个不断升华的过程,人们通过被赞美,自我价值得到肯定,自我评价得到提高,自尊的需要得到满足,也可以增强自信心。另一方面,赞美还可以促进人际关系的和谐。

2. 赞美的技巧

(1) 赞美要真诚:虽然人们都喜欢听赞美的话,但并非任何赞美都能使对方感到愉快。能引起对方好感的只能是那些真诚的、基于事实、发自内心的赞美,相反,若无根无据、虚情假意地赞美别人,对方不仅会感到莫名其妙,更会觉得你油嘴滑舌、诡诈虚伪。

(2) 赞美要具体:美国管理学家内梅罗夫博士指出,赞美他人时最好回想某一特定情况,描述出具体的行为。赞美别人越具体越好。说一千遍的"你好得真快"不如一句"您昨天只能站立20分钟,今天已经能坚持30分钟了""您昨天只能发出单个字,今天能说出两个字的词语了"等。赞美得越具体,说明赞美者对对方越关注,让对方感到赞美者的真挚、亲切和可信。

(3) 赞美要因人而异:人的年龄有长幼之分,性别有男女之别,素质有高低之分。赞美的时候要根据沟通对象的年龄、性别和素质的不同,选择有针对性的赞美。如对一位老年患者说:"您儿子真孝顺,对您真好!"这样比一般化的赞美效果要好。

(4) 赞美要适度:赞美要有度,不能随意扩大,否则会使人产生虚伪的感觉。如对卒中后做康复治疗的患者,当着众人的面赞美他:"大爷,您康复得真好,走起路来跟十几岁的小伙子一样"。这样的赞美很不适度,对方会觉得你虚伪。

(六) 鼓励

1. 定义　鼓励的基本含义是:鼓动激励,勉人向上。心理学家威廉·詹姆士说:"人类本质中最殷切的要求是渴望被肯定"。康复治疗师在与患者交谈时,适时运用鼓励技巧,对患者是一种心理支持,可以增强患者战胜疾病的信心。

2. 鼓励的技巧

(1) 鼓励要及时:进行康复治疗的患者,基本上都是有各种功能障碍以致影响正常生活、学习和工作的慢性病患者和老年患者,也包括一些急性伤病和手术后的患者。由于疾病的原因,他们可能会消极、悲观,对未来失去信心。康复治疗师在工作中,要善于肯定他们,发现他们的变化或进步,即便是微小的变化和进步,也要及时给予赞美和鼓励。及时鼓励会使患者及时调整自己的情绪,增强自信心。康复治疗师不要错过任何鼓励患者的机会。如,患者意志力较前有一点点增强,耐心有一点点增多,都要及时鼓励和赞美,如"您能坚持这么长时间,真行、真棒,

奖励您一朵小红花,再努力一下,能比现在做得更好"等等。

（2）鼓励要具体:每位患者都有自己的长处和闪光点。在康复治疗工作中,我们会说:"你很棒！你很好！"在患者听来,并没有什么特别。但是在鼓励时,如果我们能够具体化,那么带给患者的感受会是很实在的。比如在治疗中,康复治疗师对患者说:"刘大爷,您今天右手手指的灵活性有进步啊""您很勇敢""您真细心""您做得很好""您就像这样坚持下去,效果会好的。"这样患者会感觉到康复治疗师在关注他,注意到了细节,也会让患者相信自己确实是在进步、好转。这些肯定性的语言,让患者在愉悦精神的同时,逐渐学会控制自己,约束自己,增加自身的价值感。

（3）鼓励不要对比:在鼓励时,我们要学会发现每位患者的独特之处,不能用别人的缺点来衬托一个人的优点。在康复治疗中,康复治疗师表扬某一位患者康复进步快时说:"王叔配合得最好,你们都没他做得好,没他进步快。"这种表扬一位患者,批评大多数患者,鼓励少数,伤害多数,是医患沟通中的大忌。如果采用这种方式,会使大部分的患者心理更加脆弱,更加消极。

（4）鼓励要递进:康复治疗师在鼓励患者时,方法要适当,不现实的鼓励,或让患者去追求他不可能达到的目标,结果会适得其反。一般鼓励患者先迈出一小步,成功的概率就会增加,每一次成功的经验都会增强患者自信心并成为其不断进步的动力。

知识拓展

鼓励的力量

无论在东方还是西方,人们都把由衷的夸奖和鼓励看作人类心灵的甘泉。心理学研究证明,获得别人的肯定和夸奖是人类共同的心理需要。一个人心理需要一旦得到满足,便会成为鼓励他积极上进的原动力。事实也是如此,一个人只要获得信心,就可以发挥出超乎平常的能力。反过来,一个人的努力和成绩不能得到应有的肯定,也即当"报酬"不存在时,就激不起努力的兴趣,也就不可能爆发出超凡的能力。这是人类心理的一面,也是任何人无法改变的。

（七）安慰

1. 定义 安慰是安顿抚慰的意思。用欢娱、希望、保证以及同情心,安抚或鼓励被安慰者,以使被安慰对象从负面情绪状态回到正常状态为目的的一种行为。人们的生活总有不如意的时候,尤其是我们的患者,他们总是容易对自己的病情产生很多顾虑和担忧,或者将自己的病情看得过于严重而引起恐慌和不安。安慰是对患者心理上的支持,具有雪中送炭的功效,能引起患者情感上的共鸣,使患者减轻心理上的痛苦和负担。

2. 安慰的技巧

（1）认真倾听:在患者需要安慰时,康复治疗师可以选择合适的机会让他诉说。在患者倾诉的过程中,康复治疗师要全身心投入的去倾听,让患者能够把负面情绪全部发泄出来。

（2）主动共情:我们不能很好安慰别人的一个重要原因就是,我们无法理解、体会当事人的情感。安慰本身并不是要我们去解决别人的实际问题,而是接纳对方的情感,让对方觉得自己能被理解,这样就已经在很大程度上解决了别人的问题。

（3）了解因果:由于每个人的家庭背景、成长经历和教育背景不同,因此对于同样的一件事,每个人的看法也会不同。因此,当我们要去安慰一个人,一定要了解这个人的经历,这个人发生了什么事,以及会有怎样的结果。

（4）积极乐观:康复治疗师在安慰患者时,要尽量选择一些积极性的语言,向患者灌输积极乐观的生活态度。比如,患者由于病情比较严重,康复需要的时间比较长,短时间内康复效果不

明显,所以在进行康复治疗时,比较心急,看不到希望。康复治疗师在安慰患者时可以说:"虽然康复比较慢,但是今天已经比昨天有进步,有好转了,相信明天会比今天更好,您会一天一天好起来的。"

(八) 说服

1. 定义　说服是依靠理性的力量和情感的力量,通过自己的语言策略,令对方朝着对自己有利的方向改变。说服可以使他人改变初衷,心悦诚服地接受你的意见,它是人际沟通的重要组成部分。在康复治疗工作中,有时候会遇到患者不配合治疗的情况,这时康复治疗师可以进行有效的说服。

2. 说服的技巧

(1) 建立信任:信任是进行说服的基础,有了这个基础,说服才会取得理想的效果。

(2) 充分尊重:说服时,一定要尊重患者,维护患者的尊严,保护患者的自尊心。

(3) 了解对方:在说服患者前,应对患者的情况有全方位的了解,包括患者的健康资料、日常生活习惯、家庭及经济状况、性格特征、兴趣爱好、心理状态、宗教信仰、对康复治疗的要求、患者希望达到的预后等。

(4) 选择时机:说服要注意避免在干扰较多的氛围中进行,避免选择患者情绪反常的时候,应该选择在患者心情舒畅、精神状态良好的时机。

(5) 寻找原因:患者如果对你的提议否决,那是因为他有所顾虑,要想说服他,就必须找到他拒绝的真正原因,有效地解决他内心的顾虑。

(6) 运用数据:在条件合适的情况下,提供有力的数据支持,甚至提供书面资料,会使说服变得非常轻松。在说服中尽可能地运用数据是行之有效的好方法。

五、医患交谈常用语言及禁忌

(一) 医患交谈常用语言

康复治疗师与患者接触密切,交谈的机会多,因此要注意发挥语言的积极作用。康复治疗师在与患者交谈时,除正确运用各种交谈技巧外,还应注意使用下列具有积极作用的语言,使康复治疗工作能顺利进行,促进患者康复。

1. 文明礼貌性语言

(1) 问候语:人们在交往中,无论是正式场合还是日常往来,见面者都会以互致问候方式来表示友好和尊重,这种人们在互致问候时所用的语言称问候语。在康复治疗工作中,康复治疗师主动向患者问候,表达对患者的关心和尊重。如康复治疗师给患者做治疗时面带微笑向患者问候:"早上好,刘大爷""您好,您今天感觉怎么样?"等。

(2) 致谢语:致谢语是对他人给予自己的帮助或对他人的好意表示致谢的语言。康复治疗工作中常用致谢有:"谢谢您的配合""感谢您的信任""麻烦您了""感谢您提出宝贵的建议"等等。

(3) 请托语:请托语是指向别人提出请求的话语。应"请"字当头,而且语气诚恳,即不要低声下气,也不要居高临下,同时把握恰当的表达时机。康复治疗工作中常用的请托语言经常根据工作内容不同而变化。如"请您记住,明天治疗时带瓶水""请您躺下,全身放松"等等。

(4) 征询语:征询语是向对方征求意见的语言。适当地使用征询语可使被征询者产生受尊重的感觉。如,"王师傅,我来为您做按摩好吗?""您不介意的话,我把窗户打开透透气可以吗?""您能跟我谈谈您的感受吗?""我可以进来吗?"等等。

(5) 祝贺语:祝贺语是对别人取得成绩、遇到喜庆或平常互致祝愿时所用的语言。康复治疗工作中常用的祝贺语有:"祝您早日康复""祝贺您康复出院! 日后还请多保重""您好,祝贺

您今天康复出院,请您多提宝贵意见,以便改进我们的工作""您好,今天的检查结果出来了,各项指标都正常了,祝贺您"等等。

（6）道歉语:道歉语是向他人表示歉意的语言,也是一种谦让语。如,"让您久等了""对不起,让您感到疼痛了""刚才我给张大爷讲肩部活动要领,来晚了,很抱歉。""对不起,请您听医生的话,暂时不要活动好吗?""对不起,这个问题我不太明白,等我查完资料或问一下主任再告诉您好吗?"等等。

2. 指导性语言 在康复治疗工作中,康复治疗师常采用指导的方法将与疾病相关的内容传授给患者,以达到康复治疗的目的。指导性语言在用于告知患者康复治疗的动作、步骤及进行健康教育时,应通俗易懂,切忌过于专业化,还要注意每次指导的内容不宜过多,并简明扼要,重点内容要反复讲述和解释,让患者能够掌握。如:"张大爷,请您记住,尽量做大幅度的运动""我来给您做按摩,平时您要多做主动运动""请做深呼吸""请握拳""来,请像我这样,深吸一口气,再用力咳出"等等。

3. 积极暗示性语言 暗示是指通过语言或动作以含蓄、间接的方式对他人或自己的心理或行为施加影响的心理过程。暗示性语言有积极和消极之分,积极暗示性语言是指通过语言把自己的意向传递给他人,并引起相应反应,使受暗示者按照授示者的寓意去行动或接受一定的意见,从而达到提示、教育或治疗的目的。比如,看到患者精神比较好,就暗示说:"您气色越来越好,这说明治疗很有疗效";对挑选康复治疗师的患者说:"别看××治疗师年轻,可他给您这种病进行康复治疗还真有经验";某位患者不配合康复治疗师的治疗而执意要出院时,康复治疗师劝告说:"请您还是积极进行康复治疗,从前我们有位像您一样的患者就因没有进行康复训练,造成终身残疾",从而暗示患者如果不合作有可能产生严重后果。

4. 有针对性语言 不同性别、年龄、文化背景、个性特征、心理活动状态的患者,有不同的特点,因此康复治疗师应因人而异,要根据患者的特点采取与之匹配的交谈方式,这样才能事半功倍。如同样是脊髓损伤导致瘫痪的患者,如果患者有焦虑情绪,忧心忡忡,康复治疗师应这样与之交谈:"您的心情我能理解,您能跟我说说您忧虑、担心什么吗?"这样,首先评估患者为什么焦虑,同时让患者用语言来表达这种情绪,再针对患者产生焦虑的具体原因,逐一进行解决;如果患者有抑郁情绪,对治疗失去信心,康复治疗师应这样与之交谈:"您的心情我能理解,这种状况确实让人很痛苦,但只要坚持康复治疗会好起来的。您看3床的赵叔叔,当初比您的病情重,治疗时间比您长,您看现在他已经能走路了。我们一起努力,会好起来的!"这样,在充分理解患者的基础上,给患者提供正性信息,让患者看到希望,重拾治疗的信心。

（二）禁忌用语

1. 不尊重语言 被尊重是患者普遍而突出的心理需要。康复治疗工作中,任何对患者不尊重的语言,都是应该避免的。例如"3号6床""病号""晚期患者""老太太""瘫子""弱智"等等。

2. 不耐烦语言 康复治疗师对待患者要表现出足够的热情和耐心,要努力做到:一视同仁,百问不烦,有问必答,百答不厌。例如"我没时间,没看见我忙着吗,找医生问去""有完没完? 我又不是只给你一个人做康复治疗""着什么急,我又没闲着"等语言,在康复治疗工作中均应避免。

3. 不客气语言 康复治疗师无论与患者如何熟悉,也无论患者住院有多久,都不要超出医患关系。客气礼让之语都应经常使用,越是熟悉的患者,就越要规范自己的言行举止。如"过来,帮我扶助一下这位患者""你怎么那么多的问题,再问我就永远拒绝回答你的问题""今天你怎么没运动,再这样我可就不给你做治疗了"等语言都是应该避免的。

4. 不友好语言 康复治疗工作中,康复治疗师要端正服务态度,防止使用不够友善甚至敌意的语言。如患者怀疑你的康复治疗技术水平时,要给予理解,耐心解释,而不是恶语相加:"信不过? 就你这病情,还不稀罕给你做治疗呢""不愿意? 我还不愿意侍候呢""还挑别人的毛病

呢,你自己也不是什么好态度"等不友好的语言会破坏医患关系,在工作中绝不可以出现。

5. 伤害性语言 伤害性语言可以代替种种劣性信息给人以伤害刺激,从而通过皮层与内脏相关的机制扰乱内脏与躯体的生理平衡。如果这种刺激过强或持续时间过久,还会引起或加重病情。伤害性语言包括对患者训斥、指责、威胁、讥讽和患者最害怕听到的语言。例如,一位乳腺癌术后做康复训练的患者,由于没有按康复治疗师的嘱咐做上肢的主动训练,康复治疗师当面告诉患者:"如果不按医嘱很好地配合康复治疗,别说康复了,就是原有疾病都治疗无望"。这样的语言会直接伤害患者,使其丧失信心。

6. 议论性语言 由于渴望得到有关自己疾病的信息,患者会留意医务人员的言谈举止,并往往与自己的疾病相联系。医务人员之间在患者面前窃窃私语,患者听得片言只语后乱加猜疑,或根本没听清而造成错觉,这都容易给患者带来痛苦或严重后果。

7. 消极暗示性语言 医务人员的语言会给患者带来消极的暗示。如:有位脑出血左侧肢体瘫痪的患者,提心吊胆地问康复治疗师:"我康复好了,能走路了,以后还会再发生脑出血吗?"康复治疗师冷冰冰地说:"那谁敢保证! 反正有再发生脑出血回不来的!"结果这位患者拒绝康复治疗,错过了最佳的康复治疗时期。

8. 专业学术性语言 由于患者来自不同的教育背景,在医患交谈中过多使用专业术语,可能会让患者理解困难。如康复治疗师问患者:"您有吞咽障碍吗?"就不如问:"您吃东西时下咽顺畅吗?"更易于患者理解。

9. 模糊性语言 康复治疗师在与患者交谈时,说话含糊不清,对于患者的询问闪烁其词,比如:"别问了,说了你也不懂!"或者说:"做康复可能会好,也可能好不了,你自己看着办吧。"这些都会增加患者的思想负担。

第三节 演 讲

一、演讲的概念

演讲(public speaking)又叫讲演或演说,是指在公众场所,以有声语言为主要手段,以体态语言为辅助手段,针对某个具体问题,鲜明、完整地发表自己的见解和主张,阐明事理或抒发情感,进行宣传鼓动的一种语言交际活动。

二、演讲的种类

(一)按照演讲的内容分类

演讲分为政治演讲、经济演讲、法律演讲、道德演讲、学术演讲、健康教育等,这是演讲最基本的分类方法。

(二)按照演讲的表达方式分类

演讲分为叙述式演讲、议论式演讲、说明式演讲和抒情式演讲等。

(三)按照演讲的目的分类

演讲分为"使人知"演讲、"使人信"演讲、"使人激"演讲、"使人乐"演讲等。

(四)按照演讲的形式分类

演讲分为命题演讲、论辩演讲和即兴演讲。

三、演讲的构思与设计

(一)确定演讲主题

演讲主题要求集中凝练、寓意深刻,观点鲜明、见解独到、内容符合听众要求。

（二）选炼演讲素材

演讲材料分为直接材料、间接材料、创新材料。演讲材料要具备典型性、真实性、针对性。

（三）确立演讲结构

演讲结构分为开头、主体、结尾三个部分。

1. 开头 好的演讲，开头就可以迅速吸引听众注意力，为整个演讲制造一个适宜的气氛。常见的演讲开头有：入题式、设问式、叙事式、警言式、示物式、幽默式、自嘲式、抒情式等。

2. 主体 主体是演讲的中心，要使演讲的观点站得稳，立得牢，就必须做到主体内容要充实丰满，层次清晰、逐步展开。

（1）层次的安排：层次是指演讲者思想内容的表现次序，体现了演讲者思路展开的步骤，也反映了演讲者对客观事物的认识过程。演讲内容的层次要布局合理、主次分明、过渡自然，从而让听众获得层次清晰的效果。

（2）高潮的安排：演讲最忌平铺直叙、平淡乏味，高潮是演讲者和听众情绪最激昂、精神最振奋的时段。在演讲中要组织和安排几个高潮，这样才能在感情上抓住听众，在内容上吸引听众，形成强烈的"共振效应"。

3. 结尾 俗话说"编筐编篓，难在收口"，从这句话我们可以看出结尾对于演讲有多重要。常见的结尾方式有：总结式、点题式、感召式、名言式、抒情式、高潮式、祝贺式、幽默式等结尾方式。

四、演讲的表达技巧

（一）有声语言表达技巧

演讲者应使用普通话，发音标准、洪亮、咬字准确、口齿清晰，语音纯正，另外演讲语言应通俗、生动。

（二）非语言表达技巧

1. 辅助语言 包括语音、语速、语调、停顿、节奏等。演讲者的各种思想感情可通过辅助语言表达出来。演讲也因演讲者的辅助语言的应用而达到高潮，起到教育、鼓动、渲染、烘托气氛的作用。

（1）重音：是指在演讲中为了突出主题、表情达意和抒发情感而对某些词语从声音上加以突出的现象。重音主要包括语法重音、强调重音、情感重音三种。

（2）语气语调：语调是指演讲者声音升降平直、高低起伏的变化形式。同样的语词，不同的语气语调，所表达的情感色彩有可能就完全不同。因此演讲者要根据演讲的目的和内容选择不同的语气语调来表达自己的思想感情。

（3）语速：演讲语速的快慢可根据演讲者感情表达需要、环境气氛、演讲内容来调整。语速快多表示情绪紧张、热烈、欢快、惊惧、慌乱、愤怒等；中速多表示情感平淡、稳定；慢速多表示沉郁、失望、悲哀等情绪。

（4）节奏：节奏是增强语言美感和音律感的有效途径，可以表达演讲者思想感情的起伏涨落。常见的演讲节奏有轻快型、平缓型、持重型、急促型、低抑型。

2. 表情 演讲者要善于借助自己的面部表情来恰当地显示自己内心的情感，对听众施加影响，提高演讲的效果。面部表情要自然，切忌拘谨木然，慌乱不安，矫揉造作。

3. 眼神 眼睛是心灵的窗口，是人的面部器官中最能表情达意的部分。演讲者要善于借助眼神来表达。

（1）看着听众说话：演讲者不能把眼光一直放在讲台或讲稿上而不看听众，更不能东张西望。要做到脱稿演讲，眼看听众，与听众保持适当目光接触。

（2）让眼神"说话"：不同的眼神能传递不同的信息，表达不同的情感。在演讲的过程中，波

澜起伏的演讲内容、跌宕起伏的情感都可以通过眼神,配合有声语言以及手势和姿态等,协调和谐地表达出来。

4. 姿态 演讲一般采用站姿,站立时要挺胸收腹、双肩放松。女性一般采用"丁"字步,即一脚在前,一脚在后,两脚之间呈90°垂直,两脚距离为10～15cm,重心在前脚。男性为"稍息式"站姿,任意一脚向前跨出半步,两脚之间呈75°,两脚距离不要太大,重心一般在后脚上。

5. 手势 在演讲活动中,手势是最具有表现力的肢体语言,具有很强的象征性。在演讲中,手势不能单调地只重复一种,而是要富于变化,与演讲者的口头语言同步,表达与内容相联系的意思。

第四节 书面语言沟通

一、书面语言沟通的含义

(一) 定义

书面语言沟通(written language communication)是用文字符号进行的信息交流,是对有声语言符号的标注和记录,是有声语言沟通由"可听性"向"可视性"的转换。阅读和写作是书面语言沟通两种主要行为。

(二) 特点

书面语言是靠手写、用眼睛看的语言,口头语言则是用嘴说、凭耳听的语言,因此与口语相比,书面语言沟通具有以下特点:

1. **不受限性** 书面语言沟通不受时空的限制。有了文字,中华五千年的文明才能传承下来,我们现在才能汲取古人留下来的知识营养。

2. **逻辑性** 书面语句的形成是经过作者字斟句酌,精心推敲形成的,因此结构完整,条理清晰,逻辑性强。

3. **间接性** 书面语言沟通的双方不在同一场合,是表达者单独一方思想情感的传递,读者阅读之后的感受很难及时反馈给表达者,双方缺乏互动。

4. **不确定性** 书面语言沟通的对象是不确定的,信息的获得可能是不同的人在不同的时间、不同的地点获得相同的信息。

5. **永久性** 书面语言沟通的材料可以作为档案材料和参考资料长期保存下来,尤其是临床实践中的医疗文件。

二、书面语言沟通的作用

(一) 信息储存和交流

通过书面语言可以保证各类信息正确、完整、清晰地储存起来。康复治疗师可通过储存的各类信息全面掌握患者的情况;同时还可以利用医疗文书资料进行康复总结,交流经验,撰写论文,与其他康复治疗师分享信息。

(二) 教育教学

由于医疗文书确切、完整地反映了康复治疗的过程,因而是临床教学的理想教材,为学生的专业学习提供最直接、最有效和最全面的知识。

(三) 司法凭证

书面语言可以较好地记录当时的实际情况并能理想地保存下来,不易失真,在出现医疗事故和医疗纠纷时,作为原始资料可以在法律上成为司法证明文件,是法庭认可的客观证据。

（四）质量评价

各种医疗文书及医疗学术论文等书面材料,可以集中反映康复治疗师的专业技能水平及综合素质,是考核、评价康复治疗师的基本依据,同时也是评价医院服务质量和管理水平的基本资料。

（五）提供科研素材

很多医疗文书真实、科学地反映了患者病情及康复治疗经过,为康复治疗学术研究提供原始资料、数据信息,对促进医学科学发展起重要的作用。

三、书面语言沟通的原则

（一）准确性

医疗文书是患者健康及疾病状况的记载,因此各类康复治疗文书的书写、记录一定要做到真实可靠,准确无误,绝对不能包含个人猜想和臆造的内容。

（二）规范性

医疗工作中各种文书、表格的设置,大多有通用的格式,其项目及书写方式都有一定的规范,应严格遵守。专业术语和数据的运用,计量单位的书写等均需合乎规范,防止次序颠倒,使用不规范的简称和符号等。这些都体现康复治疗工作的科学性。

（三）严谨性

由于书面语言沟通采用固定化文字完成,一般很难补充、修正,因而书面语言沟通应真实严谨,记录及时,尽量减少疏漏和失误。

（四）清晰性

书面语言沟通是通过文字和相当于文字的符号,如表格和图示等,来传播信息的,因此为了能准确表达信息,要求书面语言沟通书写和表意必须清晰。

（五）简洁性

在各种康复治疗文书中,既要记录患者的临床表现,又要求将治疗经过以及效果等表现出来,这就要求康复治疗师在写作上做到简洁、流畅,重点突出。

（六）伦理性

有些临床康复治疗文书,会涉及具体的患者,所以在进行教学和交流时一定要保护患者的隐私权,不要损害了他们的名誉。

（七）完整性

书面语言沟通项目必须填写完整,不可损坏、外借、拆散,每项记录后签全名表示负责。记录内容应全面完整,包括认知、情绪等心理活动状态。

第五节　电子媒介沟通

一、电子媒介沟通概述

电子媒介沟通(electronic media communication)是指以计算机技术和电子通信技术组合而产生的信息交流技术为媒介的沟通。它是随着电子信息技术的兴起而发展起来的一种沟通形式,包括计算机网络、电子邮件、手机信息、有线电视和传真等。具有可实现远距离、跨地域的即时沟通和在组织内开放式网络沟通的特点。

二、常用电子媒介沟通的形式

现代常用的电子媒介沟通包括电话沟通和网络沟通等。

（一）电话沟通

电话,已经与人类的日常生活、工作息息相关,是人们最主要、使用最频繁的沟通工具。具体沟通技巧见本书第十章。

（二）网络沟通

网络沟通包括网上聊天、电子邮件、医院信息系统和远程会诊。

1. **网上聊天**　是借助网络进行的网上交流。网上聊天主要有两种方式:一种是在聊天室进行的,另一种是通过即时传呼(如腾讯的 QQ,MSN)方式进行的一对一的交流。网上聊天既可以通过文字与人交谈,也可以通过视频对话来进行沟通。

通过文字进行的网上聊天,双方不是面对面的,彼此看不到对方的表情和动作,文字无法充分表达双方的情绪和情感,也有可能使聊天者有意识地掩盖自己的真实想法,网络具有隐蔽性,人们可以利用网络隐藏自己的真实情况,甚至可以通过网络进行欺诈行为,因此,通过网上聊天结交朋友的可信度要打折扣。

网上聊天应注意以下问题:使用文明礼貌用语;分寸适度,不打听别人隐私,也不过度泄露自己隐私;互相尊重,遵守道德。

2. **电子邮件**　简称 E-mail,它是一种用电子手段提供信息交换的通信方式,是网络中应用最广泛的服务,类似于传统的通信手段,书写和收发电子邮件都是通过计算机完成的,不受时间和地点的限制,非常方便,因此加快了交流速度。电子邮件的内容非常丰富,主要是文字,但也可以加入声音、图像等作为附件,用户可以得到大量免费的新闻、专题邮件,并且可以实现信息搜索,这是传统的方式无法相比的。

通过电子邮件与人沟通时要注意:应该准确无误地输入对方邮箱地址;写上邮件主题,方便对方了解内容;邮件用语要文明礼貌;邮件内容应简短明了,称呼、问候语、主体内容、结束语、签名应尽量书写完整;要尽量回复别人的邮件。

3. **医院信息系统**　医院信息系统也称医院管理系统,是在医院内部局域网内利用计算机软硬件技术、网络通信技术等现代化手段,对医院及其所属各部门的人流、物流、财流进行综合管理,对在医疗活动各阶段产生的数据进行采集、储存、处理、提取、传输、汇总、加工生成各种信息,从而为医院的整体运行提供全面的、自动化的管理及各种服务的信息系统。

医院信息系统是对医院信息进行分散收集、统一管理、集中使用、全员共享的计算机网络系统,主要用于门诊管理、住院管理、医生站、护士站、财务管理、物资管理、药品管理、医技管理及网上查询等,具有挂号收费、住院登记、住院收费、医生处方、电子病历、药房发药和患者退药等功能,是目前国内各医院管理采用的主要方式。

使用医院信息系统要遵守医院信息系统规范;信息输入要严格、认真、及时,信息应准确、完整。

4. **远程会诊**　远程会诊是指在没有患者亲临的情况下,利用电子邮件、网站、电话、传真,网上聊天等现代化通信工具为患者全面、仔细地分析病情从而作出正确的诊断,制订科学合适的治疗方案的一种新型的就诊方式。

由于远程会诊不需要患者亲临现场,因此远程会诊可以让患者免除长途奔波、挂号排队的劳碌之苦,又可以为患者节省时间。另一方面远程会诊为扩大医疗区域和提高服务质量提供了坚实的基础和有利的条件,也为规范医疗市场、评价医疗质量、完善医疗体系和交流服务经验等方面提供了新的工具和途径。

远程会诊中语言要简洁、精练,使用普通话,注意语速不要太快,会诊结束,患者资料将由专家存档,以备病案跟踪,了解会诊后的治疗情况。

学习小结

　　本章学习了语言沟通的概念、原则、功能,交谈的特点、基本类型、医患交谈技巧、医患交谈常用语言及禁忌语,演讲、书面语言沟通及电子媒介沟通等内容。通过学习体会到:在康复治疗工作中,康复治疗师应掌握语言沟通的原则,根据患者的背景特点恰当应用倾听、提问、阐释、共情、赞美、鼓励、安慰等交谈技巧,正确使用医患交谈的常用语言,不出现禁忌语是实现医患之间有效沟通并建立和谐医患关系的有效方法。在以后的学习和工作中树立自觉运用语言沟通技巧的意识,加强语言沟通能力训练,提高语言沟通能力。

(詹玲利)

思考与练习

一、选择题

A1 型题

1. 下列不属于语言沟通形式的是
   - A. 口语沟通
   - B. 书面语言沟通
   - C. 电子媒介沟通
   - D. 演讲
   - E. 肢体活动

2. 下列不属于医患交谈原则的是
   - A. 保密性原则
   - B. 科学性原则
   - C. 通俗性原则
   - D. 情感性原则
   - E. 直接性原则

3. 交谈的特点不包括
   - A. 目的性
   - B. 程序性
   - C. 灵活性
   - D. 安慰性
   - E. 互动性

4. "心病还需心药医"反映的医患交谈原则是
   - A. 治疗性
   - B. 安慰性
   - C. 针对性
   - D. 目标性
   - E. 通俗性

A2 型题

5. 一位脑血栓患者,手术后每天坚持做肢体功能锻炼。康复治疗师小王在治疗过程中,经常对患者说:"李大爷,好,真的很好,不要怕,再往前一步!"在这个过程中,小王用了以下哪种沟通技巧
   - A. 倾听
   - B. 阐释
   - C. 鼓励
   - D. 共情
   - E. 提问

二、实践活动

1. 角色扮演

主题:交谈技巧训练

实践场景:患者刘大爷,因为脑出血住进医院,术后恢复期到康复中心做康复治疗。康复治疗师小王为刘大爷进行康复治疗。在接下来的治疗过程中,小王经常说:"别急,我那几位比你病情轻的患者都还没好呢,你需要更长一段时间,康复更慢。"此后刘大爷做治疗时,表现越来越不积极,甚至想放弃康复治疗。请问如果你是康复治疗师小王,该如何与患者沟通才能让患者主动配合治疗?

实践内容与方法:将班级同学在课前进行分组,每组 4 人。小组成员分别扮演患者和康复

治疗师。每组表演后,同学之间相互点评,最后由教师进行点评。

2. 角色扮演

主题:演讲技巧训练

实践场景:某医院康复科需要进行科室主任竞聘,要求所有参加竞聘者必须进行演讲。

实践内容与方法:将班级同学分成小组,每组 3 人,小组讨论后准备演讲稿,每组派出一名同学扮演竞聘者。课堂上进行竞聘演讲的情景模拟,演讲结束,各组互相进行点评,并讨论竞聘演讲技巧。

第五章

非语言沟通

学习目标

1. 掌握:体态语言及人体触摸的形式、要求及应用,非语言沟通的基本要求及技巧。
2. 熟悉:客体语言、界域语与副语言的形式及应用,非语言沟通的作用。
3. 了解:非语言沟通的概念、特点。
4. 运用非语言沟通技巧,与患者及家属进行有效沟通。
5. 自觉养成正确使用非语言沟通的习惯和意识。

情境导读

受欢迎的治疗师

患者,李某,因卒中偏瘫定期来到某医院康复治疗室进行治疗。小王治疗师衣着整洁,面带微笑,说话时语气轻柔、语速适中,用坚定的目光鼓励老李做康复运动。老李出汗了,小王治疗师立即递上毛巾;老李口渴了,小王治疗师及时递上水杯。小王治疗师定时搀扶着步态不稳的老李训练行走能力。小王治疗师技术精湛,态度亲切,使老李感到温暖。老李说:我的治疗师手巧又贴心。

第一节　非语言沟通概述

一、非语言沟通的概念

非语言沟通(nonverbal communication)是指以仪表、动作、表情、姿态、语气语调、触摸、空间距离等非语词符号为载体进行的信息交流。相对于语言沟通而言,非语言沟通更能表达个人内心的真实感受,可表达个人很多难以用语言表达的情感、情绪及感觉,能够使沟通信息的含义更加明确、丰富、完整。美国语言学家和心理学家艾伯特·梅瑞宾的研究表明,信息的全部表达=7%语言+38%音调+55%面部表情。可见,沟通中大部分的信息和情感是通过非语言的形式表达的。

二、非语言沟通的特点

(一) 广泛性

广泛性是指由于人类谋生的基本方式,语言思维的基本方式,生理和心理本能等方面都很类似,也就存在本质上相同的非语言因素系统,可以用同样的非语言符号表达同一种情感,因此非语言沟通的运用是广泛的。比如患者腹痛时,用手按压疼痛处,以减轻疼痛;表达喜、怒、哀、乐、惊、恐等各种情绪的基本表情;攻击和防卫的姿态;爱恋或厌恶的神情等等,是全人类都能发

出并理解的。

（二）连续性

在一个互动的环境中,非语言沟通自始至终都在自觉或不自觉地传递着信息。因此,非语言沟通具有连续性。科学研究证明,人们每天运用语言沟通的时间少于非语言沟通的时间,可以说从沟通开始,双方的非语言信息就显现出来,如沟通双方的仪表、举止就能传递各种特定的信息,沟通双方的眼神、表情、距离、衣着、身体姿态也能显示出特定的关系。

（三）真实性

非语言信息比语言信息更具有真实性,因为它是人的情绪、情感的自然流露和表达。大多数非语言行为是无意识的。当一个人焦虑、恐惧、兴奋、惊讶时,其面部表情、眼神、动作等都会真实地表现出来,很难掩饰。比如:康复治疗师在为患者进行康复训练中,询问患者是否疼痛,患者虽说"不疼",但却表情痛苦、双眉紧锁,暴露了患者的真实感受。当语言和非语言信息不一致,甚至矛盾时,非语言信息能够更准确地提示说话者的真实情感。

（四）情境性

非语言沟通与沟通所处的情境有着密切关系,情境决定了非语言信号的含义,同样的非语言符号在不同的情境中,其含义也不尽相同,体现出情境性。如在不同的情境下,流泪可以表达悲痛、委屈等情感,也可以表达幸福、兴奋、感激等情感。同样是拍桌子,可能是"拍案而起",表示怒不可遏;也可能是"拍案叫绝",表示赞赏至极。

（五）组合性

在非语言沟通过程中,人们的某种情绪往往是通过多种渠道、运用多种非语言符号共同作用来表达的,是身体各个部位的姿势、表情,空间位置等方面的联动组合,并具有整体性的特点。比如,当一个人极其愤怒的时候,往往会表现为:怒目而视、咬牙切齿、握紧拳头等几个动作同时出现。又如,有的人突然受到重大打击导致情绪失控,躺在地上哭闹、蹬腿,甚至捶胸顿足。

（六）民族性

虽然非语言沟通有一定的共同性,但在很大程度上受种族、地域、历史、文化、风俗习惯等影响,形成了很大差异,每个国家,不同民族都有自己独特的体态语言。因此,与不同民族、不同文化背景的人沟通,要做到出门问禁,入乡随俗,避免引起误会。比如:在中国,中老年人喜欢触摸孩子的头部表达对孩子的爱,而东盟佛教国家,例如泰国、斯里兰卡等佛教国家,他们认为头是最尊贵的地方,不允许别人触摸。

三、非语言沟通的作用

（一）表达情绪、情感

非语言沟通的首要作用是表达情绪、情感,是真情实感的直接表露。人们的喜怒哀乐、恐惧等情绪和关心、关爱等情感都可以通过体态、表情等非语言形式表现出来。患者及其家属经常通过非语言形式来表达情绪和情感,如因患者病重,家属眉头紧皱,偷偷流泪,精神恍惚,无目的地走来走去都传递了她内心的焦虑与不安;康复治疗师也经常通过观察表情、动作来感知患者或家属表现出的紧张、焦急、厌烦等情绪,同时也用微笑、触摸等非语言沟通的形式表达对患者的关心和关爱。因此,非语言沟通是表达情绪、情感的渠道,人们也通过观察对方的非语言信息来获知对方的情绪和情感。

（二）替代、辅助、强化语言信息

人们运用语言进行沟通时,经常出现词不达意或词难尽意的感觉,这就需要同时使用非语言形式来补充或替代语言的表达。如聋哑人使用哑语就是由非语言替代语言的表达。康复治疗师指导患者深呼吸或有效咳嗽时,一边用语言描述,一边辅以身体姿态的变化,则是辅助语言的信

息。康复治疗师对患者说："我们共同努力,一定要战胜疾病。"说的同时紧握拳头,这就大大加强了战胜疾病的决心;人们在动怒的时候常常提高语调,并以一些动作来表达自己十分生气,例如,上司拍打着桌子对下属的失职表示愤怒等。这些都是利用非语言沟通来强化语言信息。

(三) 获取、验证信息

对于患者及家属来说,疾病及医院陌生的环境和特殊的卫生设施,会使其产生恐惧和不安,因此会特别留意周围环境的信息,对医务人员的非语言行为更加敏感。如有些患者想知道疾病的严重性,他们会有意观察医务人员和家属的面部表情和行为等非语言信息,以此来获取线索。此外,有些患者认为,医务人员或家属不让他们知道疾病的真实情况,即使医务人员或家属告诉患者"手术很成功,肿瘤已被切除"等,患者仍会仔细观察他们的表情,以判断和验证医务人员及家属语言信息的真实性。同时,康复治疗师在观察患者时,也应注意其语言与非语言所表达的信息是否一致,以掌握患者的真实心理活动状态。如某一患者说:"我感觉很好",但其表情、动作却明显地表现出烦躁不安和焦虑,康复治疗师便应特别注意仔细观察患者的各种表现,及时做出反应,以免发生不测。当非语言传递的信息验证了语言信息时,沟通才是最有效的。

(四) 调节互动

调节互动是指非语言沟通能调节和控制双方的语言交流状态。调节动作被用于维持和调节沟通的进行。调节动作有点头、摇头、注视、皱眉、降低声音、靠近、远离、手势、变换姿势等,所有这些都传递着一些不必开口或不便明说的信息,以调节双方的互动行为,调节人们之间的信息交流。如康复治疗师在倾听患者诉说时,若微微地点头,则表示理解或接纳、认同患者的看法,同时也表示请患者继续说下去。

(五) 显示关系

沟通信息总是由内容含义(说什么)和关系含义(怎么说)两个层面的结合而显示的。内容含义的显示多是运用语言信号,而关系含义则较多地依靠非语言信号来反映。有时非语言性沟通能够表现沟通者形象,还能反映双方人际关系状态及其他社会联结关系,称之为显示关系。如握手表示良好人际关系的建立,而拥抱则是亲密关系的建立。在病房里如果康复治疗师靠近患者并坐着交谈,显示了双方比较平等的关系,但是如果康复治疗师站着对躺在病床上的患者说话时,则显示了康复治疗师对患者的控制地位。

第二节 非语言沟通的形式

在人际交往中,人们常常运用多种非语言沟通形式来进行信息交流。非语言沟通有多种形式,本节主要介绍以下几种,即客体语言、体态语言、人体触摸、界域语言和副语言。

一、客 体 语 言

客体语言(object language)指的是与人体有关的仪容、服饰、气味、环境等。这些内容在人际交往中有传递信息的功能。

(一) 仪容

仪容(appearance),通常指人的外貌或容貌,主要包括头部和面部。它由发式、面容以及人体所有未被服饰掩盖的肌肤(如手部、颈部)等内容所构成。仪容传递出最直接、最生动的第一信息,反映出个人的精神面貌。在交往过程中,仪容会引起沟通对象的特别关注,并影响到整体评价。因此,仪容是仪表问题中的重要内容。

1. 头发 头发应定期清洗、修剪,梳理整齐。发型选择应遵循彰显脸型优点、弥补脸型缺点,与年龄、气质、职业、身份、场合相协调的原则,体现美感。不要染怪色头发。男生不要留长发,前发不附额,侧发不掩耳,后发不及衣领(图5-1);女生前额部分的头发尽量不要遮住眼睛,

刘海不要超过眉毛,临床工作中头发过肩要扎起,用发夹或发网,固定于脑后,不得使用夸张耀眼的发夹(图5-2)。

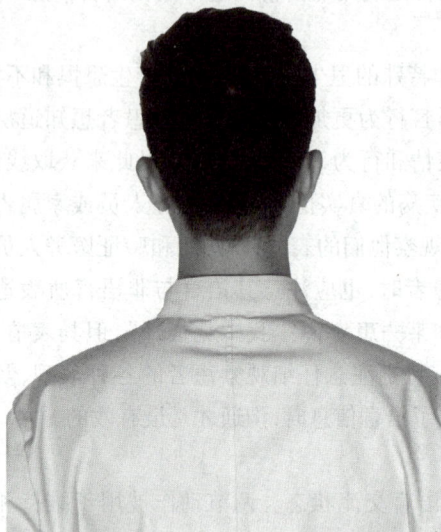

图5-1 男士发型   图5-2 女士发型

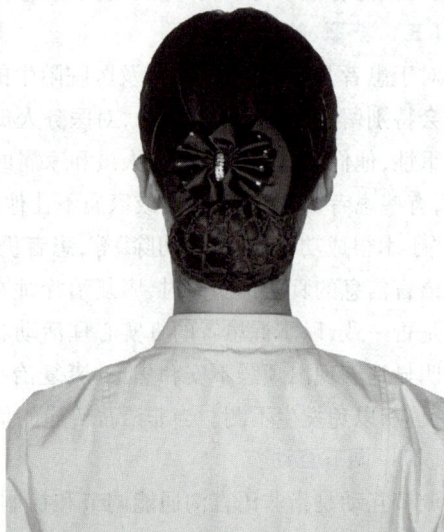

2. 皮肤 健美的皮肤应该是红润、有弹性、丰满而有光泽。医院工作环境的各种飘尘、碎屑和各种微生物很容易侵袭康复治疗师的皮肤,影响皮肤的功能和美观,因此,康复治疗师在平时要注意对皮肤的保健和护理,经常对面部、手部的皮肤进行清洁、保养,防止皮肤受伤,增强皮肤的抵抗力,使面容洁净、美观、自然、健康。

3. 化妆 化妆的基本要求是自然、协调。清新的淡妆会给人一种舒适、靓丽的感觉,而且还可以弱化个性、巧妙地遮盖不足之处,使装束自然而不露痕迹。女性可以用薄而透明的粉底营造健康的肤色,用浅色口红增加女性的自然美感,用棕色眉笔调整眉形,用睫毛膏让眼睛更加有神。男性可以用点清洁类的化妆品,给人以干净、阳光的感觉。

(二) 服饰

服饰在一定程度上能反映一个人的社会地位、文化修养和审美情趣等多种信息,也能表现一个人的内在情感及其对生活的态度。得体的服饰对于美化人的仪表、改善人的气质、完善人的形象有着极为重要的作用。

1. 着装的基本原则

(1) TPO原则:国际着装标准,简称TPO原则,TPO是三个英文单词的缩写,它们分别代表时间(time):如早晚、季节、时代等;地点(place):地点、场合、位置、职位;目的(object):目的、对象。即着装应该与当时的时间、所处的场合和地点相协调,才能给人以美好的感觉。

(2) 整体性原则:穿着打扮应从头到脚统筹考虑和精心搭配,使各部分相互辉映,自成一体,色彩、结构、质地等方面体现完美、和谐。

(3) 适体性原则:服饰应与年龄、肤色、体型相适宜。应量体裁衣,扬长避短,隐丑显美,提升自信心。

(4) 个体性原则:着装的个体性原则,主要指依个人的性格、年龄、身材、爱好、职业等要素着装,力求反映一个人的个性特征。选择服装时因人而异,着重点在于展示所长,遮掩所短,显现独特的个性魅力和最佳风貌。

(5) 整洁性原则:服饰整洁反映一人的卫生习惯。在社交场合,服饰整洁是对他人尊重的最基本体现。衣服不能沾有污渍,不能有绽线的地方,更不能有破洞,扣子等配件应齐全,尤其是衣领和袖口处要注意整洁,否则都显失礼。

知识拓展

公务场合男士着装注意"三个三"

三色原则:全身服饰颜色不超过三个色系

三一定律:鞋、皮带、公文包三色一致

三大禁忌:穿西装不拆商标、穿西装配丝袜、领带打法出错

2. 康复治疗师着装要求

(1)康复治疗师着装的意义:康复治疗师的服装作为一种非语言性的信息传递媒体,通过视觉向社会传达着装者的社会内容,同时也是着装者面向社会的身份标志。康复治疗师负责患者康复评定,进行功能恢复等相关治疗。他们的服装不仅是医院形象的象征和标识物,而且又是一种实用性极强的衣服。表现为两方面:一方面是通过制服的束缚作用,使着装者树立良好的职业形象;另一方面,对着装者的肌体起到保护作用,以方便工作,提高工作效率。这两个方面共同形成制服的实用特征,忽视任何一方都不可以。康复治疗师的服装作为视觉识别系统,是整个卫生行业的识别系统中重要组成部分之一,有助于卫生行业的形象塑造与维护。

(2)康复治疗师的着装要求:康复治疗师必须按执业需要统一着装,工作服应色彩和谐、舒适透气、大小合适,便于活动与操作。工作服要保持清洁、平整、无污渍,不得有阙如、残损。扣好衣扣,内衣不外露。

3. 饰物 饰物在人的整体装饰中至关重要,一件得体的饰物好似画龙点睛,能使你气质出众。

(三)气味

气味是指嗅觉所感受到的味道。英国诗人吉卜龄认为:"气味要比景象和声音更能拨动你的心弦"。北宋诗人林逋的名句"暗香浮动月黄昏",他描写的是一种美的境界,让人享受着嗅觉的美感。康复治疗师为患者进行各种治疗时,经常是近距离接触,所以应注意避免口腔、躯体等部位的异味出现,同时在治疗环境中可增加一些令人轻松、愉快的气味,以便改善双方的心情。

(四)环境

除了运用身体语言外,人们也可以通过物体的运用、环境的布置等手段进行非语言的沟通。康复治疗中心或综合医院的康复科应为患者提供安全、畅通、优美、温馨、舒适的康复环境,如无障碍通道,适宜的温度、湿度,流动的新鲜空气,良好的日照采光,富有美感的盆景摆放等都可以满足患者生理、心理和社会的需求。同时应开设私密的医患交流场所和服务平台,有利于医患之间的真诚交流,保障患者的个人隐私权益。

二、体 态 语 言

体态语言(body language),指通过人的头、眼、颈、手、肘、臂、身、胯、足等人体部位的协调活动来传达人物的思想,形象地借以表情达意的一种沟通方式。在康复治疗过程中,正确运用体态语言,不仅能促进医患信息交流,而且增强治疗效果。

(一)首语

是通过头部活动表达信息的一种体态语。虽然首语的种类较其他体态语少,不外乎点头、摇头、昂头、低头、扭头、晃头等,但它所表达的信息量却不可小视。绝大多数国家以点头表示肯定、同意;摇头则表示否定、反对。但印度、巴基斯坦等国家所代表的意思是相反的,要引起重视。首语对幼儿、老年患者或无法用语言和其他肢体语言沟通的患者,有着很重要的

作用。康复治疗师应认真观察,仔细分析患者的首语,从中判断患者所要表达的准确信息。应用首语时避免盲目地摇头晃脑,头部活动范围不可过大,否则给人以不文雅、不稳重的感觉。

(二)面部表情

面部表情是指人们表现在面部的思想感情,是人们情绪、情感的生理性流露。表情是测量人的情绪的客观指标之一,情绪信息主要是通过非语言途径特别是面部表情来传递的。如康复治疗师在工作中恰当运用表情语言一定会起到事半功倍的作用。

1. 目光　通常也称为"眼神",是指人在进行注视时,眼睛所进行的一系列活动以及在这一过程中展现出的神态。眼睛作为目光的载体,将人们内心深处的所有的语言、感情、态度和情绪透过这个窗口自然地流露出来,故而常被人们称为"心灵的窗口"。目光接触,是人际间最能传神的非言语交往。

(1)目光的作用

1)表达情感:目光可以准确、真实地表达人们内心极其微妙和细致的情感。一般而言,沟通双方深切注视的目光表示崇敬之意;倾听时注视对方双眼和面部,表明尊重、理解;拒绝目光正面接触,表示非常厌恶对方;而回避闪烁的目光表示惧怕之心等。

2)调控互动:沟通双方可根据对方的目光,判断其对谈话主题和内容是否感兴趣,对自己的观点和看法是否赞同。在医患交谈中,如果康复治疗师发现患者左顾右盼、东张西望,目光游离不定,应及时调整谈话的内容或方式。

3)显示关系:目光不仅能显示人际关系的亲疏程度,还可以显示人际间支配与被支配的地位。一般情况下,陌生人之间目光接触时间相对短暂;地位高者注视地位低者的时间相对长于地位低者注视地位高者的时间。

总而言之,康复治疗师在为患者实施治疗的过程中,对年老体弱者投以关爱的目光;对康复训练的患者投以鼓励的目光;而对神志清醒的不合作的患者投以责备、批评的目光。此时虽没有语言行为,但却更能使患者感到愉快,得到鼓励,或产生内疚。同样,患者一个赞许的目光,可使康复治疗师消除身体疲惫,感受到自身工作的价值。

(2)目光的恰当运用:在医患沟通过程中,康复治疗师应正确应用目光交流技术,特别注意注视的角度、部位、时间。

1)注视角度:目光注视的角度有平视、仰视、俯视三种。康复治疗师注视患者时,最好是平视,以显示康复治疗师对患者的尊重和医患之间的平等关系。在沟通过程中,康复治疗师可根据患者所处的位置和高度,灵活借助周围地势来调整自己与患者的目光,尽可能与患者保持目光平视。在与患儿交谈时,康复治疗师可采取蹲式、半蹲式或坐位;与卧床患者交谈时,可采取坐位或身体尽量前倾,以降低身高等,保持与患者平视。

2)注视部位:目光注视的部位不同,表明双方的关系不同,在人际交往中,应根据双方关系运用适当的目光注视部位。具体含义见表5-1。

医患沟通时,康复治疗师注视患者的部位宜采用社交凝视区域,避免目光在患者身上左右乱扫,或者目光随意移开等,否则会给人一种不尊重、不安和不信任的感觉。一般不宜注视对方胸、臀部的位置,很容易引起对方的反感。

3)注视时间:医患沟通过程中,康复治疗师与患者目光接触的时间应不少于全部谈话时间的30%,也不超过谈话全部时间的60%;如果是异性患者,每次目光对视时间应不超过10秒。长时间目不转睛地注视对方是一种失礼的表现。在交谈中,听的一方可多注视说话的一方,当你在说话时,可有短暂的视线转移,但也不能太久不与对方目光接触,把握好目光接触的时机和接触时间的长短,会达到使交谈顺利进行而双方又心情愉悦的效果。

表5-1　目光注视的部位

种类		部位	应用及注意事项
公事凝视		注视对方的额头中点与双眼之间形成的三角形区域	表示严肃认真,事关重大,公事公办。常用于谈判、公务洽谈、磋商
社交凝视		注视对方双眼到口唇之间形成的倒三角形区域	表示亲切温和,营造一种融洽和谐的气氛,多用于社交场合
关注凝视		注视对方两眼之间的区域	表示专心致志、聚精会神、关心重视对方。多用于劝导、劝慰对方,但时间不可过长,一般不超过10秒
亲密凝视	近距离亲密凝视	注视对方双眼至胸部的区域	表达炽热的情感。适于关系亲密的异性之间传达情意。非亲密关系的人不宜使用
	远距离亲密凝视	注视对方的眼睛到腿部区域	表达亲人之间、恋人之间和家庭成员的亲近友善,适于注视相距较远的熟人,但不适于普通关系的异性
随意凝视		指对对方任意部位随意一瞥	既表示注意,又可表示敌意。多用于公共场所注视陌生人

名人名言

面部与身体的富于表达力的动作,极有助于发挥语言的力量。

——英国生物学家　达尔文

面部表情是多少世纪培养成功的语言,是比嘴里讲得更复杂到千百倍的语言。

——法国作家　罗曼·罗兰

"被人喜爱的六个秘诀"之一就是"用微笑对待他人"。

——美国沟通学家　卡耐基

2. 微笑　微笑是眼、眉、嘴和颜面动作的集合,是一种令人感觉愉快的面部表情,它是最美好的形象。在千变万化的面部表情中,微笑是最美的,它可以缩短人与人之间的心理距离,为深入沟通与交往创造和谐的氛围(图5-3)。

(1) 微笑的作用:①改善关系。康复治疗师发自内心真诚的微笑可以化解医患之间的矛盾,改善医患关系;②优化形象。微笑可以美化康复治疗师的形象,陶冶康复治疗师的内心世界;③促进沟通。微笑还可以拉近医患之间的心理距离,康复治疗师镇定、从容的笑脸,能使患者镇静并获得安全感,缓解患者的焦虑、紧张和不安,从而赢得患者的信任和支持。

(2) 微笑的应用:微笑是一种极富感染力的非语言信息,发自内心的微笑是自然、真诚的,一个友好真诚的微笑能够使沟通在一个轻松的氛围中展开。但微笑也不能滥用,要善于把握好微笑的分寸和场合,做到适度和适宜。就医过程是患者生命历程中生理和心理最脆弱的时刻,最需要人性的关爱,此时康复治疗师真诚的微笑,表达着对患者的安慰与鼓励,有助于增强医患间的情感共鸣,帮助患者减轻病痛带来的恐惧与焦虑,同时也为优质、高效的医疗服务打下良好的基础。在适度方面,过分的笑容有讥笑之嫌,过长时间的笑,有小瞧他人或不以为然的感觉,笑的时间过短,给人以皮笑肉不笑的虚伪感,更不能经常板着面孔不微笑;在适宜方面,要和沟

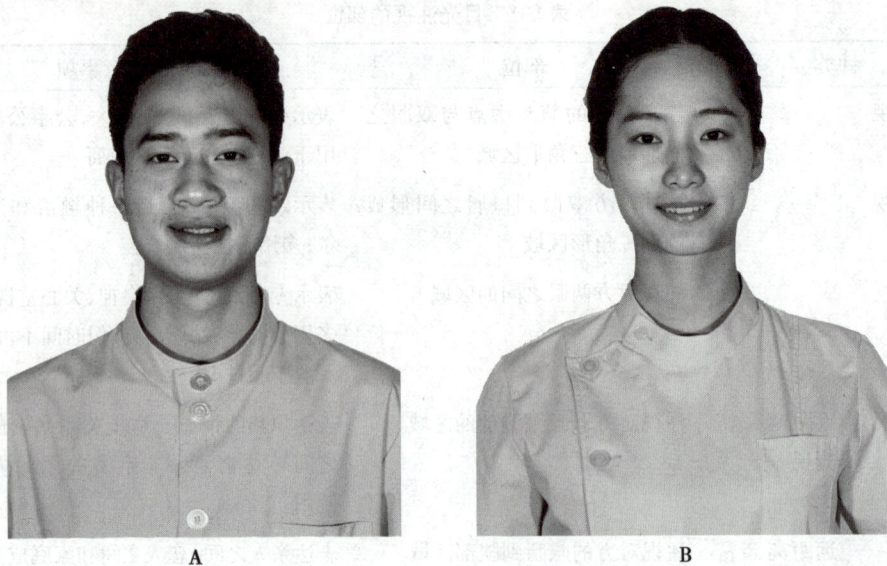

图5-3　微笑

通对象的心情和所处的场合相吻合,如患者伤心痛苦时,微笑可能给人一种无视对方的感受,会伤害对方的感情,不利于沟通的有效进行。

(三) 手势语

手势语(sign language)是指用手和手指的动作来传递信息的一种非语言沟通形式。手势可用来强调或澄清语言信息,具有应用广、内容丰富、表现力强的特点。在康复治疗工作中康复治疗师恰当地使用手势语,可以达到意想不到的效果,同时认真揣摩患者的手势,观察与之同时发生的其他姿势、表情等,这样才能得到正确判断,了解患者的病情信息与需要。

1. **手势的分类**　手势大致分为四类:①情意手势:是用来表达情感,增强语言沟通的效果;②指示手势:用于指明位置,增强真实感,如指明不同的人称、方位、数目和事物等;③象形手势:通过比划事物的特点,如用手指模拟人或物的形状、大小、高度等;④象征手势:用于表现某些抽象概念,常与语言共同使用,如"OK"手势,"V"形手势、拇指手势(图5-4)等。

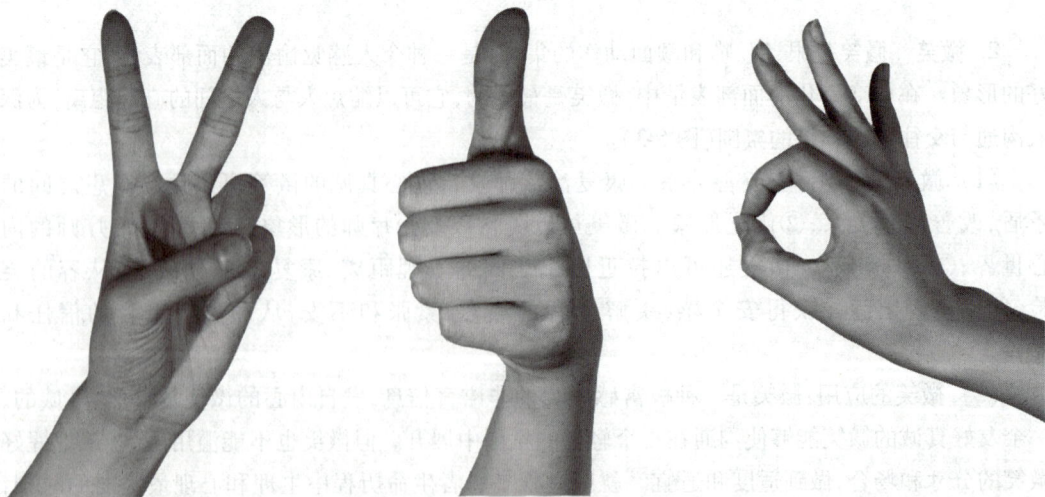

图5-4　常见手势

2. **手势语的使用要求**　手势语应该是随着特定的情境自然形成的,在使用时,要把握三个原则:①清晰明确。即手势语应与沟通内容结合,起辅助语言表达,突出重点、衬托主题,增强语言信息准确度的作用;②自然适度。即运用手势语不宜过多过频,给人一种不稳重,甚至轻浮的感觉;手势的幅度也不宜过大或过小,应自然流畅,与语言沟通内容相得益彰;③体现个性。即手势应该富于变化并符合个人风格。

使用手势时禁忌指点他人,勾动示指招呼别人,双手乱动、乱摸、乱扶、乱放,或是折衣角、咬指甲、抱大腿、在他人面前搔头发、抠眼睛的分泌物、掏耳朵、抠鼻孔、剔牙齿、抓痒痒、摸脚趾等等。

(四) 姿态与步态

1. 姿态的基本要求　一个有修养、有魅力的人的非语言动作,常引人着迷、令人心动、让人信服,使交往的对方乐于接受。而修养和魅力的形成,除了具有良好的品质、丰富的知识外,还应具有优雅得体的姿态和举止。

(1) 站姿:基本要求是头正颈直,两眼平视,面带微笑,下颌微收,双肩平齐、放松,挺胸收腹,立腰提臀。男士,双脚跟并拢,双手在身体两侧自然下垂(图5-5)或两脚分开与肩同宽,左手握空心拳,右手握住左手手腕,放于腹前(图5-6)或身后(图5-7);女士,双膝并拢,双手在身体两侧自然下垂,双脚跟并拢,脚尖分开呈"V"字形(图5-8),或左脚跟微贴于右脚窝处略呈45°的"丁"字形,双手虎口相对,右手自然搭握在左手四指之上,左手四指指尖不露出,置于小腹部或平脐(图5-9)。

图5-5　男士站姿正面(双手置于两侧)　　　　　图5-6　男士站姿正面(双手置于腹前)

站姿应挺拔,给人一种充满自信、气宇轩昂、乐观向上的印象。禁忌无精打采,弯腰驼背,东倒西歪,不能将身体倚靠其他物体作为支撑点,用脚乱点乱划、勾东西、蹭痒痒,双手下意识地做些小动作。

(2) 坐姿:基本要求是头正颈直,两眼平视,面带微笑,下颌微收,双肩平齐、放松,挺胸收腹,上身与大腿呈直角,大约占据座位的1/2至2/3位置即可(图5-10)。男士双膝分开,双脚分开与肩等宽,双手置于两腿近膝部位(图5-11);女士双膝自然并拢,双脚并拢,小腿垂直于地面,

图5-7　男士站姿背面
（双手置于身后）

图5-8　女士站姿Ｖ字步
（双手置于两侧）

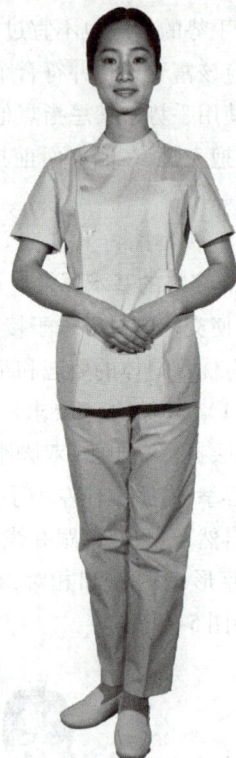

图5-9　女士站姿丁字步
（双手置于腹前）

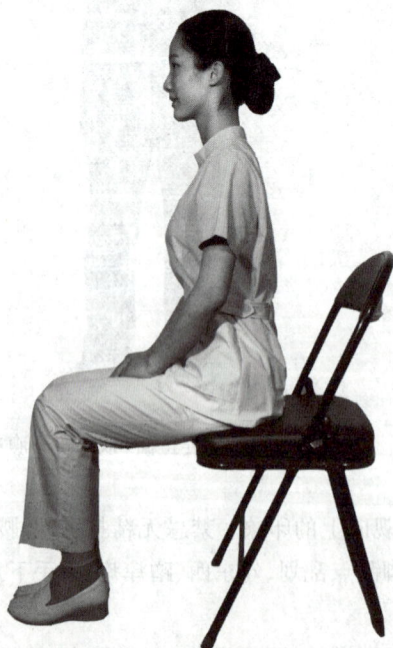

图5-10　女士坐姿（侧面）

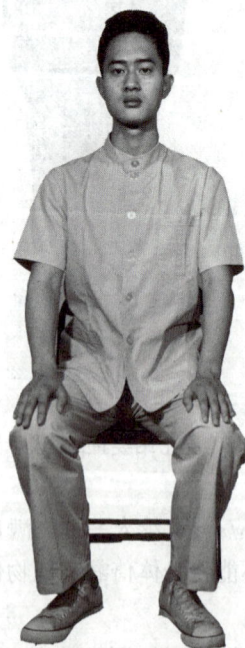

图5-11　男士坐姿（垂腿开膝式）

双手相叠于小腹下（图 5-12）。除此以外还可有其他几种方式：①双腿叠放式：将双腿完全地一上一下交叠在一起，交叠后的两腿之间没有任何缝隙，犹如一条直线，双腿斜放于左右一侧，斜放后的腿部与地面呈 45°夹角，叠放在上的脚尖垂向地面（图 5-13）；②双腿斜放式：双膝先并拢，然后双脚向左或向右斜放，力求使斜放后的腿部与地面呈 45°角（图 5-14）；③双脚交叉式：双膝先要并拢，然后双脚在踝部交叉，交叉后的双脚可以内收，也可以斜放，但不宜向前方远远直伸出去（图 5-15）；④前伸后屈式：大腿并紧之后，向前伸出一条腿，并将另一条腿屈后，两脚脚掌着地，双脚前后要保持在同一条直线上（图 5-16）。

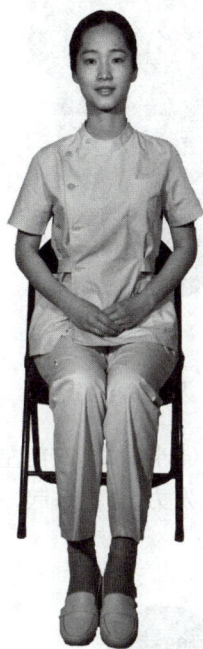

图 5-12　女士坐姿（基本坐姿）

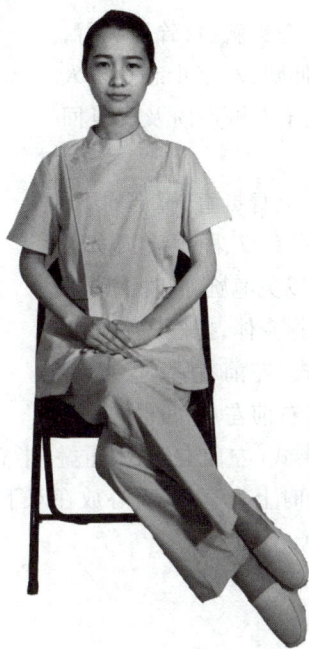

图 5-13　女士坐姿（双腿叠放式）

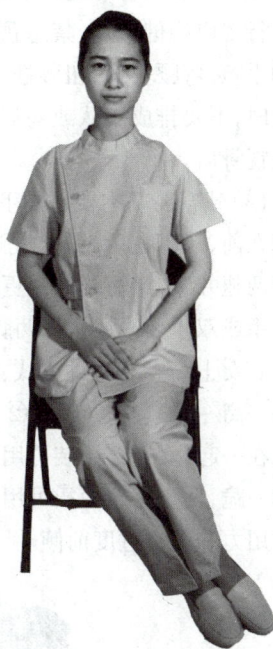

图 5-14　女士坐姿（双腿斜放式）

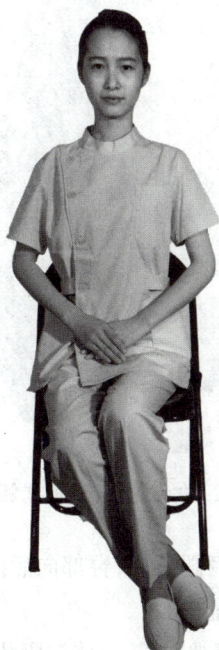

图 5-15　女士坐姿（双脚交叉式）

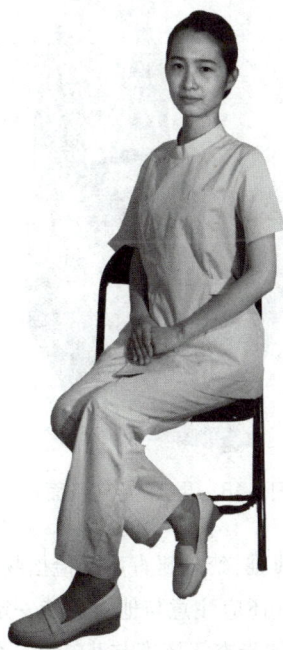

图 5-16　女士坐姿（前伸后屈式）

坐姿应端庄，禁忌前俯后仰、双手抱臂或抱于脑后或抱住膝盖、跷二郎腿和双腿抖动、脚抬得过高以脚尖指向他人、女性双膝分开等。

（3）行姿：基本要求是头正颈直，两眼平视，下颌微收，面带微笑，双肩平齐、放松，挺胸收腹，双臂自然摆动。行走时，男女有一定区别，男性步履雄健有力，走平行线，展示刚健、英武的阳刚之美；女性步履轻捷、娴雅，步伐略小，走直线，展示出温柔、娇巧的阴柔之美。

行姿应稳健轻盈，禁忌颈部前伸，歪头斜肩，耸肩夹臂，甩动手腕，弯腰驼背，扭腰翘臀，弯膝伸腿，八字步态。多人行走时，不要排成横队或勾肩搭背，也不左顾右盼及反复回头注视身后。

（4）蹲姿：基本要求是下蹲屈膝，上身挺直，臀部向下，一脚在前、一脚在后男士两腿分开（图5-17、图5-18），女士则要两腿并紧，穿短裙时需更加留意，以免尴尬，同时下蹲时应单手或双手展平裙摆。两脚合力支撑身体，把握好身体的重心。女士蹲姿有四种方式：①高低式（左前右后，不重叠，双膝一高一低）（图5-19）；②交叉式（右前左后，重叠，双腿交叉在一起，女士穿裙装可用）；③半蹲式（左前右后，不重叠，半立半蹲）；④半跪式（右前左后，一蹲一跪，女士穿超短裙可用）。起身时上身直立，重心放在双下肢，双腿发力，直立站起，避免双臂用力和上身过度前倾。

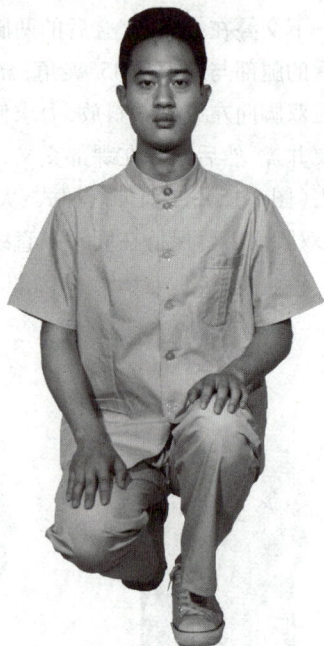

图5-17　男士蹲姿（正面）

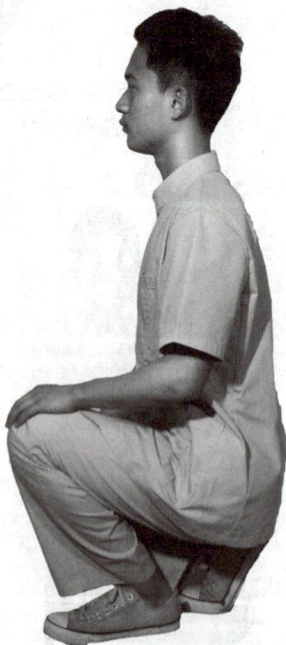

图5-18　男士蹲姿（侧面）

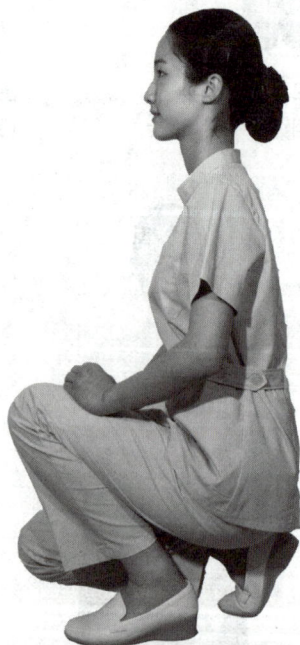

图5-19　女士蹲姿（高低式侧面）

蹲姿应典雅，禁忌腿直弯腰捡拾物品，背对他人下蹲，女士两腿分开，臀部向后撅起，两腿展开平行下蹲。还应注意与他人保持一定距离，避免彼此迎头相撞。

2. 姿态和步态　姿态与步态在一定程度上反映了个人的精神状态、身体健康状况和自我概念。步履迟缓、拖曳，姿态萎靡不振通常表示心情沉重或身体不适；步履矫健、行走迅速表示充

满活力的健康形象;身体倾向对方、并伴随注视等表示热情和兴趣;微微欠身表示谦恭有礼;身体后仰表示若无其事与轻慢;侧转身子表示厌恶和轻蔑;背朝别人表示不屑理睬。用手擦鼻子表达困惑;双臂交叉抱在胸前表达孤立自己或防卫别人;耸肩表达漠不关心,与己无关;用手轻敲物品表达不耐烦等等。

康复治疗师应避免不良姿态与步态,并通过观察患者的姿态和步态来收集有关疾病的信息。如小脑损伤患者则有醉酒步态等等,临床要注意观察。

三、人 体 触 摸

触摸(touch)是指人与人之间的通过皮肤接触来表达情感和传递信息的一种非语言行为,是一种很有效的沟通方法。它所传递的信息是其他沟通形式所不能取代的。

(一)触摸的种类

1. **职业性触摸** 此种触摸来源于职业的需要。医疗护理人员给患者进行医疗护理操作中的人体触摸,如康复治疗师为患者进行康复评定及康复治疗,护士为患者测脉搏,静脉输液等均属于此类触摸。

2. **礼节性触摸** 礼节性触摸表示友好,是一种交流。如见面的握手礼、拥抱礼、亲吻礼等,受社会文化背景的制约。

3. **友爱性触摸** 此种触摸往往用于同事、朋友、伙伴之间,也用于康复治疗师与患者之间。友爱性触摸没有国度、民族等差别的限制,沟通双方相互理解信任、相互支持帮助,在触摸过程中均可流露出亲切的情感。如对行动不便的人的搀扶,重逢的友人紧紧地拥抱等。

4. **情爱性触摸** 情爱性触摸往往用于亲人之间、情人之间,其包含爱恋、恭敬、依恋、体贴等多种高级情感的体验。如孩子依偎着亲人,恋人间手挽着手等。

(二)触摸的作用

1. **有利于传递各种信息** 触摸有助于传递各种信息,可以加强语言表达的信息,可以表达语言所不能表达的信息。触摸可以减少孤独感,可以使不安的人平静下来。在重症监护病房,触摸可使与家属失去联系的患者感到医护人员就在身边,在关心照料他们;患者或家属痛苦悲伤时,轻拍其肩部或握住他们的手,表达出“我在关心你,我在支持你”,使对方感到安慰;搀扶患者前行时的触摸,表达出“我在帮助你”等各种各样的信息。

2. **触摸有利于儿童生长发育** 触摸有利于儿童的生长发育,如婴儿在成人的拥抱和抚摸中,能感受到温暖和安全,有利于其建立信任感,抚摸还能刺激中枢神经系统释放出促进生长的化学物质。常在母亲怀抱中的婴儿生长发育较快,睡眠好,很少哭闹,抗病能力强。研究发现,幼儿大多喜欢成人抚摸自己的身体,当成人以抚摸幼儿的头部作为奖励时,他们常常露出灿烂的笑容。

3. **触摸有利于改善人际关系** 在人际沟通过程中,沟通双方的触摸程度可以反映双方在情感上相互接纳的水平。人在身体触摸时情感的体验最为深刻,友善的触摸不仅能使个体心情愉悦,还能传递各种信息,被触摸者有种被慰藉感、舒服感和满足感。科学家帕斯曼等人通过严格的实验研究发现,个体不仅对舒适的触摸感到愉快,而且对触摸的对象产生情感依恋。

(三)触摸在康复治疗工作中的作用

1. **实施康复评定及康复治疗** 康复评定及康复治疗各种手法的应用主要是通过肢体接触来实现的,这种职业性触摸是康复治疗师完成工作的基础条件。

2. **心理支持** 触摸是一种无声的安慰和重要的心理支持方式,可以传递关心、理解、体贴、安慰等。可表达对患者的关怀,给予患者心理支持。例如,患者或家属悲伤时,康复治疗师握住他们的手或前臂,表示一种无声的支持。

3. **辅助治疗** 根据有关研究发现:触摸可以激发人体免疫系统,使人的精神兴奋,减轻因焦

虑、紧张而加重的疼痛,有时还能缓解心动过速、心律不齐等症状,具有一定的保健和辅助治疗作用。

(四) 触摸的注意事项

1. 根据不同的国籍、民族的礼节规范、交往习惯和社会文化背景,选择恰当的触摸方式,注意东西方文化差异,应尊重习俗、注意分寸。

2. 根据患者性别、年龄、病情等特点,采取患者易于接受的触摸方式,做到男女有别、长幼有别,尤其是同年龄段的异性之间应避免引起误会。

3. 根据沟通双方关系的亲疏程度,选择恰当的触摸方式,做到亲疏有别。

4. 根据情境、场合等不同的实际情况,采取不同的触摸方式。如患者在伤心难过需要安慰时,康复治疗师握住患者的手可以传递支持和安慰的信息,而如果患者在很激动时,触摸会让患者反感,起到相反的作用。

四、界域语言

界域语言(boundaries language)又叫空间语言,是通过人在交往时所处的位置距离及其变化,来传递信息,表情达意,沟通交流的一种无声语言。又分为距离语言(人际距离)和位置语言。

(一) 人际距离

人际距离(interpersonal distance)从狭义的角度来看,指交往双方在空间上的距离。是人际关系密切程度的一个标志,可以进行客观的观察和测量。

1. **人际距离与人际关系** 人们总是按照与他人的关系密切程度来调节彼此的距离,且有意无意地通过调节人际距离来表明关系的亲疏。关系越密切,距离越近,反之则越远。每个人都有一个自己的空间,体现对自己的保护和对他人的尊重,它向人提供了自由感、安全感和控制感,当此空间被侵犯,人的心理内环境的稳定状态遭到破坏时,就会让人感到不安、厌烦甚至愤怒。因此,康复治疗师尊重和恰当把握与对方的人际距离,对建立良好的人际关系有着重要作用。

2. **人际距离的种类及应用** 美国心理学家霍尔将人际距离划分为:亲密距离、私人距离、社交距离、公众距离。人际交往的空间距离不是固定不变的,它具有一定的伸缩性,这依赖于具体情境,如,交谈双方的关系、社会地位、文化背景、性格特征、心境及交谈内容等。人们在交往中要正确把握人际距离,防止因距离不当给对方造成困惑。人际距离的应用见表5-2。

表5-2 人际距离的应用

种 类	距 离	应 用 范 围	注 意 事 项
亲密距离	沟通双方距离在0~0.5m以内	关系亲密者,康复治疗师对患者进行各种康复评定及治疗等	只有感情非常亲密的双方才允许进入此距离。如果因空间狭小等原因不得已进入时,应做到不与他人目光接触,面无表情,尽可能减少身体动作。康复治疗师应向患者做好解释,以取得理解和配合
私人距离	0.5~1.2m	适用于亲朋好友、同事、医务人员与患者交谈时的距离	说话的声音应柔和、亲切,音量不宜过高,户外交谈时声音可提高
社交距离	1.2~3.5m	适用于正式社交和公务活动,医务人员讨论病案也常用	说话音量中等,对方能听清楚为宜,谈话内容不保密,注意目光的接触
公众距离	3.5m以上	公共场所保持的距离,常在作报告、演讲、授课时使用	讲话声音要洪亮,谈话内容不涉及个人隐私

(二) 位置语言

位置语言是通过人在交往时所处的位置及其变化来传递信息、表情达意的一种无声语言。巧妙运用位置语言,能畅通信息传播、协调人际关系,从而形成一个良好的情感交流氛围,促进双方的沟通与交流。如人们对位置的选择与彼此之间关系及沟通目的有关(图5-20)。

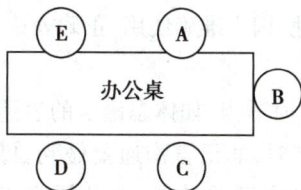

图5-20　座位关系表达的界域语

A与B的位置关系属于"汇报谈心式"界域语,通常适用于医护人员与患者之间的谈话或下级向上级汇报工作等。

A与E的位置关系属于"友好信赖式"界域语,可以用于关系密切的好友之间的谈话或上司与员工谈心等。

A与C的位置关系属于"防范竞争式"界域语,多用于人际关系紧张或谈判时。

A与D的位置关系属于"互不相关式"界域语,多用于公共场所,如图书馆、餐厅中的陌生人之间。

总之,康复治疗师在工作中应根据交往的内容、交往场合和交往对象选择适宜的界域语,以产生最佳的沟通效果。

五、副 语 言

副语言(paralanguage)是指人体发声器官发出的类似语言的非语言符号,它包括辅助语言和类语言两大类。人们常说:"听话听音,锣鼓听声",在人们相互交流中,辅助语言和类语言的运用确为双方的彼此理解提供了语言交往中所不能提供的含义。

(一) 辅助语言

辅助语言是指人体发声器官发出的伴随语词而出现的语速、语调、音质、重音、语气、节奏、停顿等。辅助语言可以表达许多情绪和情感,如人在兴奋、激动时,说话的语调会提高,语速会增快;而人在情绪低落时,则说话会有气无力,语调会降低,语速会变慢。同样的句子,因语调和重音的位置不同其语义大不相同,如"你能行"这句话,如果重音放在"能"字上,并用降调则表达肯定的语义,用来鼓励对方;如重音放在"行"字上,并用升调则表达否定的语义,表示对对方能力的怀疑。在医患沟通中,康复治疗师应注意观察患者交谈时的语气、语调等变化,将有助于通过声音来判断患者的情绪变化和需求,实施有效的沟通。

(二) 类语言

类语言即非语词声音,包括咳嗽声、呻吟声、叹息声、哭泣声、嬉笑声等,能够表达人们的情绪和想法。如爽朗的笑声是心情舒畅的表现,唉声叹气是心情不好的表现,呻吟声是疼痛和不适的表现,有意咳嗽则可能是一种暗示等。临床工作中,康复治疗师应注意患者发出的各种非语言声音的意义,及时全面获得患者有关疾病及心理活动的信息。

第三节　非语言沟通的基本要求及技巧

个体一旦进入患者角色,对自己的疾病及健康状况就会十分关注,特别希望得到有关疾病及康复方面的信息,对医务人员的一举一动等非语言信息异常关注,并与自身的病情相联系,所以非语言沟通在医疗服务工作中有着特殊的意义。在康复医疗环境中,康复治疗师与患者交往最为密切,所以康复治疗师应按非语言沟通的基本要求,恰当运用沟通技巧,充分发挥非语言沟通在康复治疗中的重要作用。

一、非语言沟通的基本要求

（一）通俗、准确

表情、眼神、姿态等的含义和感情色彩，有些是人们约定俗成的，有些则是特定情境规定的。所以它的使用具有一定的时空范围，同样的一个体态动作在不同的国家、不同的民族、不同的时代有着不同的含义。所以康复治疗师在与患者沟通时应因时、因地、因人准确使用，正确表达。

（二）协调、自然

受语言沟通制约的非语言行为，应该与口语表达协调一致、适时适当，如体态语言的表达与语言表达相互错位，用得太早或太晚，将不能起到应有的作用。同时，非语言沟通要做到自然、和谐。所以康复治疗师在与患者沟通过程中要保持非语言沟通的协调和自然，强化语言表达效果。

（三）自信、幽默

"自信是成功的一半""这个世界属于有信心的人"，这是成功人士在人生的道路上一再证明的事实。自信的人在沟通中表情自然，语言幽默，这种态度不仅可调节沟通气氛，还能熏染对方，使其产生愉快的情绪。康复治疗师自信、幽默给患者创造良好的沟通氛围，使患者心情愉悦、积极向上、热爱生活，增强战胜疾病的信心。

（四）适度、温和

非语言沟通要做到端庄、高雅，符合生活美学的要求，符合大众的审美心理，产生良好的沟通效果。康复治疗师在沟通时运用非语言沟通要适度，如动作不可过多，表情不可太丰富，动作、表情应温和，不可急剧突然变化；也不可在说话时没有一点手势、动作，面无表情，呆板无表现力。

（五）灵活、应变

在日常的人际交往或康复治疗过程中，往往会碰到一些意想不到的事情，或发言失态，或反应不如意，或者是周围环境出现了没有考虑到的因素等等，这时就需要运用非语言沟通来灵活应对，如不动声色应付尴尬，用体态语言来表达拒绝等。要做到这些，不仅要有善用沟通技巧的意识，更要努力实践，达到知行统一。

二、康复治疗工作中非语言沟通技巧

（一）控制表情

大多数非语言沟通具有潜意识性，是人的情绪情感的真实流露，人的喜、怒、哀、乐都可以从面部表情上表达出来，所以康复治疗师应时刻注意自己的面部表情，尽可能地控制一些会给患者造成伤害的表情，如不喜欢、厌恶和敌意等。同时要密切观察患者的表情，即便是像皱眉等瞬间即逝的微妙变化，都要捕捉住，明确其意义，尤其是当患者的语言与面部表情表达的信息不一致时，更要相信面部表情表达信息的真实性。

（二）善用目光

康复治疗师在与患者沟通中除适当的目光接触外，应坐在患者面前并保持眼睛和患者眼睛在同一水平，认真领悟患者眼神里所包含的服务需求。并通过眼神给患者传递关心和爱护。情于内而显于外，康复治疗师若对患者怀有真挚的情感待患者似亲人，目光就会把这种真挚的情感表达出来。

（三）勿忘微笑

在人际沟通中微笑是个法宝，应充分利用微笑的作用。在语言沟通中配合微笑会收到意想不到的效果。尤其是面对患有疾病，需要长时间康复的患者，康复治疗师保持微笑，能给患者带来阳光和力量。但微笑技巧的应用还要注意与沟通的情境、人物、事件相结合。

（四）美好的姿态仪表

患者周围的环境对其心理活动都会产生一定的影响,康复治疗师是与患者接触最密切、影响最大的外在环境之一。康复治疗师良好、积极的精神面貌会潜移默化地影响着患者。康复治疗师服装整洁、仪态大方、表情自然、精神饱满、充满活力,站姿挺拔、行姿稳健、坐姿端庄、蹲姿典雅,这些良好的仪表姿态,不但给患者良好的视觉感受,更能为患者提供正能量,熏陶感染患者,使其产生积极的情感。

（五）方法灵活

针对不同疾病特点的患者应选择不同的非语言沟通的方式,如偏瘫、脑瘫、截瘫等运动功能障碍性疾患的患者,病程长、恢复慢,当患者对康复产生灰心、不耐烦、怀疑等不良情绪和态度时,治疗师要让患者看到康复过程中的细微进步,用坚定的语气、语调,配合坚定的眼神,给予患者信心与勇气;对言语障碍患者更多采用手势等非语言沟通形式进行交流等等,达到因人而异、灵活高效的沟通效果。

学习小结

通过本章学习,了解到非语言沟通是指以仪表、动作、表情、姿态、语气语调、触摸、空间距离等非语词符号为载体进行的信息交流。相对于语言沟通而言,非语言沟通更能表达个人内心的真实感受,可表达个人很多难以用语言表达的情感、情绪及感觉,能够使沟通信息的含义更加明确、丰富、完整,沟通中大部分的信息和情感是通过非语言的形式表达的。非语言沟通有仪容、服饰、气味、环境、体态语言、人体触摸、界域语言和副语言等多种形式。康复治疗师应依据非语言沟通的基本要求,善于应用非语言沟通的技巧,在临床康复治疗工作中灵活运用目光、微笑、距离、仪态、触摸、语气语调等非语言沟通形式,并及时、有效地了解患者传达的非语言信息,掌握患者真实的心理感受,有针对性地为患者提供医疗服务。自觉养成正确使用非语言沟通的习惯和意识,与患者及家属进行有效沟通,密切医患关系,促进患者康复。

（吴　玲）

思考与练习

一、选择题

A1 型题

1. 私人距离是康复治疗师与患者沟通的最理想距离,它是指康复治疗师与患者沟通时双方相距大约为

  A. 0～0.5m   B. 0.5～1.2m   C. 1.2～3.6m

  D. 1.6～2.8m   E. 2～3m

2. 在人际交往中,适用范围最广的笑是

  A. 含笑   B. 微笑   C. 浅笑

  D. 大笑   E. 轻笑

3. 下列不属于非语言沟通的是

  A. 语调   B. 提问   C. 体态

  D. 触摸   E. 眼神交流

4. 对非语言沟通理解正确的是

　　A. 都是无声的 B. 都是无意识的 C. 可以是有声的

　　D. 在交流中不起关键作用 E. 都是有意识的

5. 非语言沟通的特点不包括

　　A. 真实性 B. 情境性 C. 广泛性

　　D. 短暂性 E. 连续性

6. 康复治疗师在表扬小患者接受治疗很勇敢的同时竖起大拇指,这是非语言沟通的哪项作用

　　A. 表达情感 B. 补充修饰 C. 调节作用

　　D. 强调目的 E. 替代作用

7. 当一个人的语言和非语言行为发生矛盾时,我们更倾向于相信非语言行为,这是因为非语言行为具备以下哪项特点

　　A. 多渠道 B. 多功能 C. 真实性

　　D. 情绪表现 E. 多种含义

A2 型题

8. 患者张大爷,80 岁。以卒中偏瘫入康复科治疗。请问:康复科的医护人员与张大爷进行非语言沟通不包括

　　A. 手势 B. 身体运动 C. 面部表情

　　D. 健康教育 E. 身体姿势

9. 康复治疗中心王主任在会议室里说话语速很快,音量很高,实习生小吴猜想王主任在发怒,传达此信息的沟通方式是

　　A. 需求沟通 B. 双向沟通 C. 副语言沟通

　　D. 书面沟通 E. 电话沟通

二、实践活动

　　主题:模拟非语言沟通在康复治疗工作中的运用。

　　实践情境:①与偏瘫患者的沟通;②与失语患者的沟通。

　　实践内容及要求:PT 师和 ST 师分别在给偏瘫患者及失语患者进行康复训练,在训练中与患者进行有效的沟通。要求学生在实践训练中要考虑患者的年龄、性别、病情等因素,正确运用体态语言、人体触摸、副语言等各种沟通方式及非语言沟通技巧,并遵循非语言沟通沟通的基本要求。注意观察患者体态语言所表达的信息。

　　实践方法:将班级同学课前进行分组,每组 8 ~ 10 人。首先小组成员设计具体情境、表演方案及台词,准备表演道具,分配角色等,然后每组进行模拟表演,其他同学及教师给予评价。

6 第六章

康复治疗工作中的沟通技巧

▶ 学习目标

1. 掌握：康复治疗工作中沟通的基本原则、沟通技巧；康复治疗患者身心特点及对康复治疗工作中人际沟通的影响；处理医患冲突的技巧。
2. 熟悉：人际冲突产生的原因、类型、处理技巧。
3. 了解：医患冲突的主要原因、分类、发展过程。
4. 能运用沟通技巧，避免冲突的发生。
5. 培养应用技巧，避免冲突发生的意识和在团队中相互沟通、协作的能力。

➕ 情境导读

患者为什么投诉小王

小王是工作刚满一年的康复治疗师，平时爱学习、爱钻研，但不太爱说话。前不久，病区里收住了一位左膝关节外伤手术后需康复训练的中年女性患者，该患者自受伤后，情绪时好时坏，容易发脾气。小王为她做肌力训练等治疗时小心翼翼，为了避免惹患者发脾气，小王能不说话就不说话，对患者的提问，回答也尽可能简单，对患者的要求也尽可能满足。某日早上，家属反映患者诉患肢疼痛，小王回答"知道了"，因为一会就要给患者做治疗，所以没进一步检查。半小时后家属再次反映患者疼痛难忍，此时检查发现患者患侧肢体肿胀明显。经外科会诊后确诊为"下肢静脉血栓形成"需要溶栓等治疗，存在一定风险。患者和家属认为小王耽误了病情，吵闹到医务科，要求赔偿。正当小王觉得患者胡搅蛮缠，为自己长期以来处处忍让患者感到委屈时，病区主任却不停地向患者和家属说"对不起"。小王觉得很不解，不知道自己错在哪里。

第一节 康复治疗工作中沟通的基本原则

康复治疗工作中，良好医患关系的建立，康复治疗工作的顺利开展与实施都有赖于有效的沟通。一般来说，要做到有效的沟通，必须遵循以下基本原则。

一、以患者为中心原则

以"患者为中心"，指在思想观念和医疗行为上，处处为患者着想，一切活动都要把患者放在首位。这要求康复治疗师在为患者提供医疗服务的时候，不仅考虑生物学的因素，还要考虑心

理、社会等诸多因素对患者的影响。具体表现为,在整个医疗过程中,不能把康复治疗过程简单地看作一种医疗技术行为,还要认真倾听患者的述说、关注患者的想法、尊重患者的需求,要对患者的不安及时做出反应,要理解患者的价值取向。这意味着,康复治疗师不仅要与患者保持密切的沟通,而且与患者的每一次接触都是双方真诚合作和共同努力的过程,在这个过程中,应一直将满足患者的需求放在首位。

二、互 动 原 则

任何诊疗过程都需要医患双方的共同参与和良好沟通。互动原则是指,在沟通过程中,沟通的双方或多方应当全部进入沟通系统和沟通角色,即沟通必须是信息发送者和信息接受者之间双向互动的交流过程,而不是单向或其中一方信息处于封闭或半封闭状态。康复治疗工作中,医患双方处于平等交流地位,康复治疗师要耐心听取患者的意见,要让患者参与到决策中来,要通过询问不断了解患者的病情和感受,要及时解除患者的疑虑;而不是强迫患者接受自己的信息,或人为地拒绝接受对方的信息。保持畅通的信息互动渠道,是有效沟通的前提。医患双方只有达成共识并建立信任合作关系,才能达到维护人类健康、促进医学发展和社会进步的目的。

三、鼓 励 原 则

生活中,我们需要别人的鼓励,也要学会经常给予他人赞美和鼓励。真诚的赞美和鼓励,是良好人际关系的助推剂,也会成为生活中的亮点。对患者来说,及时的鼓励,有助修复因病痛受伤的自尊,恢复自信。在康复治疗过程中,不要吝啬对患者取得的点滴进步的表扬,尤其是康复效果缓慢,康复周期长的患者,任何小的进步都来之不易,及时、真诚的鼓励对减轻患者患病后的自卑感,找回自我价值有很大的帮助,同时,来自于治疗师的表扬既是对患者前期努力的肯定,也是患者今后继续坚持康复治疗的动力。

四、关 爱 原 则

医患之间的沟通不同于一般的人际沟通,患者就诊时,总想着自己的病痛,是最不幸的人,特别渴望医务人员的关爱、同情和体贴,因而对医务人员的语言、表情、动作姿态、行为方式更为关注,更加敏感,总希望得到医务人员全部的关心。若康复治疗师因为患者的疾病是"常见病、多发病"而不以为然,简单了事,患者就会产生不安全感,对诊疗措施容易产生不信任,也为医患矛盾、冲突埋下隐患。关爱原则,要求康复治疗师在工作中将心比心,站在患者的立场上思考和处理问题,事事替患者着想,处处为患者考虑,做到及时为患者排忧解难。康复治疗师真情流露出来的对患者的关爱,是实现有效沟通的关键,也是建立和维系良好医患关系的纽带。

五、尊 重 原 则

尊重是指对人的尊敬和重视。医学服务的对象是具有尊严的人,这是人道主义思想最基本的内容之一,每一位康复治疗师都应该把"尊重患者"的思想内化于心、外化于行。医患交往中,彼此尊重、相互信任不仅是医患诚信交往的基础,也是化解矛盾、消除隔阂,维持融洽关系的关键。需要注意的是,尊重不仅是对患者人格的尊重,如礼貌待人、不说脏话、不做有损他人人格的事,同时还要尊重患者的权利,包括患者的知情同意权、诊疗决定权等。目前,院方在实施特殊检查、治疗前,在完全告知患者或患者家属,患者或患者家属充分理解基础上,让患者签署"知情同意书(informed consent form)",这种形式就是尊重患者自主选择权的一种体现。另外,对患者的尊重,还包括对其平等权利的认同,康复治疗师在任何时候、任何场合、任何事情上,对待患者,不论男女老幼、贫富差距、地位高低、权势大小、美丑智愚、关系亲疏等,都要一视同仁给予关

怀尊重,积极救治,尽心尽责。

六、诚 信 原 则

　　医患关系首先是一种道德与诚信关系,诚信是医患之间保持良好沟通的基础。为取得良好医疗效果,医患双方要在诚信原则下进行充分交流,最后达成双方满意的治疗方案。由于医务人员占有技术信息、医学资源的优势,所以应主动真诚地与患者沟通,根据病情为患者选择最佳的、最合理的医疗方案,告知利弊关系,用真诚的态度让患者有安全感,争取得到患者的理解、认可和积极配合。从患者角度,应视实际情况如实告知与病情相关的详细情况,积极配合医务人员的工作,确保治疗目标的实现。

七、目 的 性 原 则

　　康复治疗过程中,医患之间的沟通应围绕患者的康复过程展开,具有明确的目的性。首先是为了收集患者的信息,为分析诊断病情提供依据;其次为了指导患者进行治疗,了解患者的感受和治疗的效果,有助于治疗师和患者共同参与治疗方案的制订和调整;再次,为了及时了解患者的想法和顾虑,尽早排除影响康复的干扰因素。需要注意的是,在医患沟通过程中,康复治疗师应该避免为了个人利益或目的,与患者拉关系、套近乎的行为,这些都超出了医疗服务的范围。

八、连 续 性 原 则

　　康复治疗的连续性是疾病康复本身所具有的客观属性,要实现康复目标的不断完成,沟通作为康复治疗过程中重要的信息表达载体,也要保持连续性。连续性主要体现在以下三个方面:即沟通时间、沟通模式、沟通内容。时间上的连续性指的是医患双方应该围绕帮助患者不断康复的目的保持经常性、不间断的沟通,这种时间上的连续性有助于康复治疗师对患者全面情况的了解和掌握,有助于建立良好的医患关系,需要避免由于工作人员心情好坏导致与患者沟通的冷热不均;沟通模式上的连续性,即沟通方式、方法、渠道等方面要选择适合医患双方、沟通效率高的简捷模式,尤其考虑到患者的理解程度和习惯,尽量使用相同的沟通模式,有助于医患双方达成一种默契;内容上的连续性指沟通要围绕患者的康复目标逐渐展开,前后内容保持衔接,这要求康复治疗师对每位患者都有全面的了解,并为患者制订出个性化的中、长期康复治疗方案。

九、明 确 性 原 则

　　沟通的明确性原则是指在沟通过程中,沟通双方使用的语言、表达的方式能够彼此理解和接受,这时传递的信息才可以认为是明确的信息。因为只有明确的信息才能起到有效沟通的作用,所以在医患沟通过程中,一方面,康复治疗师要明确知晓患者所表达的信息,有时甚至需要反复核实;另一方面,也要让患者明确了解康复治疗师所表达的内容。因此,康复治疗师在沟通中要注意使用通俗易懂的语言文字,表达要简洁明了。

第二节　康复治疗工作中影响有效沟通的特殊因素

　　随着康复治疗的疾病结构逐渐向"慢性化、障碍化、老龄化"转变,康复医学的诊疗服务对象越来越具有多样化的特点,沟通的难度也会越来越大。很多因素会影响有效沟通的进行,既有来自沟通双方的个人因素,也有沟通环境或情境方面的因素,另外还与沟通方法和沟通技巧有关。康复治疗师在不断提高自身人际沟通能力的同时,还要不断了解康复患者及家属特有的、

常见的、可能影响到有效沟通的一些特殊情况,以便充分准备,因人而异地采用不同的沟通技巧和方法,确保沟通的有效性。

一、心理状态的特殊性

康复科患者的心理状态与其他临床科室的患者相比较有其特殊性。在康复科,有较多的患者是车祸、外伤、脑血管病变后留有残疾者,尤其是年轻患者,突然面对机体部分功能丧失、身体形象改变,心理常难以承受。所以康复科患者的心理活动较为复杂,很多患者出现抑郁情绪,焦虑、退化、依赖、自卑、认知错误、自我形象紊乱、人格改变等心理问题也很常见。由于不良心理活动的存在,不仅严重影响疾病的康复,也影响到沟通的进行。

因遭受突发事件受伤或重大疾病而致残的患者,心理变化过程常经历5个阶段:①第一阶段为休克阶段。患者在刚经历创伤的数小时至数天内,对巨大的打击没有明显反应,以沉默为主要表现,这个阶段的患者常不愿与人交往;②第二阶段为否认阶段。患者经历休克阶段后,由于创伤致残的打击超过自身的承受能力,对事实持怀疑和否定的态度,这是一种心理防御行为,持续时间数周至数月不等;③第三阶段为混乱阶段。患者意识到创伤和残疾存在的事实后,内心存在不满与怨恨,常迁怒他人,情绪波动明显,易冲动,也容易压抑;④第四阶段为对抗阶段。指患者在受伤后,出现的心理和行为表现上的倒退,表面上虽然接受了受伤或残疾的事实,但在心理上仍是消极抵触的,可以表现为治疗不主动,配合不积极,不愿尝试回归社会,不愿出院等情况;⑤第五阶段为努力阶段。患者内心接受了残疾的事实,开始珍惜生存的意义。这一阶段患者主动寻求帮助,积极参加康复训练,努力实现生活中新的平衡点。心理变化的这5个阶段常没有明确的分界,往往交叉出现。

同时需要注意,在康复治疗过程中,患者任何情绪波动,如处于高压力、愤怒、厌倦时,都可能出现词不达意、非语言行为过多、不想交流等情况,从而影响沟通的效果。康复治疗师不仅能满足于对患者身体的康复,还要通过察言观色,及时了解患者的心理状态,对不同患者使用不同的交流方式。如患者意志消沉、伤心的时候,康复治疗师首先要安抚患者;患者表现愤怒和不满时,不要抬杠,更不能轻易说"随便你""本来就这样"这类的话。治疗中,要不断观察患者的表现,避免患者带着不良情绪做治疗,否则,不仅效果不佳,有时甚至还会有危险。

二、功能障碍的特殊性

康复医学的服务对象主要是各类功能障碍者、老年人、慢性病患者、疾病或损伤急性期及恢复期患者、亚健康人群等。其中,有些患者的功能障碍可能直接影响到医患沟通的顺利进行。如各类中枢神经损伤的患者,在病情稳定后,很可能有不同程度言语、认知等方面的障碍,这样的患者常不能正常表达自己的想法,也不能很好理解医务人员的指令;又如,有的老年人伴有视力减退、听力下降等情况,这些都给康复治疗带来一定困难。对此,康复治疗师只有坚持"以患者为中心"的工作理念,因人而异地采取不同的沟通方式方法,才能确保医患沟通过程中,双方信息有效传递。例如,同样是指导患者进行肢体功能锻炼,与严重失聪的患者可以用手语交流;与儿童或者理解力较差的患者可以用图片为主的形式进行交流等。总之,康复治疗师要充分了解患者,努力使沟通交流变得通俗易懂、简单明了。

三、治疗周期的特殊性

康复治疗没有"药到病除"的治疗效果,有时患者虽然伤口愈合了或者病情稳定了,但康复仍需进行,而且多数情况下,短时间内康复治疗的效果并不明显。再加上康复患者有些患的是慢性病或老年病,这导致了康复治疗周期普遍会很长,甚至终身需要康复。漫长的康复过程容易影响患者的心理状态,有些患者怨天尤人、敏感多疑、爱挑剔、易激惹。这种康复治疗周期长的特点,一则要求康复治疗师不断跟踪随访,动态了解患者的康复进展情况,耐心解释,并多一些容忍;二则要求康复治疗师不断给予鼓励,让患者坚持康复;同时,也要求康复治疗师与患者建立并保持良好的医患关系,使患者在自我康复过程中遇到问题时能随时得到指导与帮助,让患者有安全感。

四、年龄结构的特殊性

康复患者的年龄层次跨度很大,从儿童到老年人都有可能。对不同年龄层次患者,交流表达方式不一样。如儿童的理解力要薄弱一些,用语言、文字的交流效果远没有图片、演示的交流效果好。老年人反应慢,但自尊心强、要求高、疑心较重,与这类患者沟通过程中,特别要注意遣词造句,要体现出对他们的尊敬和尊重,要尽可能满足他们对治疗的要求,如果因为特殊原因不能满足患者要求时,要及时、诚恳、耐心地做好解释工作。

五、患者家属心理活动的特殊性

一旦有亲人生病,患者整个家庭原有的生活、工作都会受到很大的影响,家属的心态也不断发生变化。在病变急性期,一般家属比较多地关注患者的生命,与医务人员沟通比较主动,从医行为较好。到康复治疗阶段,由于康复过程比较长,治疗费用不低,所以很多家属心理矛盾重重,一方面担心病情能康复到什么程度,需要多少费用,是否会人财两空;另一方面又希望自己的亲人能得到最好的康复治疗,尽快好起来。家属这种错综复杂的心理往往导致对诊疗要求比较高,对各项收费比较敏感,对康复效果容易产生不满。另外,患者的很多康复治疗需要家属的配合和帮助,在康复治疗的初期家属可能会完成得很好,但时间久了,家属由于工作忙等各种原因常难以坚持。在康复科,患者家属会承受着更大的压力,心理状态会发生变化,焦虑、烦躁等情绪时有发生。对患者家属诸如此类的表现,康复治疗师首先应予理解,而不是批评或嘲笑,并与其他医务人员一道耐心做好解释;同时对患者家属的一些实际困难提供力所能及的帮助。最终不但取得患者家属的理解与配合,还要调动患者家属的积极性,充分发挥家属对患者强大的支持作用。

六、最终治疗目标的特殊性

与内科、外科等其他科室不同,康复治疗的主要目的不是为了去除病因、纠正病理改变,而是针对患者或残疾者的功能障碍情况通过改善、适应、代偿和替代为主要特征的治疗,达到提高生活自理能力和回归社会的目标。这与过去"好死不如赖活"的观念有了本质的区别,残疾患者不再满足"活着",还要提高生活质量、实现自主生活,这对康复治疗提出了更高的要求。作为康复治疗师,首先要和患者一起制订合理的康复治疗方案;其次,要耐心指导患者进行康复训练;同时,在康复治疗过程中,要不断鼓励患者,肯定患者取得的进步,帮助患者树立康复的信心和勇气。

第三节　康复治疗工作中沟通的常用技巧

一、沟通中的一般技巧

(一) 认真倾听

倾听是良好沟通的开始,属于有效沟通的必要部分,也是医患双方沟通交流的必要条件。认真倾听患者的想法、意见、感受是获取患者信任的第一步,并且是避免矛盾冲突的关键环节。倾听的内容不仅是对方表达的词句,还包括说话时的语音、语调、语速及表情、手势等肢体语言所传递的信息。

倾听除了应用相应的技巧外,还要接纳对方,沟通双方是完全不同的两个人,其人生观、价值观、生活态度、生活方式等可能完全不同或差异很大,同时大多数患者本身缺乏医学知识,只有无条件地接纳对方才能很好地倾听。

(二) 适当回应

康复治疗师与患者交流过程中,除了认真倾听外,对患者传递的信息还应该做出适当的回应,起到双向互动的作用。若听的时候康复治疗师面无表情,毫无反应,患者感觉你没有听,很容易联想到自己的情况没有被重视,心里容易产生不满情绪,对康复治疗师给出的治疗方案也就容易产生质疑。"他都没听,这个方法对我有用吗?""他不了解我的情况,这个治疗会适合我吗?"这些都是患者内心的想法。当患者对康复治疗师的工作不再信任时,有效的沟通就无法实现。所以,适当的回应是保障沟通有效进行的一个重要方面,回应除了语言、眼神交流、点头等方式外,还包括对重要信息做好必要的记录或者重复确认,对不明白的地方及时询问、澄清等。

当然,也要避免过于迅速的回应。比如,患者刚讲了 2 分钟,立即告知患者"好,你再去做……检查",患者描述自己康复治疗过程,讲到一半的时候,"这个不行,你应该听我的……"。诸如此类的情况容易引起患者心理上的反感。

(三) 有效表达

康复治疗过程中,每项治疗都需要患者的配合,每项训练都离不开康复治疗师的指导,因此,每一次康复治疗都离不开医患沟通。但由于康复治疗对象涉及不同年龄、不同文化程度、伴有不同类型和程度的功能障碍,不同患者的理解能力有所不同,因此,在医患交流过程中,治疗师应尽可能地减少医学术语的使用,并且要把医学上的内容用通俗易懂、简洁明了的语言表达出来,避免向患者传递内容深奥、概念模糊、表述不清的信息。有时需要边演示边讲解,或者借用看图片、写字板、多媒体演播等方法,只有让患者明确治疗师所表达的注意事项和要领,才能开展有效的康复训练。为了确定患者是否真的掌握治疗要领,有时还需要通过让患者复述或者提问回答等方法加以核实。

(四) 细心观察

观察,指在医患交流过程中,康复治疗师要善于关注对方的非语言信息,即对患者的言辞、语气、表情、举止等的观察分析和判断。敏锐的观察能力是高效沟通的重要保障。从治疗开始到治疗结束,虽然康复治疗师和患者之间少不了语言交流,但由于患者性格不同,对医学知识掌握的程度不同,加上有的患者对康复治疗师不够信任,交流的内容又主要围绕患者的病情,所以仅仅语言交流并不能获得全部的信息。尤其是患者的内心世界,包括患病后的感受,对康复效果的满意度,对预后的担忧等,不一定都会直接表达出来。如有位下肢外伤后需做关节活动训练的李先生,某日训练时一反常态,主动肌力训练时动作迟缓,在被动运动训练时,面有难色。治疗师发现后,再三询问才知道患者昨日不慎摔倒扭伤了脚踝,患者因为担心影响康复治疗进程,加上缺乏急性期关节扭伤的处理知识,所以一直忍痛坚持。由于发现及时,治疗师为患者调整了方案,才避免了二次损伤。所以,细心观察,能帮助康复治疗师及时收集患者没有表达出来的信息;细心观察,也能让康复治疗师走进患者内心,进一步获得患者的信任,使沟通更全面有效;细心观察,更是康复治疗师为了确保患者安全而应尽的一种责任。

二、建立支持性沟通关系的其他技巧

(一) 支持性沟通的含义和基本原则

1. 支持性沟通的含义　通俗地讲,支持性沟通是沟通双方通过换位思考,各自站在对方的角度考虑问题进行沟通,这样有利于沟通效果的达成与问题的解决。支持性沟通能够帮助个人通过准确、真诚地描述具体事实的方式进行沟通,这种方式能够营造积极向上的人际氛围,从而逐步建立并维系良好的人际关系。

2. 支持性沟通的基本原则

（1）支持性沟通要有坦诚开放的心态：沟通双方坦诚真实地交流自己的想法，没有隐瞒和欺诈。它承认沟通双方观点的差异性，在尊重这种差异性的基础上进行有效的对话，充分尊重对方的观点，以换位思考的方式进行沟通。

（2）支持性沟通要对事不对人：它着重于分析和解决问题，关注点在于具体的行为或事件，关注这些行为或事件所传递的信息。不能对沟通双方进行人身评价，更不能搞人身攻击。

（3）支持性沟通要对具体内容负责：沟通中陈述的内容应是自己的观点，而不是转引他人、道听途说。在沟通过程中，如果将陈述归因于一些自己不能确定的因素，那么这样的沟通就无法对内容负责，会造成沟通中双方的距离与隔阂，双方产生不信任感，难以拉近彼此的距离。

（4）支持性沟通的陈述要具体明确：在沟通时，尽可能客观地描述具体的行为和事件，将事宜描述得越具体明确，对方就越明白问题的所在，也就更加容易理解沟通的意图，这样也更容易达成沟通的目的。在医患沟通时，康复治疗师要尽量少用"大概……""好像……"之类的模糊不清的描述，这样容易使患者对所述问题产生怀疑，使沟通出现障碍。

（5）支持性沟通要更加强调实效性：支持性沟通要形成双方互相理解、尊重和互信的氛围，从而更加有利于化解矛盾，解决问题，更容易实现沟通的目的。

（二）建立支持性沟通关系的其他技巧

康复治疗师与患者建立支持性沟通关系，应遵循支持性沟通的基本原则，除应用沟通中的一般技巧外，还应做到以下几点：

1. 充分准备　在工作场所，康复治疗师与患者的任何谈话都应符合职业标准的要求，因此，谈话不能太随意，一定要有所准备。有些话不能说得太直截了当，有些话必须找对时机。谈话越正式，准备要越充分。准备工作包括：全面了解患者的情况，明确谈话的目的，谈话中可能遇到问题的解答、交谈的方式，还包括交谈的环境、时间、对象等。在与患者交流分析病情的时候，由于医患双方对医学信息占有量的不对等，患者往往对康复治疗师的讲解很重视、很期待，若康复治疗师在表述时含糊不清、语无伦次、频繁使用专业术语，或者解释不清、回答不能让对方满意，则容易造成患者的误解和不信任，将影响到沟通的继续进行。

2. 尊重患者　人的内心里都渴望得到他人的尊重。由于病痛和功能障碍，患者内心往往有失落感，出于对自我的保护，对外界环境常常非常敏感，自尊心容易受到伤害。所以，康复治疗师考虑问题尽可能从患者角度出发，充分体现对患者的尊重，这将使患者有安全感，容易放下心理包袱，有利于配合治疗。医患双方传递信息过程中，有时需要中断患者的叙述，有时需要让患者明白自己的意图，在这种情况下，应采用灵活的方式。如，在患者一句话表述结束时，趁机说"您说的我都听明白了，有一定道理，我也有一个不错的主意，您听听如何？而不应直接插话打断对方，这样则表现出对患者的不尊重，会引起对方不满。另外，交谈过程中，患者对工作人员也会"察言观色"，所以康复治疗师也要注意自己的身体语言，要善于用表情、手势、眼神等向患者传递自己的真诚和对患者的尊重。同时，要灵活恰当地使用提问方法，如使用"开放式"提问，让患者能充分表达自己的想法、感受和意见，也表现出对患者的尊重。

3. 礼貌待人　礼貌待人，可以体现在很多方面，比如立即解答患者的问题，认真倾听患者的述说等。尤其是沟通开始时康复治疗师对患者的称呼，更能表达出康复治疗师的礼仪素养。合适的称谓，会让患者有宾至如归的感觉；相反，冷冰冰的直呼床号，会直接表现出对患者的不尊重。患者称呼的选择原则上要根据患者的身份、职业、年龄等具体情况因人而异，力求恰当；与患者谈及配偶或家属时，要适当使用敬称，以示尊重，并注意地域和文化背景。比如"小姐"一词，在不同地区有褒义和贬义不同的理解。另外还要注意的是，对治疗过程中患者的配合、理解也应自然地表示感谢，如做完一次治疗，及时对患者说一声"您做得很好""谢谢您的配合"，患者会感觉康复治疗师很亲近。俗话说"礼多人不怪"，康复治疗师对患者的礼貌和尊重其实也是

个人修养的重要体现。

4. 及时肯定 进行康复治疗的患者由于功能障碍、肢体残疾等原因常伴有焦虑、自卑等心理问题，这种消极的心理活动常会影响到患者进一步的康复。所以，在康复治疗过程中，治疗师要学会经常鼓励患者，及时肯定患者的表现。一方面，对患者取得的哪怕是很微小的进步都要适度地予以放大表扬，不断挖掘患者的内在动力，帮助患者树立自信心，使患者成为治疗的积极参与者。另一方面，在与患者的交流中，要善于用肯定性的文字语言，如"是的""好的""请继续"等，肢体语言，如点头、微笑等，鼓励患者及时表达自己的想法，有助于减轻患者对未来康复效果的担忧。

5. 经常性联络 由于康复治疗周期长，很多患者需要在家中继续康复训练，医患之间保持经常性联络显得格外重要。现代通讯工具的普遍使用，如移动电话、微信、QQ 等，使得这种经常性联络成为可能，康复治疗师更要定期主动与患者联系。一方面，通过经常性联络，增进医患双方的了解，有助建立良好的人际关系；另一方面，保持经常性联络，体现对患者的关心，有助于鼓励患者坚持康复训练，达到康复的最佳效果。所以，康复治疗师要定期主动与患者保持联络，真正体现以"患者为中心"的服务理念。

第四节 医患冲突的处理技巧

一、人际冲突概述

人际冲突(interpersonal conflict)，指的是在两个或者两个以上相互关联的主体之间，由于目标、态度、行为及价值观等方面的不一致而导致的争论或对立。是个体之间的一种紧张、不和谐、敌视，甚至争斗的状态。处理不当可以使人际关系恶化，人际沟通受阻。

人际冲突问题是普遍存在、无法避免的社会问题。现实生活中，每个人都有特定的信仰、需要和行为，不存在思想和行动完全一致的两个个体。个体之间的差异是产生冲突的基础，所以在社会生活中人际冲突永远存在。冲突本身不危险，危险的是冲突的后果。2004 年云南大学马加爵事件，整个事件的起因是不起眼的小事，而且发生在日常关系最好的朋友之间，实质就是人际冲突。但由于当事人不懂得如何处理人际冲突、不懂得与他人沟通，加上法律意识淡薄、不能自我控制情绪，结果用杀人来发泄私愤，导致悲剧发生。

(一) 人际冲突产生的原因

人际冲突产生的原因有很多种，主要有：资源不足、个体差异、沟通不畅、职责不明等。

1. 资源不足 社会资源有限，不能同时满足两个或多个个体的需求，这是引起冲突的重要原因。如晋升、提干、加薪、表彰等涉及个人利益的时候，冲突会更加明显。医院同样存在资源有限的情况，如床位数不够、专家数量少等情况，不能同时满足多个患者的需求，患者常要排队、等候等，这是引起医患冲突的重要原因。

2. 个体差异 指人与人价值观的不同、性格的不同、目标的不同、文化差异等因素导致冲突的产生。随着人类进入网络时代，信息量的迅速增加、信息传递的便捷正不断影响和改变着人们的生活方式和思想观念，人与人的差异越来越大，在新旧观念交替之间、文化碰撞之中，都可能引起冲突。典故"急惊风撞着慢郎中"生动描述了人的个性差异。

3. 沟通不畅 主要指交流过程中，各种因素导致双方信息传递不充分，如表达的信息较模糊，容易产生歧义；沟通过程中受情绪、时间、环境等因素的干扰，导致信息传递不全；接收者没有完全接受或者误解了信息的本意等情况，都会导致冲突的发生。

案例

经典的沟通障碍

缪先生请朋友聚会商议事情,到了约定的时间还有人没来,便说"该来的没来"。在座的朋友听见后,心中顿时感到不快,心想"该来的没来,那我们是不该来的了",于是,一部分来了的朋友起身离席了。

缪先生见后,立即说"不该走的走了",结果剩下的客人中,又有人坐不住了,"走了不该走的,那我们这些没走的倒是该走了"。缪先生赶紧喊住"我不是叫他们走哇!"这时,剩下的最后一位非常生气"那就是叫我走了!"结果客人都走了。

4. **职责不明** 在组织环境中,每个人扮演不同的角色,每个角色都有不同的职责要求。若实际表现与角色职责要求差距很大,就会引起冲突。比如到商场购物,人们期待营业员态度和蔼、耐心解答,若是遇到态度恶劣、服务不周的营业员,双方就可能发生冲突,结果原本购物的欲望都放弃了。在医院看病治病,如果医务人员职责不明确,相互推诿,"把麻烦留给患者,把方便留给自己",让患者承受痛苦,同样是引起冲突的常见原因,还会加深医患矛盾。很多医院里推行"首问负责制",明确了接待患者的第一位工作人员的职责,目的是减少患者的周折,保障患者的安全,让患者满意。

知识拓展

首问负责制

首问负责制是指患者或办事人(以下简称办事人)到医院来看病办事时,第一个被询问到的工作人员(以下简称首问人)要礼貌待人,并负责答疑解惑。办事人提出的办理事项属于首问人职责范围的,首问人应当及时办理,耐心、周到地解答有关询问。办事人提出的办理事项不属于首问人职责范围内,但是属于本院职责范围内的,应主动告知有关科室,必要时应为办事人联系有关科室和人员。办事人提出的办理事项不属于本院职责范围内的,首问人应当耐心解释,并尽自己所知给予指引和帮助。

"首问负责制"的实施,使很多不熟悉医院环境及就诊流程,尤其是老年及行动不方便的患者,减少了很多周折,提高了办事效率,保证了患者的安全,提高了患者的满意度。是一种体现"以患者为中心"的优质服务。

(二)人际冲突的类型

人际冲突有不同的分类方法,根据冲突的实质,人际冲突可分为两种类型:建设性冲突和破坏性冲突。

1. **建设性冲突** 也称积极冲突。主要特点是:①冲突双方为了同一个目标,共同关心目标的实现;②冲突双方彼此愿意了解和听取对方的观点和意见,表现出积极的态度,不伤感情;③冲突双方有争论,但以问题为中心来互相交流意见,对事不对人;④冲突的结果,往往会提高彼此的责任感和参与意识,激发双方的主动性和创造性。

2. **破坏性冲突** 也称消极冲突。主要特点是:①冲突双方目标不一致,并都坚持自己的观点;②冲突双方都不愿听取对方的观点和意见,甚至相互排斥,相互交换的信息越来越少,甚至完全停止;③冲突双方常不以问题为争论的中心,逐渐演化为对人的攻击;④冲突的结果,往往关系破裂、两败俱伤。

实际工作中,两类冲突常互相作用,混淆在一起,需要注意的是处理两类冲突的方法有很大

的区别。处理前者着重问题的解决，如采取合作与谈判的方式，有利于增进冲突双方的利益；而对待后者则强调修正冲突双方的观点，着重和谐人际关系的建立。总而言之，人际冲突可能带来彼此关系的紧张和压力，当事人会经历失望、气愤等负面情绪。但如果能够及早妥善解决冲突，不仅能减少负面情绪，也能促进双方需求的满足。

（三）人际冲突的处理技巧

处理人际冲突的方法因人而异，如有的选择强制手段，有的采取回避方式，效果会迥然不同，但每一种方法都有优缺点。冲突发生后，冷静分析，正确判断，选择适合的方法，以化解冲突为目的，将有助于修复人际关系，有助于提高彼此的社会适应性。

1. **澄清**　有时人际冲突的发生，常常不是因为双方真的有很大的意见分歧，而是双方对同一问题的认知有差异。因此，在刚刚意识到冲突存在的时候，双方就要通过反复沟通来相互理解对方的意思，尽量缩小认知上的差距，澄清误会，最后明确问题的实质。

2. **让步**　即放弃自己的观点或利益，满足对方的意愿。让步有助于维护双方的关系，化解矛盾。在冲突双方力量悬殊的时候，处于弱势的一方选择这个方法是比较理智的。

3. **合作**　是指冲突的双方愿意共同了解冲突的内在原因，交流双方对冲突的看法，能够换位思考，彼此理解对方的需要，共同寻求冲突的解决途径，最后达成双方都能接受的结果。合作是一种双赢的策略，当双方都不愿妥协，必须找到解决办法时，这是比较积极的一种态度。

4. **回避**　是指在冲突发生后，行动上和思想上都退出冲突。由于冲突双方个性、价值观等方面有显著差异造成的高度情绪化的冲突，可以使用这种办法，暂时搁置，避免冲突升级，等待合适的处理时机。如果有第三方出面协调冲突时，采用暂时回避，也有助于双方冷静下来，恢复理性思考；如果冲突的内容或争论的问题微不足道或只是暂时性的，不值得耗费时间和精力，回避也是可取的。

5. **妥协**　这是最常用的解决冲突方法之一，指冲突双方力量大致相等时，为尽快解决矛盾，双方都做出让步，达成共识的方法。妥协着眼于冲突的感情面，并没有解决冲突的根源问题，所以起到的效果常常只是临时性的。

6. **强制**　是指冲突中，较强势的一方，为了满足某个目标，不顾及对方的感受，强制实施单方的意愿。这是一种单赢的策略，结果为强势一方的目标达到了，但容易引起另一方的不满甚至憎恨。常用在紧急事故发生，保护自己不受他人伤害的时候。

上述各种处理冲突的方法本身没有必然的好坏、对错之分，每种处理方法都有其适宜使用的情境和条件。善于使用各种冲突处理的方法是冲突管理的重要环节和手段。根据具体情况灵活使用不同的方法，不仅能降低冲突的破坏性，还能促进冲突建设性作用的发挥，有助于良好人际关系的建立。

二、医患冲突的原因、分类和过程

医患冲突（doctor-patient conflict）是医患双方，主要是患者一方，在诊疗行为过程中，为了自身利益，对某些医疗行为、方法、态度、后果等方面与医务人员存在认识、理解上的分歧，与医务人员保持对立的一种状态。

近年来，各地医患冲突案件不断增加。有些地方医患矛盾急剧升级，医患之间的冲突常变成一场两败俱伤的对抗，甚至演变为暴力事件，严重影响社会稳定。

（一）医患冲突的原因

当前，造成医患冲突的原因是复杂的。在市场经济条件下，很多因素会促成医患矛盾，包括法律上的、医疗体制方面的因素，与医务人员的责任心、服务态度、技术水平相关的因素，也不能

排除有一些百姓的误解、舆论界的误导等原因。概括起来,冲突的主要原因大致来自社会、医疗机构和患者三个方面。

1. 来自社会方面的原因 比如,政府对医院的投入不足,医疗资源不平衡,导致看病难;又如全民医疗保险体制还不健全,导致看病贵,甚至有人住不起医院;再比如现有保障机制不完善,目前处理医疗纠纷方面的法律、法规尚不够健全,医疗鉴定周期长、费用高,患者及家属难以维权;另外,公安机关在处理医患纠纷引发的群体性事件中,调查取证难,处罚缺乏针对性。同时,媒体负面炒作的影响,对医患关系的紧张起到了推波助澜的作用。

2. 来自医疗机构方面的原因 ①医院管理存在薄弱环节。如规章制度执行不严,造成差错事故发生;技术水平低下,造成误诊误治;某些医务人员服务态度恶劣,存在话难听、脸难看、事难办现象等等。这些因素不仅导致医疗质量存在隐患,也使患者不满情绪增加,是造成医患之间冲突发生的重要原因。②医患沟通不够。如果医务人员对患者的处境感同身受,把患者担心的事情讲清楚、说明白,让患者放心,取得患者的信任,医患之间紧张的关系自然也能得到缓解。有统计表明:在已经发生的医患纠纷中,由于医患沟通不够引起的冲突约占总量的半数以上。③医务人员服务不到位。在医疗活动中,部分医务人员依然将疾病放在第一位,过分依赖诊疗仪器和设备,各种辅助检查多,却忽视患者的心理感受,缺乏对患者的关心;还有的只注重自己医疗技术水平的提高,忽视了人文知识的学习,服务意识淡漠、工作责任心不强。

3. 来自患者方面的原因 主要有以下几方面:①对医务人员的不信任。随着社会上信任危机的出现,患者对医务人员常抱有不信任的态度,但生病后又不得不求医问药,所以经常以挑剔的眼光看待医务人员的一切,容易引起冲突;②部分患者认识上存在误区。有些患者将就医行为简单理解为商品买卖行为,无视医疗工作是高技术、高风险和有诸多不确定因素的一门科学;③有些患者对医疗期望值过高。错误地认为花钱看病就应该治愈;也有的听信他人误导,认为患者有意外就是医院的责任,根本不听医务人员关于病情变化、发展的解释;④动机不良。部分患者发现问题后不听解释,不与医务人员沟通,而认为将问题舆论化、扩大化,大闹医院,就可以迫使医院做出让步,从而得到高额赔偿。甚至因此还产生了一类特殊的人群——"职业医闹",专门制造医患冲突来寻求经济回报。

（二）医患冲突的分类

1. 以损害结果的性质分类 依据《医疗事故处理条例》中医疗事故的标准,将医患冲突的性质分为医疗事故类和非医疗事故类。前者指医疗机构及其医务人员在医疗活动中,违反医疗卫生管理法律、行政法规、部门规章和诊疗护理规范、常规,过失造成患者人身损害的事故。

2. 以冲突产生的原因分类 分为医源性和非医源性两大类。前者指的是由于医疗一方原因引起的冲突,又可分为医疗过失类和服务缺陷类。非医源性冲突指的是由于患者一方缺乏医学知识,对医院规章制度不熟悉,理解不准确等原因引起的冲突,包括动机不良引起的冲突。

（三）医患冲突的过程

任何冲突的出现都有一个渐进的过程,并不是凭空突然产生的,医患冲突同样如此。按冲突发生的一般过程,从潜在到公开,大致可以分为以下四个阶段。

1. 潜在阶段 在这个阶段,只是出现了双方意见潜在的不一致或者对立,有可能激化为冲突,也有可能被及时化解。在医患之间医疗信息不对称、医疗资源缺乏等情况下,医患之间沟通不足,彼此信息不畅是发生冲突的最重要危险因素。

2. 感知阶段 当冲突一方或双方意识到彼此间差异的存在,冲突就进入了感知阶段。受到

当事人个性、主观经验、价值观等因素的影响，在这一阶段，不同的当事人选择会不一样，有的可能会采取行动进行调查，找出问题的存在；也有的可能选择忽视冲突的来源，顺其自然发展。通常认为越早采取积极行动，就越有可能防止冲突发展到下一个阶段。

需要注意的是，不是每一个冲突都能被及时感知。如，有位康复治疗师为一位女性患者做推拿，手法较重。患者由于担心治疗师误会，所以一直忍着痛没说，但每次做治疗时全身肌肉紧张、双眉紧锁。某天治疗师在康复治疗工作中随意说了句"我已经为你做了好几个疗程，怎么效果还是不明显？"这位患者听后误认为治疗师在责备她，想想平时自己如此配合，顿时委屈地哭起来。一旁家属很不理解，非找该医生讨个说法。显然，原因在于这位治疗师，因为不善于观察，因此不能感知到冲突的存在；因为不善沟通，伤了患者的自尊心。这个例子同时说明沟通能力、观察能力是确保医疗服务质量的关键能力。

3. **明朗化阶段**　冲突在这一阶段，双方不仅意识到冲突的存在，还伴有较多的情绪反应，如紧张、生气、害怕、担忧等。此时，由于冲突双方已经明确了冲突的对象、内容和目的，所以常本能地和对方划清界限，并为自己应对冲突做各种准备工作。当事人常回忆起第一阶段或第二阶段里的种种细节，并对其做出进一步的分析与说明；彼此都希望明确到底为什么会发生冲突，冲突的主题是什么以及二者的利害关系，都试图找到有利于自己的解决的方法。冲突到这个阶段，需要医院管理者介入冲突的处理过程，常会选择谈判、协商等途径。

这一阶段，由于医疗工作的复杂性和诸多的不确定因素，医务人员往往会有较多顾虑，如担心冲突带来的不良影响等，因此常在选择公开面对冲突还是回避冲突之间犹豫不定。选择公开面对冲突是一种很危险的抉择，它会使冲突迅速升级并转化为显性冲突，直接进入冲突的下一个阶段；回避冲突尽管不能解决冲突，但至少可以避免短时间内矛盾的激化，尤其是还没有做好应对准备时，是较理智的选择。

4. **公开阶段**　即冲突的爆发，包括双方的活动、态度和反应等等。通常患者一方向当事人提出不满，在沟通、协商未果的情况下，为了自身权益和当事人发生争执。这个阶段的表现可以从轻度的意见分歧、言语不和，发展为挑衅性的人身攻击、财产破坏。在冲突爆发的过程中，任何不良言行对冲突双方而言都是一个刺激，医务人员要保持沉着冷静，理性对待。

冲突的发生发展一般要经历上述四个阶段，但这也不是绝对的。冲突的产生和发展过程受到各种主客观因素的影响，如双方沟通良好、积极协商，则冲突可能提前结束。

三、医患冲突的处理技巧

根据医患冲突的发展过程，要尽早识别冲突的存在，并根据冲突不同阶段的特点，尽快解决。一旦医源性冲突发生，就不仅仅是当事人个人的事儿，与科室、医院密切相关，需要医院相关部门管理人员的支持和参与。所以在处理医患冲突的过程中，要学会按章办事，并运用好冲突的处理技巧。

（一）不和患者对质，给患者申诉的机会

冲突刚刚爆发的时候，患者及家属的情绪常处于比较激动的状态，这时不要和患者对质争辩，给患者申诉的机会。因为，这时和患者论理，对方一般听不进；其次，患者本来就感觉受到了不公平的对待，医务人员的对质，会使患者的自尊心受到更大的伤害。此外，如果医务人员有过错存在，这种争辩对质容易被看成是一种狡辩，只能使患者更加愤怒。

（二）真诚沟通，界定问题

冲突发生后，要以真诚的态度与患者及家属及时沟通，做必要的解释，消除认知差异造成的

误解,主动询问对方的想法,明确冲突的原因。谈话时,特别要注意语言、语气和肢体语言使用的得体。找到问题所在后,要敢于直面问题,告知患者医院管理方面对此类问题的处理流程,让对方感觉到解决问题的诚意。

(三) 及时报告,寻求帮助

当发现患者及家属对医疗服务质量不满意或持有异议时,当事人第一时间应向上级领导或主管部门反映或报告。一方面,可以寻求帮助、获得支持,另一方面有利于上级部门尽早了解情况,通过全面分析,找出解决冲突的合理办法,把握冲突解决的最佳时机。因为害怕,隐匿不报,常导致事态扩大,当事人承担的后果也会更加严重。

在向上级部门报告的同时,要注意相关证据的收集,做好原始资料的保管,同时保持与患者一方的沟通,对患者的疑惑及时做好解释,以积极的态度控制事态的发展,防止矛盾激化。

(四) 按章办事,妥善解决

医患冲突发生后,患方一般会提出一些要求。对此,首先可以进行医患双方协商调解;调解不成的,医患任何一方均可向卫生行政部门提出处理请求。卫生行政部门受理后会指派专人妥善保管原始资料,封存有关医疗物品,组织工作人员展开调查,并形成文字材料。经调查研究后,卫生行政部门会给出处理意见,一般会组织医患双方再次协商调解。协商不成,需要进行医疗事故技术鉴定的,由双方当事人共同委托负责医疗事故技术鉴定工作的医学会组织鉴定。如对鉴定结论不服,可申请复议和上一级鉴定,卫生行政管理部门和医疗单位根据鉴定结论和有关法规及制度做出相应处理。如果患者一方对处理结果仍不服的,可以向当地基层人民法院提起诉讼。其中,双方自行协商、请求卫生行政部门处理都不是必经程序,患者或家属也可直接向法院提起诉讼。

若患方不申请鉴定、不起诉、也不协商,而是试图通过采取"医闹"等行为达到某种目的,对正常医疗秩序构成不良影响的,可以依照卫生部、公安部《关于维护医疗机构秩序的通告》,上报卫生、公安等部门进行处理。构成犯罪的,可以依法追究刑事责任。

总之,医患冲突处理过程中,必须以有关法律法规为基本准则,遵循公开、公平、公正、及时的原则,以保护医患双方的合法权益,维护医疗秩序的稳定,保障医疗安全为目的。冲突双方应坚持实事求是的态度,主动沟通,积极协商,促使冲突合理解决。

学习小结

通过本章学习,了解到在日常康复治疗工作中,要使医患沟通持续有效,首先要遵循沟通的原则,其中最重要、也是最基本的是以患者为中心原则、诚信原则、关爱原则和鼓励原则。由于康复治疗患者与一般医疗对象不同,具有一定的特殊性,因此,还重点学习了康复治疗患者在生理、心理、治疗周期、治疗目标等方面的特点以及有可能对医患沟通产生的影响,进而提高康复治疗工作中医患沟通的技巧。在人际冲突方面,学习了一般人际冲突产生的原因、类型和处理技巧;了解了医患冲突的主要原因、冲突过程和医患冲突的处理技巧。通过上述内容的学习,首先明确了在康复治疗工作中人际沟通的重要意义和特殊性;其次,掌握了一定的沟通技巧;最后,学会了如何避免医患冲突的发生,以及冲突发生后进行有效处理的方法和技巧。

(吴立红)

思考与练习

一、选择题

A1 型题

1. 俗话"不打不相识"说明了什么观点
   - A. 人与人之间会有冲突
   - B. 人与人之间的冲突会很严重
   - C. 人际冲突有时会增进相互的了解
   - D. 只有通过打架才能认识对方
   - E. 人与人之间是通过打架认识的

2. 冲突发生后,首先要做的是
   - A. 合作
   - B. 妥协
   - C. 回避
   - D. 沟通
   - E. 与患者对质

3. 冲突发生的原因不包括
   - A. 个体差异
   - B. 妥协
   - C. 资源不足
   - D. 沟通不畅
   - E. 职责不明

4. 康复治疗患者常因为身体有残疾,容易产生一系列心理问题,但不包括
   - A. 消沉
   - B. 自负
   - C. 焦虑
   - D. 易激惹
   - E. 自卑

A2 型题

5. 老刘和老张今天都按医嘱预约 B 超检查。下午老张发现自己比老刘预约的要晚一天,很不满意。医务人员了解情况后,立即和 B 超室联系询问情况,原来当天预约 B 超检查的人数已经很多,老张是位糖尿病患者,为避免老张空腹等待时间太长,特别安排在晚一天比较前面的位置。听到解释后,老张满意了。为避免冲突发生,医务人员用了什么方法
   - A. 让步
   - B. 澄清
   - C. 回避
   - D. 妥协
   - E. 强制

6. 刘老太因为走路时感觉关节疼痛到医院就诊,医生建议做 X 线摄片检查,结果在门诊部,刘老太走了一圈都没找到拍片的地方,找工作人员询问,回答说"不知道"。刘老太觉得工作人员缺乏热情,你认为该工作人员最缺乏
   - A. 责任心
   - B. 沟通能力
   - C. 医术
   - D. 尊重
   - E. 耐心

7. 老张明日要进行左侧股骨头置换术,今天下午老张和家属被请到医生办公室谈话。谈话过程中,主治医生说明了手术的目的、风险和注意事项等内容,最后要求患者与家属在一张"手术知情同意书"上签字,这遵循了下列哪个原则
   - A. 目的性原则
   - B. 明确性原则
   - C. 尊重原则
   - D. 连续性原则
   - E. 关爱原则

8. 老张是一位肱骨外上髁骨折术后,肘关节功能障碍的患者,前 3 次都是王治疗师给老张做关节松动术,但今天王治疗师有事不在,当班的治疗师小张接待了老张,治疗快结束的时候,小张告诉老张,以后做治疗还是找王治疗师比较好。从沟通角度,这符合哪个原则
   - A. 明确性原则
   - B. 患者为中心原则
   - C. 关爱原则
   - D. 诚信原则
   - E. 连续性原则

二、实践活动

1. 小组讨论:以小组为单位,首先小组内每个组员互相分享与自己有关的印象最深刻的冲突,然后讨论发生冲突的原因,找出一些共同点。

2. 角色扮演

案例情境:老张,70 岁,行人工股骨头置换术后 1 周,害怕疼痛不敢运动。康复治疗师小王正要指导患者进行关节活动。小王应如何与患者进行有效沟通,劝说患者进行训练?

实践方法:将班级同学分组,以小组为单位进行角色扮演,然后同学互评,评选最佳沟通小组,最后由老师进行点评。课后形成实践报告,总结实践体会。

第七章

康复治疗师与患者的沟通

学习目标

1. 掌握:康复治疗师在首次接触患者及康复治疗过程中的沟通技巧;与脊髓损伤、抑郁、儿童、老年、疼痛、感知障碍、烦躁患者的沟通途径及技巧。

2. 熟悉:脊髓损伤、抑郁、儿童、老年、疼痛、感知障碍、烦躁患者的沟通特点;康复健康教育中的沟通技巧。

3. 了解:康复健康教育的概念、意义和内容。

4. 能应用沟通技巧在不同的情境下,与不同患者进行有效的沟通及进行康复健康教育。

5. 自觉培养积极与患者沟通,建立良好医患关系的职业习惯;在沟通中体现出对患者的关心、爱护和尊重。

情境导读

康复治疗师给了我信心

患者,乔某某,女,51岁,英籍华人。一次不小心滑倒,跪在地上,当时左膝关节疼痛、肿胀,X线显示"左侧髌骨裂纹",回家后静养一个月。一个月后外出办事,再次滑倒。X线显示"髌骨粉碎性骨折",在当地医院行手术治疗,"用钛合金钢针内固定",左侧下肢用石膏外固定,卧床8周后,取下外固定,膝关节屈曲受限(35°角),给工作和生活带来极大不便。后通过朋友了解到此病可以康复,于是入康复科康复治疗。康复治疗师进行全面查体,制订康复计划,实施康复治疗。但在治疗过程中,由于患者心理活动消极,睡眠障碍、悲观失望、自我评价下降、自信心丧失,有自卑感和无用感,配合程度不够,导致治疗进程缓慢。康复治疗师与患者进行了多次沟通,打开了患者的心结,积极配合治疗,最后痊愈出院。该患者出院后分别用中文和英文写感谢信:"一次意外使我饱受伤腿之痛,心存致残之忧,幸遇康复治疗师。他不但治好我的腿,更治疗我的心。是康复治疗师给了我新的生命和生活。康复治疗师手巧,嘴更巧!"你能知道康复治疗师是如何打开患者心扉的吗?

第一节　康复治疗师在治疗工作中与患者的沟通

康复治疗是一个漫长的过程,康复治疗的效果不仅仅取决于康复治疗师,而是康复治疗师与患者及家属共同努力的结果。在这个过程中康复治疗师和患者以及家属之间的沟通至关重要。

一、康复治疗师在首次接触患者过程中的沟通

（一）做好沟通前的准备

康复治疗师在首次接触患者前，要详细了解患者的一般状况，如姓名、年龄、文化程度、职业、兴趣、爱好、宗教信仰、家庭成员及经济状况、病史等，做到心中有数，成为良好医患沟通的第一步。

（二）主动与患者打招呼

康复治疗师首次接触患者，应主动与患者打招呼，礼貌、恰当地称呼患者，如称呼老年患者为"李爷爷、王奶奶、王老、李老"；中年患者为"阿姨、大伯、王老师、李律师"等；称儿童患者为"小朋友、小弟弟、小妹妹"等；记住并重复患者的姓名；言谈唤起患者的共鸣；这些均表现出对患者的尊重，使患者内心产生亲近感，有利于建立良好的医患关系。

（三）给患者留下良好的第一印象

康复治疗师首次接触患者，应服饰整洁、举止端庄、面带微笑，主动向患者及家属进行自我介绍，包括姓名、职称或职务、责任和义务，使患者感到被尊重和重视；其次，向患者和家属介绍规章制度、治疗环境、训练器械、治疗手段及注意事项等；使其对新的环境不再产生陌生感和恐惧感。交流中应让患者感到康复治疗师强烈的职业责任感和良好的职业素养，从而对治疗师产生信任感，缩短与患者之间的心理距离，产生沟通的愿望，为康复治疗的顺利进行奠定基础。

（四）充分了解患者的病情及康复愿望

康复治疗前，对患者发病的情况做全面的多层次的分析，以便有针对性地寻求与患者沟通的渠道、方式和方法，构筑在康复训练中出现各种心理问题的应变途径。如，了解患者发病时间及症状，患者对康复治疗的愿望，对康复效果的期望值，对康复训练的认知程度，对康复训练的要求与顾虑，对所存在的功能障碍的了解及顾虑，对康复治疗及训练方法的接受程度，对并发症或疼痛的心境反应，对医院及治疗师的印象等。由此来确定患者的心理及需求状况，然后根据患者不同情况，制订个体化的、有针对性的有效沟通计划。

（五）尊重患者的权利

康复治疗前，充分尊重患者的知情权、选择权。根据不同的对象，进行有选择的告知，向患者讲解疾病的发生、发展、转归及康复训练的重要性和艰苦性等。使患者对疾病及康复训练有正确认识，可在训练中最大限度地发挥患者及家属的积极性，增加患者对康复治疗的依从性和对可能出现问题的承受能力，使训练计划得以顺利实施。

二、康复治疗师在康复治疗过程中的沟通

（一）沟通的过程

康复治疗师是康复治疗计划的制订者和实施者。实施康复治疗计划，使患者最大限度地恢复健康，需要康复治疗师每天为患者进行康复训练。这样康复治疗师每天都有与患者单独相处的时间，为康复治疗师在给患者进行治疗的同时与患者进行有效沟通创造了有利条件，也是康复治疗师与患者及家属进行沟通的最主要的时机。与患者及家属的沟通伴随着康复训练的整个过程，一般分为训练前沟通、训练中沟通、训练后沟通三个阶段。

1. 训练前沟通

（1）亲切、礼貌地称呼患者：康复治疗师应仪表端庄、态度热情、礼貌称呼、尊重患者，让患者感到康复治疗师的热情、友善。

（2）耐心解释：康复治疗的效果与患者的配合密切相关，康复治疗师耐心解释本次治疗的目的和意义，争取患者的配合，提高患者对康复治疗的知情程度，是减轻患者焦虑情绪的重要手段。

（3）简要介绍:简要介绍训练步骤、患者在康复训练过程中的感觉和可能产生的不适,并说明配合方法,让患者心中有数。

（4）做出承诺:康复治疗前,治疗师真诚地做出承诺,使患者相信,康复治疗师将用熟练的治疗操作技术,最大限度地发挥治疗功能并减轻患者的不适,使患者有安全感。征得患者同意后再准备治疗操作。

2. 训练中沟通

（1）在具体康复训练过程中,治疗师边操作,边指导患者配合的方法。如给患者做上肢训练中,指导患者放松,闭上眼睛深吸气等;询问患者有无不适;仔细观察患者的表情反应;对于患者的感受给予重视,并视情况做出相应调整。

（2）恰当使用语言,转移其注意力,也可围绕患者最关心的问题进行交流。如在肩手综合征患者的上肢训练中,患者疼痛明显,为转移患者的注意力,可与患者这样交谈:"听说您是音乐爱好者,年轻的时候还是位小有名气的男中音呢! 您能跟我说说您参加过的音乐比赛吗?"又如,对有焦虑情绪的患者,治疗师为减轻患者的焦虑,可以与患者这样交谈:"您昨晚睡得怎么样? 不用想太多,这个时期好好配合康复训练,每天吃好、睡好、训练好就可以了,过一段时间就可以走起来。"

（3）使用鼓励性语言,增强其信心。如在捡木钉训练中,患者手指出现联合屈曲,联合伸展,这时鼓励患者说"太好了,您真棒,再来一次,能做得更好!"

（4）根据选择的项目,对患者进行适当的扶助。如在患者行走训练中,康复治疗师扶助患者的手臂,使患者产生安全感。

（5）告诉患者如何对待或避免不适。如在给肩手综合征的患者进行关节松动训练中,教给患者放松的具体方法,可以减轻疼痛感。

3. 训练后沟通

（1）询问患者的感受及有无不适。如:膝关节屈曲障碍患者,做完 PT 训练后,可这样询问患者:"您现在感觉怎么样? 膝关节还疼吗?"

（2）观察是否达到预期的效果。如肘关节屈曲受限患者,做完 OT 训练后,用量角器测量肘关节的角度,观察进步情况。

（3）致谢并鼓励患者。如"谢谢您的配合,今天您能自己站起来了,再加把劲,明天会比今天更好。您今天表现非常好,送您一朵小红花。"

（4）交代训练后的注意事项。如对膝关节屈曲受限的患者,PT 治疗后,嘱患者用冰袋冷敷膝关节,减少副损伤,减轻疼痛。

（5）简单介绍下次训练安排。如在站立训练后,表扬患者,并做下次训练安排:"王大爷,您今天表现很好,下一次就可以训练走路了。"

（6）询问患者有无其他需要。如"王先生,您对今天的训练还满意吗? 您还有其他要求吗?"

（7）耐心回答患者及家属提出的问题。如家属问:"我们可以带他进行行走训练吗? 康复治疗师:"着急了,我能理解。但现在不可以,因为还不具备行走条件,走早会出现偏瘫模式的,多做些基础训练,等条件具备我们就开始行走训练,请您放心。"

（8）辅助患者回到病房。

（二）康复治疗工作中沟通范例

病例:张某,男,42 岁,脑外伤后左侧肢体活动不灵活,烦躁,坐立不能。左侧上下肢肌张力高,伴有肩痛。

1. 训练前沟通

康复治疗师:"张叔叔,您好! 这次我们来进行肩关节松动训练,肩关节松动训练的目的是扩大肩关节活动范围,提高日常生活能力。在训练过程中您会有不适或疼痛的感觉,若出现不

适或疼痛,可以深呼吸或放松,不适或疼痛就会减轻。希望您能与我配合,我保证动作轻柔,尽量减少您的不适。"

患者:"好的,王医生,我肩很疼,我紧张。"

康复治疗师:"您是有点紧张,我能理解,肩痛是脑外伤后合并症。开始会疼痛的,不过,只要您按我要求的去做,肩痛很快就会减轻的。"

患者:"那好吧,我尽量配合你。"

2. 训练中沟通

康复治疗师:"张叔叔,请您放松,深吸气、再缓慢呼气,好,再来一次。"(治疗师用手把肩胛骨托出,再做大范围运动)。

患者:"这样做不疼。"

康复治疗师:"好,放松,我再将活动范围扩大些"(康复治疗师嘱患者放松,活动范围逐渐增大)。

患者:"不行,我疼,我忍受不了了。"

康复治疗师:(暂停片刻,一边抬起患者上肢,一边嘱患者做深呼吸动作)"您深吸气,放松,还疼吗?""好,随着我的劲儿抬起上肢,再来一次。马上就好,再坚持一下,控制一分钟,好的,就这样,再控制一分钟,好的,您配合得真好,今天送给您一朵小红花。"

3. 训练后沟通

康复治疗师:"非常感谢您的配合,现在您感觉怎么样?"

患者:"肩还是有点疼,还有点紧张。"

康复治疗师:"噢,您还有点紧张,我能理解。今天刚做第一次,随着治疗次数增多,肩疼会逐渐减轻的。您今天表现得非常坚强。"(康复治疗师一边轻轻拍拍患者肩部,一边帮助患者穿衣服)"您现在需要稍休息一下,不要动了。下次治疗是明天上午 10 点,您要在明天上午 10 点之前,去一趟厕所,喝点水,把衣服穿好,来到大厅在这张床这儿等我来做治疗。您有什么问题吗?"

患者:"还做其他什么准备吗?"

康复治疗师:"来大厅时带瓶水,以免治疗时间长口渴。"您还有什么不明白的吗?"

患者:"没有了。"

康复治疗师:"回到病房后,肩胛骨部位用小枕头垫起。您还有什么需要吗?"

患者:"没有了,谢谢你。"

康复治疗师:"不用谢,没问题我给下一位患者做治疗去了,明天见。"

三、康复治疗师在康复健康教育工作中的沟通

(一)康复健康教育的概念

健康教育是通过信息传播和行为干预,帮助个人和群体掌握卫生保健知识,树立健康观念,自愿采纳有利于健康的行为和生活方式的教育活动与过程。康复健康教育(rehabilitation health education)是指对特殊人群,带有伤、残、病的患者,在疾病的康复阶段时进行的康复医学理论、知识、技能的教育。同时与对普通人群进行疾病预防,增进健康的教育,共同构成了康复健康教育完整的概念。

康复治疗师有责任将康复健康教育贯穿于患者从入院到出院的各个环节,使健康教育与系统的康复治疗相结合,教给患者及家属有关康复医学的理论、知识和技能,使其能正确对待残疾、病痛,减少心理负担,重塑自尊、自强,调动主观能动性,积极主动配合和参与康复治疗的全过程,减轻并发症及二次损伤的发生,增强患者自我意识,同时提高患者的生活质量。康复健康教育的对象应包括患者及患者家属。

（二）康复健康教育的意义

1. 康复健康教育是医疗工作的重要组成部分　随着医学模式的发展及对健康观念的转变，在促进医院的服务模式从单纯的医疗型向医疗、预防、保健、康复和护理相结合型转变的过程中，康复健康教育越来越发挥重要的作用。康复健康教育成为医疗护理工作的重要组成部分，也是医疗护理工作的重要环节。它是使健康者保持健康、患病者恢复健康、伤残者最大限度的功能恢复及临终者得以安宁死亡的一种获取相关疾病康复及预防知识的教育工作，是在一个理论及教育框架下指导人们更好地自我护理和保健的过程。

2. 康复健康教育是康复医学中重要治疗手段　康复健康教育是一种康复治疗方法，尤其对康复知识缺乏，不知道如何进行康复治疗的患者，通过康复健康教育，明确康复的意义和目标，学会康复训练的技巧，促进康复；再者，脑血管意外引起的伤残患者，癌症术后需要康复训练的患者等，不但要对其进行康复训练指导教育，同时让其明确疾病与知识缺乏、不良的生活方式及不良的心理活动状态密切相关。要治疗这些疾病，最根本的方法就是建立良好的生活习惯，加强锻炼和保持积极健康的心态。因此，对患者进行康复健康教育就成为解决这类问题的方法之一。

3. 康复健康教育是密切医患关系减少医疗纠纷的重要纽带　康复医学是在医疗服务中医患互动最多的医学，患者与康复治疗师构成了一对关系，医患关系是整个康复治疗过程中最重要的成分。调查表明，许多医疗纠纷都是由于医护人员没有主动细致地向患者解释他们所关心的医疗护理问题，造成患者或家属不满意而引发的。通过康复健康教育不仅可以让患者及家属了解康复治疗的目的、意义和方法，同时还可以取得患者对医护人员的信任，密切医患关系。必要的康复健康教育能使患者在一种人道、开放、坦诚的境况下接受治疗，是对患者的尊重，也促使医护人员树立崇高的职业道德和职业形象。

4. 康复健康教育是降低医疗费用，提高医疗设施利用率的有效途径　许多国家的研究都已表明：对患者开展健康教育对节省医疗费用开支有很大的作用。在我国目前需康复的患者多、床位少，住院难的问题仍没有得到很好的解决。如能很好地开展康复健康教育，就可以大大降低患者的住院日数，提高病床周转率，减少慢性病患者的重复住院率。这样，医院就可以扩大服务容量，提高医疗设施的利用率，降低医疗费用，提高患者的满意度。

（三）康复健康教育的内容

1. 教育目标　患者及家属能了解、认识康复医学的理论及技术；患者和家属都能掌握康复治疗程序及康复治疗中注意事项；患者及家属都能积极参与到康复训练中；患者学会自我健康的维护，为回归家庭及社会，提高生活质量奠定良好的基础。

2. 教育内容　康复健康教育的内容比较丰富，包括患者安全措施指导，饮食指导，体位指导，肢体训练指导（如肢体关节被动、主动运动，跪位、坐位、站立训练，翻身训练，平衡功能的训练指导等），感觉训练指导，辅具的使用方法指导，排泄异常的照护，沟通能力训练指导，认知功能障碍训练指导，日常生活自理能力训练指导，并发症理论知识教育，患者家属配合、辅助训练指导，心理健康教育，居家照护指导，用药指导，随访时间、联系方式介绍等。

（四）康复健康教育对康复治疗师的要求

1. 具备丰富的知识及继续学习的愿望和能力

（1）康复治疗师必须具备与疾病康复相关的专业知识和技能，如康复医学、临床医学、基础医学、护理学、药学、营养学等。

（2）康复治疗师必须具备与医学相关的学科知识，如社会医学、行为医学、教育学、心理学、法学、哲学等。

（3）康复治疗师必须具备与健康教育相关的知识，如健康教育方法、教育计划的制订、教育效果的评价、医患沟通技巧等知识。

由于康复健康教育起步较晚,目前康复治疗师对康复健康教育的认识不深,康复健康教育实践开展得还不尽如人意。所以,康复治疗师应进一步学习,不断提高,终生发展。

2. 具备健康教育过程中的沟通技巧

(1) 了解患者心理需要,正确把握沟通时机:患者入院后由于病痛、环境和人际关系的改变等原因,一般会出现焦虑、恐惧等不良情绪,沟通态度容易受这些不良情绪的影响,而且不同患者在住院的各个时期对健康教育的需求也不尽相同。如新入院的患者最想知道自己的康复治疗师的水平如何;重症患者最想知道疾病的康复效果会怎么样。所以康复治疗师应根据患者的心理需要,把握最佳时机,进行有效的健康教育。

(2) 尊重患者,恰当运用非语言沟通的方式:健康教育过程中虽然康复治疗师处于沟通的主导地位,但不可以以救世主的姿态对待患者,应表现出对患者的足够尊重和理解。沟通过程中应保持面带微笑,与患者有适当的目光接触,倾听患者的诉说,重视患者的反应。

(3) 了解患者,根据不同的对象选择不同的沟通方式:与文化层次较低的患者沟通时,语言应通俗易懂,尽量避免使用医学术语;与文化层次较高、有医学常识的患者沟通时,可结合其职业特点适当应用医学术语,也可用数据、统计资料予以说明;与性格开朗、外向的患者沟通可直截了当;而对性格内向、疑虑较重的人则应避免其敏感点,多以间接的方式进行疏导;新入院及伤残的患者,容易产生焦虑和恐惧的情绪,应耐心听取患者的诉说,多关心患者,取得患者的信任,通过有效的沟通使患者消除顾虑;长期住院康复效果不明显的患者容易产生悲观的情绪,康复治疗师应多用肯定性的语言,鼓励患者增强信心,战胜疾病。

3. 具备良好的人格魅力　由于康复治疗的长期性,康复治疗师与患者之间会建立比较稳固、长期的治疗关系,在医患长期的互动交往中,康复治疗师对患者会产生极大的影响,这种影响是潜移默化的。身教重于言教,康复治疗师积极向上、朝气蓬勃、开朗沉着、坚持耐心等良好的人格会感染、熏陶患者,使患者对康复充满信心。相反,康复治疗师消极冷漠、心不在焉、缺乏信心等人格会给患者带来不良影响。

(五) 常见康复健康教育示例

沟通案例:腰椎骨质增生患者的健康教育

王某,男性,48 岁,大学文化,科研人员。临床表现:腰腿酸痛,下肢麻木,有时影响走路。伴有走路姿势不正确。

1. 健康教育计划

(1) 教育目标:消除紧张心理,纠正不良行为,保持正确姿势和体位。

(2) 教育内容:①良好的饮食习惯及正确的生活方式;②正确的姿势和体位。

(3) 教育方法:①口头宣教;②演示技巧;③推荐阅读保健书籍。

2. 康复治疗师针对患者的生活习惯进行的健康教育的沟通过程

康复治疗师:"王先生,您好,看起来您气色不错,入院后腰部还疼痛吗?下肢麻木再没有发作过,是吧?"

患者:"是的,好多了。听说我这病饮食上也有要求,是吗?"

康复治疗师:"是的,我正想和您聊聊有关您的一些生活习惯的问题。在饮食方面不宜吃寒性食物,宜多吃核桃肉、枸杞等补肾食品。要戒烟,并要控制体重。注意避免久坐,特别禁忌长时间打麻将,像您这样长时间伏案工作者,每间隔 1 小时,都要适当地活动腰背部。"

患者:"哦,这么多要注意的问题。不过,你刚才说到每间隔 1 小时要适当地活动腰背部,好像有点难以做到,因为工作起来就忘记时间,有时累了,或一段工作完成了,才想起来,可是时间已过去好几个小时了。真没办法,唉!"

康复治疗师:"我能理解您所说的情况,尤其是像您这样事业心和责任感强的人。不过,您想啊,良好的工作状态,都是建立在身体健康的基础之上的,尤其是像您这样的科研专家。您现

在住院了就当给自己放一段时间的假,调整一下自己,待痊愈之后,回到家中和工作岗位上,一定记住,有个健康的身体才能很好地完成工作,您说是不? 这不是不让您工作,而是适当地放松,不要等感觉累了再休息。工作是永远也做不完的,要学会爱护身体,您说是吗?"

患者:"你说得很有道理,我会尽力调整的。谢谢你!"

康复治疗师:"不用谢! 除此之外,还有要注意的问题,如:要预防外伤,在改变体位时动作要慢;可适当地进行锻炼,少量多次,动作要缓慢;避免弯腰搬运重物,适当减轻劳动强度,注意劳动姿势;睡硬板床休息,可减轻疼痛;注意腰部臀部保暖,防止受凉,尽量避免感冒;睡前坚持用热水泡脚至发红。"

患者:"好的,谢谢! 那我可以自己进行运动训练吗?"

康复治疗师:"可以的,自己运动训练很重要。您可以进行腰部自我保健训练,如上下肢对角线训练;燕飞训练或四点撑躯干牵拉训练。"

患者:"好的,麻烦你了! 请教我一套腰部保健训练的具体方法吧。"

康复治疗师:"好的,那我就教您一套训练方法……,希望您能完全掌握。"

患者:"好的,谢谢!"

康复治疗师:"白天可以戴个腰围,对腰部起到保护作用。"

患者:"好的,谢谢! 还有其他方法吗?"

康复治疗师:"有,也可进行推拿治疗,局部热敷或洗热水澡对缓解疼痛也很有帮助。也可采用低频脉冲治疗仪治疗,或外用筋骨宁贴敷剂治疗。日常生活中时时处处给予腰部最好的照料。"

患者:"我知道了。真谢谢你这么耐心地告诉我这么多。"

康复治疗师:"应该的,您来复述一下,我看您记住了没有。"

患者:"好。避免久坐……"

康复治疗师:"好,您的记忆力真不错。一定要按照所说的去做。还有什么不清楚的,欢迎随时来问,我也会随时来看您的。谈了这么长时间,您一定累了。好了,您休息吧。祝您早日康复!"

第二节　康复治疗师与特定患者的沟通

一、与儿童患者的沟通

(一) 儿童沟通特点

1. **不能清楚准确地表达信息**　不同年龄阶段的儿童因受发育水平的限制,尚不能清楚地用语言来表达自己的需要,如 1 岁以内的婴儿,语言发育尚处于理解阶段,主动语言比较少;1~2 岁儿童开始能用语言进行表达,但常有吐字不清楚、用词不准确、重复字较多的现象,不仅自己表达不清,也使对方难以理解;3 岁以上儿童,可通过语言并借助肢体动作,形容、描述某些事情,但容易夸大事实,掺杂个人想象,缺乏条理性、准确性。因此,儿童不能或不能完全通过语言进行沟通。

2. **沟通的过程和效果受影响**　在个体出生后的前几年内,依照不同年龄,分别以直觉活动思维和具体形象思维占重要地位,对事物的认识、对问题的理解有一定的局限性,直至学龄初期,才逐步过渡到以抽象逻辑思维作为主要的思维方式。学龄儿童逐步学会正确地掌握概念,组成恰当的判断,进行合乎逻辑的推理,尽管如此,仍具有很大成分的具体形象性。因此,儿童时期对问题的理解、认识、判断、分析的能力较成人差,沟通过程中信息的编码、译码的过程受到影响,从而影响沟通的过程与效果。

（二）与儿童患者沟通的途径与技巧

1. 主动介绍 初次接触时主动向患儿及其家长介绍自己,亲切询问患儿的名字、年龄、学校或幼儿园等患儿熟悉的生活与事情,可缩短与患儿及家长的距离。同时鼓励患儿自己做介绍或提出疑问,并给予鼓励和表扬,激发患儿沟通的积极性。

2. 使用恰当的语言方式 康复治疗师与患儿沟通时需了解不同年龄阶段的儿童语言表达能力及理解水平。对幼儿可仿童腔重叠词、"牙牙语"等;在谈话中,尽量不用"是不是""要不要"等模棱两可的语言;不用否定的方式,而采用其能理解的肯定的方式,如儿童对"拿笔画画"的建议能愉快地采纳,而对"不能咬笔"的劝告则可能持反抗态度。使用儿童熟悉的词语,适当使用鼓励性、解释性、安慰性、赞美性语言,如:"你做得真不错,再用力会更好""没问题,不用过于担心"等,解除患儿的顾虑,调动患儿的积极性。必要时用图片和演示来代替语言沟通对患儿来说是很好的选择。

3. 真诚理解 对患儿某些幼稚、夸大的想象、分析,应采取诚恳态度,表示接受与理解,不能以此作为讥讽、取笑患儿的话题,而失去患儿的信任。此外,当患儿出现叙述不清、语句不连贯等情况时,康复治疗师在认真倾听的基础上,要加以分析,了解其中含义,不随意打断患儿的谈话,在交谈中适时帮助患儿修正词句,澄清事实,以获得准确的资料。

4. 恰当使用非语言沟通 非语言沟通对语言表达或理解能力差的患儿尤为重要。如康复治疗师和蔼友好的微笑,亲切轻柔的抚摸,都能给患儿带来心灵上的慰藉,使患儿感到安全与舒适。

（1）注意副言语的运用:与患儿交谈时应注意语气、顿挫、声调、音量、速度的应用。稍慢的速度、适当的音量、亲切的语气能引起患儿的注意与反应。同时在谈话中稍加停顿,给患儿理顺思路的时间。

（2）亲切和蔼的面部表情:在与患儿交谈中,亲切和蔼的面部表情表现出对患儿关爱的情感,它有助于患儿消除紧张情绪,增加交流的主动性。如恼怒或快乐、软弱或坚强、振奋或压抑的面部表情,有意无意地表现出来,都会对患儿的情绪产生影响。即使是不会用语言进行表达的婴儿,若看到对方表情严肃地面对自己时,也会很紧张,甚至啼哭。与患儿沟通时,要保持良好的情绪,面带微笑,缩短与双方感情上的距离。

（3）亲切的抚摸:对婴幼儿来说,抚摸是更有利于情感交流的形式,可以利用怀抱、抚摸向婴幼儿传递"爱"的信息,婴幼儿也从中感受到对方的"爱",得到心理上的满足。

（4）恰当的姿势:在交谈过程中,可将身体下蹲,保持和儿童相似的高度,以利于平等交流。

知识拓展

与患儿沟通小口诀

走近患儿笑一笑,患儿话题唠一唠,
患儿额头摸一摸,患儿小手握一握,
生活不便帮一帮,良好表现夸一夸。

5. 游戏 儿童以游戏表达他们对家庭、社会的感受,发泄自己的情绪。在医院,与患儿进行适当的游戏可很快缩短康复治疗师与患儿间的距离,促进相互了解;通过游戏康复治疗师可以评估患儿的认知状况,进行相关的干预和评价;通过游戏可减轻由于疾病和住院对患儿产生的压力;同时,在治疗性的游戏中,康复治疗师可教育、鼓励、帮助患儿,使之消除因住院和疾病导致的不良情绪。

6. 注重与患儿家长的沟通 通过与患儿家长的沟通不但可获得患儿大部分信息,还可借助

家长促进与患儿的交流,并给家长提供放松其紧张、焦虑情绪的机会,使患儿及其家长能够保持情绪稳定,安心接受治疗。在与家长沟通中,应注意倾听,善用共情,充分理解家长。例如当儿童患病时,家长常有内疚、苦恼、焦虑的心理,这些情绪同样也可引起患儿的不安。因此应及时与患儿家长沟通,沟通时应注意信息的负荷,避免加重家长的焦虑情绪。

7. 正确告知　有针对性地与患儿和家长进行有效沟通,告知有关疾病的康复治疗计划及疾病的防治知识。但这些信息应与医生、护士的意见一致,避免他们由于对疾病缺乏认识而盲目恐惧、紧张和焦虑。

二、与老年患者的沟通

病例分析

绝望的李大爷

李大爷,73 岁,退休干部。于入院前晚 8 时左右,出现头晕,右侧肢体活动不灵活,言语含糊,头部 CT 显示"左侧基底节出血约 20ml"。诊断为"脑出血"入当地医院治疗。经脱水、止血等保守治疗病情稳定后入康复科进行康复治疗。患者意识清晰,发音含糊,情绪低落、沉默寡言。患者住院前身体硬朗,自己管理家务,生活规律,每天去老年俱乐部活动,热衷社区服务活动。老伴身体不好,不能常到医院陪伴。儿子在外地,为不影响其工作,未告知病情。常听人说"老年人 73、84 岁是个坎",这次生病住院自认为命不长久。又听同病房的陪护人员讲:"脑出血十人患病九人瘫,此病麻烦。"想到自己以后凡事需人照料,觉得活着没意义了,感到很绝望。

分析:针对李大爷的心理活动状态,你如何与其进行有效的沟通?

(一) 老年人沟通特点

1. 信息接受速度减慢　随着年纪的逐渐增加,老年人视觉、听觉等各种感觉功能均渐进性减退,使老年人接受信息的能力减弱、速度变慢,所以老年人对对方所给予信息的反应速度不及正常人或年轻人快。

2. 信息编码和译码速度减慢　老年人机体功能老化,各种慢性疾病明显增多,如高血压、脑供血不足等各类心血管疾病和各类神经系统疾病都可引起记忆力减退、注意力不易集中、思维缓慢,而记忆力下降和思维速度减慢直接影响老年人对某些信息的记忆和回忆,影响信息的编码和译码过程,从而影响沟通效果。

(二) 与老年患者沟通的途径和技巧

1. 重视沟通语言的设计

(1) 选择适当的语言沟通的方式:对于性格外向的老年患者,可多用口头语言进行沟通,而对性格内向而且识字的老年患者则可结合书面语言的方式进行沟通。

(2) 合理设计书面语言:使用书写方式与老年患者沟通时,可应用与背景色对比明显的大体字;对重要名词,使用语言系统辅助说明;尽可能使用非专业术语;运用简明的图表、模型或图片来解释必要的过程;设计问答的方式或特殊案例来表明医疗信息;写明治疗后注意事项或健康维护行为;运用核对标签,如在小卡片上列出每日该做的事,并且贴于常见的地方。

(3) 选择双方都理解的词语:尊重老年患者的文化背景和语言表达习惯,尽量用老年患者能理解的语言传递医疗信息。

2. 增进语言沟通效果

(1) 适宜的称呼:要以适宜的称谓称呼老年患者,要有尊敬之意,如"刘老、王老",或是"爷爷、奶奶"等。

（2）恰当应用交谈的起始语：多用表示征询的话语展开谈话，如"您可以告诉我您现在想什么吗？""您今天想谈些什么呢，由您做主好了"等。

（3）调整交谈的速度：交谈语速要和缓，给老年患者提供足够的时间理解信息和做出反应。

（4）恰当使用沉默：沉默可给予老年患者思考的时间并提供心理支持，在沉默时用鼓励的眼神或表示了解地点头或握住老人的手；当老人叙述结束时，可回答："是""我了解""还有呢""嗯""但是"等，等待老人再说话；重复老人最后说的话或其中几个字，表示还要继续下去。

（5）语句简洁：与老年患者沟通时，语句应简短，一次交代一件事情，以免信息的混淆。

（6）必要的重复：对重要的事情，有必要重复交代，直到老人理解、记住为止。必要时可用书面记录提示或告知家属，协助老人完成。

（7）使用全名或增加相关说明：与老年患者语言沟通时，尽量使用全名或增加相关说明，避免代名词、抽象语句或专业术语。

（8）使用非语言方式增加效果：与老年患者沟通过程中，可多运用非语言形式回答老人，如点点头或拍拍对方肩膀以表示认同或支持，并能适时吸引老年患者对沟通者的专注力。

（9）应用肯定性、鼓励进一步沟通的语言：与老年患者沟通时可用一些鼓励进一步沟通的话题，如："非常好的见解，您打算怎么去做呢？""您对这件事的看法如何？为什么您会这样想？""您再多谈一点好吗？……对呀！然后呢？"当老年患者表达出不恰当或不正确的信息与意见时，千万不可辩白或当场使他困窘，不要坚持沟通信息传达清楚方才罢休。

3. 耐心倾听　①与老年患者沟通时，要保持倾听的有效性。即保持对老年患者所叙述的话题有兴趣，并使脑、眼、耳同时作用的听，对偏离主题的漫无边际的叙述或在老年患者语速较慢的情况下，不要表现出不耐烦，要耐心倾听，并适时拉回主题。②倾听时要用语言和非语言进行反馈，面部表情要平和，也可适时夸大面部表情以传达惊喜、欢乐、担心、关怀等情绪和情感。

4. 恰当应用非语言沟通　非语言沟通对于逐渐发生认知障碍而越来越无法表达和理解谈话内容的老年人日渐重要。

（1）触摸：每个个体都有被触摸或去触摸他人的需求，而每当伤心、生病或害怕时特别需要温暖而关爱的触摸，尤其当年老又逢丧失家人或生病濒死时，更需要触摸。但对老年患者触摸时要注意：①尊重老年患者的尊严与其文化背景，如检查涉及老年患者的隐私时，应事先得到老年患者的允许；②触摸应采用渐进式，如从单手握老年患者的手到双手合握老年患者的手；③根据老年患者的面部表情和触摸的部位是松弛或是紧张，身体的姿势是退缩的向后靠背，还是接受的前倾，来对触摸进行调整；④恰当掌握触摸的部位：触摸最常用的部位依次为双手、手臂、上臂与肩膀，要避免不适宜地拍抚头部等让老年患者感到不适应和不接受的触摸；⑤搀扶老年患者的手臂；⑥学会接受老年患者用抚摸康复治疗师的头发、手臂或脸颊来表达谢意。

（2）手势：当老年患者无法用语言清楚表达或康复治疗师的意图不能被患者理解时，可用手势辅助表达。如模仿洗手、刷牙、梳头、吃饭、喝水等日常功能，来传递相应的信息。

（3）眼神：有认知障碍的老年患者往往对所处的情境难以正确的认识，所以与老年患者沟通时应与老年患者有恰当的目光接触，或提供简要的线索，必要时正面触摸老年患者以唤起老人的注意力。

（4）恰当姿势：与老年患者沟通时，应采用适当的姿势，以提高视听功能与开动脑筋。与以轮椅代步的老年患者交谈，康复治疗师注意不要附身或利用轮椅支撑身体，应该适时坐在或蹲在旁边，与老人双眼在同一水平线，以利于平等的交流与沟通。

5. 关注老年患者的情绪　沟通过程中，要善于观察老年患者的表情、语调、姿态等所传达的情绪内容，如焦虑、愤怒、紧张、沮丧等，应给予理解并用语言引导、疏泄，如"我理解您此时的心情，您能告诉我为什么紧张吗"等。适时提示老年患者想表达却回想不起来的句子，若他因此而不悦，则结束或改变话题。

6. 尊重老年患者　被人尊重包括被人认可、受重视、有一定的地位和尊严,有好的印象和受人爱戴、得到良好的待遇等。老年患者对尊重的需要更为迫切。因为老年患者难以创造社会价值,社会交往能力降低,甚至失去家庭的帮助,会经常感到不被尊重的威胁。故此,在与老年患者交流时,首先要尊重他们,主动打招呼,细心听取意见,尽力帮助解决所提出的问题。想办法克服交流中的障碍,使老年患者感到受重视,帮助他们树立自信心。

7. 提供服务　老年患者因身体机能的衰退导致生活自理能力降低,加之疾病的困扰,使他们在住院过程中需要比一般患者更多的照顾。康复治疗师在为患者做康复治疗之余,为老年患者提供服务会进一步增加医患间的理解,为沟通和交流建立良好的基础。如,在康复治疗过程中,患者咳嗽,口中有痰,治疗师拿面巾纸给患者擦完,扔到纸篓里。这么简单一个动作,会使患者感受到无微不至的关怀,从而对康复治疗师产生良好的印象,并愿意与之沟通和交流。

三、与感觉障碍患者的沟通

(一)感觉障碍患者沟通特点

1. 感觉表达障碍　感觉包括视觉、听觉、嗅觉、触摸觉、味觉、温度觉、平衡觉、痛觉等。感觉障碍者尤其是视觉、听觉障碍不能很好地、真实地体验感觉的存在,更不能很好地表达感觉,患者无法或不便与他人进行交流,而自己又无能力解决。因此,会产生烦躁、悲观、焦虑等不良情绪,不良的情绪背景会阻碍沟通,影响沟通效果。

2. 接收、传递信息障碍　个体从环境接收各种信息时,大部分的信息是从视觉、听觉等通道输入。由于视觉、听觉等感觉功能受损,直接影响沟通双方语言或非语言信息的传递和理解,从而阻碍有效沟通。

(二)与感觉障碍患者沟通的途径和技巧

1. 与听力障碍患者的沟通

(1)选择环境:在与听力障碍患者进行正式交谈时,要注意选择安静的环境,避开探视时间。

(2)面对面进行沟通:在与听力受损或仅具有残余听力的患者进行沟通时,在患者没见到你之前,不要说话,在面对患者让他很清楚地看到你的面部和口型后,才开始说话,同时增加身体语言的表达比例,以弥补由于听力受损引起的沟通障碍。

(3)使用触摸:听力下降的患者,若同时伴有视力障碍,感知不到旁人的到来。故康复治疗师进病房时,可轻轻地抚摸或拍拍患者,让他知道你的到来。

(4)恰当应用书面及体态语言:与听力障碍患者沟通时,若患者视力尚好,可应用图片、写字板、卡片写字或画一些图画、符号、标识等书面语言传递信息,同时辅助以身体语言,如手势、面部表情、身体姿态等,加强沟通效果。

(5)合理使用语速、语调:康复治疗师与有部分听力的患者进行沟通时,应与患者拉近距离,靠近患者,语调略为提高、语速放慢,但不能喊叫,要有耐心,不能表现出不耐烦,更不能嫌弃和发怒。

2. 与视力障碍患者的沟通

(1)及时通报:康复治疗师在进入或离开病房时应告诉患者,这一点对视力障碍患者非常重要。由于患者视力差,不能看见他人的到来或离去。突然出现在患者面前或突然开口说话,有时会使患者出现惊恐感;而有时又会出现康复治疗师已经离开,但患者并不知道,患者仍然不停地说话,这样对患者极不礼貌。所以当康复治疗师进入或离开病房时,应告诉患者,并通报自己的姓名。

(2)给予患者足够的反应时间:由于患者视力差、年老或病重,对康复治疗师所传递的信息反应较慢,应给予足够的时间,让患者理解和回答,切忌催促患者,出现不耐烦情绪。同时要注

意说话时语速要慢,语调要平稳。

(3)鼓励患者表达自己的感受:患者患病后,特别是视力减退、病重或生活不能自理者,容易产生被嫌弃的心理而表现出焦虑、烦躁或抑郁的情绪,不利于健康的恢复。康复治疗师应鼓励患者表达自己的内心感受,耐心倾听,并表达对患者的理解。

(4)解释:给患者做任何评定和治疗前,康复治疗师都应向患者做详尽的解释,对周围的声响,应加以说明;因患者的视力受损,对躯体语言的感知能力下降,故应避免或尽量少用非语言表达方式。

(5)触摸:康复治疗师可以用触摸的方式表达对患者的关心和体贴。要时刻为视力障碍的患者着想,尽可能通过视觉以外的其他方式向患者传递有关信息。

(6)拉近距离:与尚有残余视力的患者交谈时,应面对患者,与患者保持较近的距离,便于患者观察非语言沟通所传递的信息。

四、与言语障碍患者的沟通

(一)言语障碍患者沟通特点

言语是交流信息的过程,言语障碍患者丧失了用语言表达信息的能力,难以将信息准确而完整地发送给接受者,沟通的重要途径受到阻碍,极大程度上影响了沟通的效果。

(二)与言语障碍患者沟通的途径和技巧

1. **恰当应用手势** 先确定手势的意义,如上竖大拇指表示大便,下竖小指表示小便;张口表示吃饭;手掌上、下翻动表示翻身;手掌捂住前额表示头疼;手掌捂住胸口表示胸疼;手掌来回在前胸移动表示胸闷;手掌来回在腹部移动表示腹胀等。反复向患者讲解示范,直至记清弄清为止,最后检验他是否能掌握运用。这种方法除偏瘫或双侧肢体瘫痪者和听力、理解障碍患者不能应用外,其他失语患者都可以应用。

2. **合理应用实物图片** 利用一些实物图片可让患者与他人进行简单的信息交流,以满足患者的需要,解决实际生活困难。可自制一些常用物品图片,如碗、茶杯、便壶、便盆、人头像、病床等图片,反复教患者使用。如手拿碗图片表示要吃饭;手拿茶杯图片表示要喝水;男患者拿便盆图片是要大便,拿便壶图片是要小便;女患者手拿便盆图片是要大便或小便;手拿人头像图片是表示头痛;手取病床图片是表示要翻身等。

3. **应用书面语言沟通** 与无书写障碍的患者沟通时,在认识疾病的特点后,这类患者多愿意以书写的形式与人交流。患者的需要、感受、对康复治疗有什么要求,都可用文字表达。

五、与疼痛患者的沟通

(一)疼痛患者沟通特点

1. **疼痛可影响信息的传递和接收** 疼痛是由实际的或潜在的伤害所引起的一种不愉快的感觉和情绪的体验。痛觉虽具有保护性和防御性功能,对机体具有积极意义,但强度过大和持续时间较长的疼痛对人体是一种折磨,它可使人活动受限,食欲减少,睡眠障碍,产生恐惧、抑郁情绪,甚至自杀行为。患者在疼痛的生理背景下,接收和传递信息会受到阻碍,影响沟通效果。

2. **情绪可影响疼痛信息的表达** 情绪能明显影响疼痛的感受。愉快、兴奋、乐观等积极情绪能减轻疼痛;而焦虑、恐惧、失望、悲伤、抑郁等消极情绪能增加疼痛。慢性疼痛的心理反应主要表现为抑郁;急性危重患者疼痛的心理反应主要表现为紧张和恐惧。所以,不同的情绪背景会影响疼痛信息的客观程度。所以康复治疗师在评估患者疼痛程度时,应重视患者疼痛的情绪背景。

3. **注意力影响疼痛信息的传递** 注意力能影响疼痛。当注意力集中于疼痛刺激时,疼痛会

加剧,把注意力转向疼痛以外的事物,疼痛会减轻。

4. 人格特征、年龄及性别影响疼痛的表达　一般来说,性格刚毅、勇敢者对疼痛耐受性较强,反应较平淡;而性格脆弱、敏感者对疼痛耐受性较差,反应较强烈;易受暗示的人易产生安慰剂效应。一般儿童和老人对疼痛感受及反应较低。女性痛阈低于男性。

(二) 与疼痛患者沟通的途径和技巧

1. 耐心倾听　疼痛患者有着复杂的情绪背景,康复治疗师应耐心倾听患者的主诉,鼓励其表达疼痛的感受;理解、同情患者疼痛时的行为反应。

2. 解释原因　向患者详细解释疼痛的原因及影响因素,消除患者紧张、焦虑及恐惧的情绪。

3. 分散注意力　组织患者参加一些感兴趣的活动,如听音乐、听故事、看电视等,分散患者对疼痛的注意力,可减轻其疼痛。又如有经验的康复治疗师给患者做康复治疗时,边进行治疗边与患者谈轻松、感兴趣的话题,可分散患者的注意力,减轻治疗时产生的疼痛。

4. 积极暗示　消极暗示可引发或增加疼痛,积极暗示可减轻或消除疼痛。故采用积极暗示可使患者心情放松、消除紧张,提高其痛阈值,对降低疼痛或止痛有良好效果。如良好的语言暗示、安慰剂的使用或合理利用康复治疗师的权威作用,均可减轻患者的疼痛或增强疗效。例如,在使用某种止痛方法前给予语言暗示,强调该“止痛方法”的镇痛时间长和镇痛效果好,可达到更好的止痛效应。

5. 缓解紧张情绪　康复治疗师运用热敷、按摩、改变体位、活动肢体、指导想象、有效深呼吸等方法,可使患者紧张情绪得以缓解,从而减轻疼痛。例如,让患者保持一种舒适自然的坐位或卧位,令其依照导语指引从头到脚依次放松全身肌肉,闭目凝神、驱除杂念、平静地呼吸,从而缓解紧张的情绪,减轻疼痛。

六、与抑郁患者的沟通

(一) 抑郁患者沟通特点

1. 消极的心理背景　抑郁是与丧失和预期丧失有关的一种消极的情绪反应,患者兴趣减退、悲观失望、精神疲惫、睡眠障碍;消极的自我意识——自我评价降低、自信心丧失、有自卑感及无用感,严重的有自杀倾向。在这种灰暗的心理背景下,沟通严重受到阻碍。

2. 沟通范围小、进程慢　抑郁患者活动下降、言语减少、语速减慢、回避他人,使沟通范围缩小及沟通进程缓慢。

(二) 与抑郁患者沟通的途径和技巧

1. 关心体贴　首先应满足患者的生理需要,尽量表示体贴及关怀。对其反应给予多一些关注,理解、关心、接受患者的行为,包括哭泣和愤怒。即使患者做了一些不得体的事情,也不要埋怨指责,尽量从开导、关心、爱护角度给患者讲明道理,使其保持心情舒畅。让患者做些愿意做的事情,鼓励患者做力所能及的简单的活动,但不鼓励患者做任何重大的决策。对患者在思想、行为方面取得的每一点进步,都要予以肯定与表扬,使其恢复自信。关爱要适度,不要过分,否则会使患者感受到自己是弱者,被同情、被怜悯,而加重抑郁情绪。

2. 引导疏泄　康复治疗师与患者沟通时,应积极倾听,并善于应用身体微微前倾、面带笑容、轻拍肩膀、偶尔触摸患者的手等多种非语言沟通的方式。以亲切、和蔼的态度,适时、恰当、简短地向患者提问,注意不要催促患者回答,让患者有安全感。时刻关注患者,主动交谈,如用“您看起来不高兴”等话语,鼓励并引导患者表达其想法和感受,使其最大限度地宣泄不良情绪,理解、接纳患者的感受。了解患者产生抑郁情绪的原因。这样不仅能起到治疗的作用,还能使患者感到被重视,提高自我价值感。

3. 语言恰当　沟通时康复治疗师的语言应简短、语气应温柔,语义应明了。必要时应多重复几次,对患者的反应及时给予回应。交谈中切勿沉默太久,语速不要太快,音量适中,问话不要太急,鼓励患者述说。尽量使用开放式提问,多使用积极、肯定的语言,如不要问“你要不要吃饭?"而应为"现在是吃饭的时间,您和病友们一起吃饭吧"。患者抑郁情绪严重时,应以支持、安慰的语言为主,避免过多鼓励,尤其避免要求患者依靠自己的力量战胜疾病。

4. 引导患者交谈　抑郁患者语言减少,康复治疗师与其沟通中,应启发和鼓励患者讲话,包括采用直接的方法和间接的方法。所谓间接的方法就是借题发挥。不要直接提问题,可以先从日常生活或与病情无关的话题谈起。例如,在与患者一起看电视时,就可以和患者谈电视节目内容,引导患者谈话。所谓直接方法就是现在发生了什么事情,就借此展开讨论,采用恰当敏锐的提问,引导患者讲话,激发患者讲话的兴趣和动机,提高患者的心理能力,增强其价值感。

七、与烦躁患者的沟通

(一) 烦躁患者沟通特点

烦躁是一种负面情绪,可让人坐立难安、急躁易怒。一般表现为没有客观对象和具体内容的提心吊胆和惊恐不安,因注意力分散表现为小举动增多、东张西望、坐立不安,乃至搓手顿足,易激惹,对外界缺乏乐趣。在极度烦躁的心理背景下,患者传递出的信息易失真,极大程度上影响沟通的进行。

(二) 与烦躁患者沟通的途径和技巧

1. 表达尊重和关怀　尊重和关心患者及良好的医患关系是缓解患者烦躁情绪的首要条件。烦躁的患者情绪不稳定,往往以要求或讨价还价的姿态提出需要,有时语言粗俗、带有挑拨性。康复治疗师应以尊重、平静、温和、诚恳、稳重以及坚定的态度对待患者,使患者慢慢降低焦虑,增加安全感。与患者谈话时,应语气温和、语调平缓,直接回答患者的问题。处于烦躁状态的患者没有耐心听从康复治疗师的讲解和指导,所以应避免冗长的说理,更不能大声的命令,否则患者会觉得康复治疗师不友善,非但无法达到目的,反而可能造成争辩,使患者不安,以及出现攻击等行为。当患者由于情绪的干扰而出现大声吵扰或破坏性行为时,应尽量淡化,不要指责。与此同时,还应运用非语言的沟通技巧传达关怀,让患者感到康复治疗师愿意与他共同面对焦虑和烦躁,而使患者感受到关怀和支持。

2. 耐心倾听,鼓励表达　医患沟通中康复治疗师应耐心倾听,鼓励患者以口头语言方式表达内在的焦虑。患者叙述过程就是宣泄过程,有助于缓解焦虑和烦躁的情绪,有助于使患者认识到自己的问题,从而寻求解决问题的方法。康复治疗师在倾听患者的叙述过程中要注意分析患者焦虑和烦躁情绪的症结所在,帮助患者寻找解决问题的途径。

3. 慎对患者的要求

(1) 限制:患者提出过分的要求或提出无理的要求时,康复治疗师应以诚恳的态度给予适当的限制或拒绝,并对其提出的需求表示理解。如,某脑出血的患者发病前每天吸烟2包,近几天患者烦躁,经常向治疗师提出吸烟的要求,康复治疗师应给予拒绝。治疗师说:"李叔您好!我理解您此时想吸烟的心情,但由于病情需要,您不能吸烟,吸烟对身体的危害您是清楚的,非常抱歉,我不能满足您,但我可以给您别的方法替代吸烟,给您一块口香糖,既能训练您左侧表情肌,也能训练您的咀嚼肌。"患者说:"这种方法真的不错,谢谢你对我的理解和帮助。"

(2) 拖延:对患者所提要求不合理或要求的次数过多时,康复治疗师可保持中立,不立刻作答,拖延一段时间。由于患者坚持度很低,常常过一段时间后便不坚持或忘记了。但在拖延期间,仍应保持对患者的关怀与接受,不对其无理的部分提出批评,或可根据其需要的特点,在适当的范围内转向其他方面,使其获得满足。如,偏瘫患者由于体能差,患腿无力,站立训练时不配合,多次提出:"不站了,快让我坐下吧!"。治疗师说:"好的,坚持一分钟,自己数六十个数",患者数1-2-3-4-5……,治疗师说:"好,到一分钟了。真好,再坚持最后一分钟,再数六十个数,1-2-3-4-5……到了。好,弯腰屈腿坐下,您表现真的很不错!"

(3) 给予满足或部分满足　患者的要求如合理,则应给予满足。但假如要求过度,双方共同协商,只给部分的满足。

八、与脊髓损伤患者的沟通

（一）脊髓损伤患者沟通特点

1. 消极的心理背景　脊髓损伤患者病情重、病程长，生活自理能力丧失，短期内看不到明显的治疗效果，甚至失去生活的信心。因此，紧张、焦虑、抑郁、自卑、沮丧情绪比较严重，甚至痛苦绝望，悲观厌世。不良的心理状态影响沟通效果，尤其是严重抑郁的患者，语速慢、语调低、语量少，沟通过程受阻。

2. 信息传递过程受阻　脊髓损伤患者由于机体损伤影响各种感觉功能，对信息的感知发生变化，影响沟通的进行。

（二）与脊髓损伤患者沟通的途径与技巧

1. 主动交谈　康复治疗师应主动与患者及家属建立良好的医患关系，取得患者及家属的信任；全面了解脊髓损伤患者的家庭、社会背景及职业情况；向家属交代患者病情及可能的预后，使其亲属有思想准备，以便协助医护人员做好患者的心理疏导工作。

2. 调动家属的社会支持力量　对于脊髓损伤的患者，对疾病的治疗充满信心，对生活充满信心是非常重要的。家属是脊髓损伤患者最重要、最强大的社会支持系统，家属的态度会直接影响患者的心态。所以康复治疗师应主动与患者家属沟通，调动患者家属的支持力量。作为患者家属，首先自己应对患者疾病的康复有坚定的信念、充分的信心，要用乐观的心态，去感染患者，即使面临很大的压力和痛苦，也不要在患者面前表现出来。否则患者就会觉得，是自己给家庭甚至给社会带来负担，觉得自己是个没用的人，无价值感。鼓励家属协助患者提高社会适应能力和自我照顾能力，树立战胜疾病的信心和勇气，增加患者的自我控制感及心理安全感，使患者发挥自己的主观能动性，积极配合康复治疗。家庭是脊髓损伤患者康复最大的动力，常常跟患者谈起家庭，会唤起患者心中对家庭的责任感，为了家庭也要坚强的活着并坚持进行康复治疗。

3. 关注患者的情绪　情绪对患者疾病的康复影响巨大而深远。所以康复治疗师应主动与患者交谈，及早发现患者情绪变化。脊髓损伤患者复杂、消极的心理活动可通过语言和非语言等途径表达出来，尤其是语速、语调、表情、动作、姿态等非语言信息更能真实地表达患者的情绪和感受。如患者抑郁时往往不配合或缄默不语，患者焦虑时紧张激动等，此时康复治疗师应以稳定患者情绪为基础，与患者进行有效的沟通。

4. 恰当鼓励　脊髓损伤患者自认为不再能创造价值，同时还给家庭及社会带来负担，有强烈的自卑感和无用感。康复治疗师应通过各种途径，采取多种方法，创造机会，让患者感觉到自己有能力解决一些问题，自己还是一个有用的人，让患者重拾信心。哪怕是再简单的事，都有可能在医护的激励和赞许下获得生活的信心。

5. 营造快乐、充实、温馨、丰富的生活氛围　良好的生活氛围是沟通的前提和关键。康复治疗师应为患者创造良好的环境，使患者体验到温馨和快乐，感受到生活的美好，不能让患者生活在孤独、单调、压抑的环境中。当患者产生焦虑情绪时，利用读书看报、手工活、听音乐、与家人交流等方式来分散对应激源的注意力。

6. 倾听、疏导　康复治疗师耐心倾听，恰当提问，诱导患者宣泄、释放抑郁情绪，鼓励患者表达自己的真实感受和想法，释放压力。用安慰等方式使患者接受现实，使其重新树立生活的勇气和信心，主动接受治疗，勇敢地面对生活。

7. 选择合适的交谈环境　灵活选择与脊髓损伤患者会谈的环境，如当与患者家属合力做患者心理工作时，最好选择有家人在场的环境；如当了解患者对家属的意见、需求或自感给家庭带来负担而自卑、自弃时，应选择安静、私隐及家属不在场的环境，有利于患者表达真实的感受。

8. 引导患者正确认知　脊髓损伤患者往往有强烈的焦虑情绪，康复治疗师应了解引起患者

焦虑的原因,如果是由非理性认知或相关知识缺乏、社会支持不足引起,则为患者提供医学知识,进行旁征博引,引用医学文献及相关知识,用康复的具体病例告知康复的可能性和真实性,带给患者希望;引导患者理性认知、接受现实、自我调整、积极应对;并为患者提供社会支持、信息支持、从而增强康复信心;在产生焦虑情绪时,引导患者换个思路、换个角度思考,看到事物较为积极的一面。

9. 充分了解患者　了解患者对疾病的归因,对患病的认知感受,对生活和疾病的态度,对相关知识的掌握,对预后的期望,对康复的信心,对医疗工作的意见等,以便有针对性地实施有效沟通及康复健康教育。

学习小结

　　通过本章的学习了解到康复治疗师在首次接触患者时应做好沟通前的准备,主动与患者打招呼,给患者良好的第一印象,充分了解患者的病情及康复愿望,尊重患者的权利。在每次的康复训练中,康复治疗师应做好训练前的解释、训练中的指导和训练后的嘱咐,同时做好康复健康教育。脊髓损伤、疼痛、儿童、老年、抑郁、烦躁、感觉障碍、言语障碍患者均有各自的沟通特点,康复治疗师应根据患者不同的沟通特点,采取相应的沟通途径和技巧,与患者之间进行有效的沟通,密切医患关系,使其更好的配合康复治疗工作,提高康复质量和康复率。

（宋淑玲）

思考与练习

一、选择题

A1 型题

1. 医务人员与患者的沟通要领下列哪项不正确
   A. 首先主动与患者打招呼,记住并重复患者的姓名
   B. 站在患者利益角度交谈,言谈唤起患者的共鸣
   C. 治疗方案体现出为患者着想
   D. 引导患者交谈
   E. 对交谈速度慢的患者应催促其快速回答

2. 在医务人员说服患者接受康复治疗意见时,下列哪种沟通方式最好
   A. 您说得很有道理,但是……
   B. 您说的有道理,我也有一个不错的主意,您听听如何?
   C. 为什么您平时不注意……
   D. 我同意您的观点,同时也……
   E. 您的这个想法可不如我的好,您呀得听医务人员的

3. 康复治疗师与儿童患者沟通时下列哪项是错误的
   A. 尽量用儿语与患儿沟通
   B. 采取下蹲的姿势
   C. 多抚摸患儿
   D. 对儿童某些幼稚、夸大的想象应予以严肃的纠正,并批评教育
   E. 面带微笑与患儿缩短心理距离

4. 下列哪项不是抑郁患者的心理活动特点

　　A. 兴趣减退、悲观失望、精神疲惫

　　B. 睡眠障碍

　　C. 有自卑感及无用感,严重的有自杀倾向

　　D. 活动下降

　　E. 焦虑,言语多、语速快,语调高

5. 在每一次的康复训练中,康复治疗师与患者沟通内容不包括

　　A. 交代训练目的

　　B. 告知患者训练中应如何配合

　　C. 耐心回答患者及家属的提问

　　D. 训练中要指导患者,并对患者进行恰当的鼓励

　　E. 为减少患者的恐惧感,不能告诉患者训练中可能有的感受

A3 型题

(6～7 题共用题干)

患者张某,男性,68 岁。右侧基底节区脑梗死。于15 天前左侧肢体完全瘫痪。患者神志清楚、言语流利、智力正常,左侧肢体肌力 0 级(Brunnstrum 分级 1 级),肌张力低,腱反射稍弱,不能保持坐位。几天来患者睡眠障碍,清晨烦躁易怒,其他时间情绪低落,语言少,语速慢,食欲下降。

6. 患者目前的心理活动状态是

　　A. 焦虑　　B. 抑郁　　C. 烦躁　　D. 恐惧　　　E. 悲伤

7. 康复治疗师与患者沟通的方式下列哪项不正确

　　A. 积极倾听

　　B. 引导疏泄

　　C. 不要催促患者回答

　　D. 语言简短、语气温柔、语义明了

　　E. 患者烦躁发怒时应予制止,必要时加以批评教育

二、实践活动

(一)到综合医院康复科(或康复中心)见习

1. 见习内容　康复治疗师与患者及家属的沟通。

2. 见习要求　收集病例,完成并提交见习报告。

(二)课堂实践

主题:康复治疗师与患者的沟通。

案例情境:患者,杨阿姨,65 岁,脑出血入住神经科。经手术治疗病情稳定,转康复科进行康复训练。患者高血压病史15 年,现右侧肢体瘫痪,言语不清,坐立不能。康复训练之初,患者积极性很高,配合很好。但由于康复治疗显效较慢,未达到患者预期,患者有些失望,近期患者睡眠障碍、食欲不好、易哭泣,不愿配合治疗。若你是杨阿姨的康复治疗师,应如何与患者进行沟通?

实践内容与方法:

1. 分组讨论　每组6～8 人。小组成员集体讨论、分析患者目前的心理活动状态;找出患者不愿配合治疗的根本原因;做出沟通计划;设计沟通过程。

2. 角色扮演　在上述分组中选出一组,小组内设计患者、患者家属、康复治疗师角色,并进行角色扮演,完成沟通过程。其他组员观摩。

3. 效果评价　表演后,其他同学给予评价,找出成功与不足之处。最后由教师做点评。

8

第八章

临床实习中的人际沟通

学习目标

1. 掌握：实习生的角色和任务；实习生与带教老师及患者的沟通策略与技巧。
2. 熟悉：临床实习阶段良好人际沟通的重要性；影响实习生与带教老师及患者沟通的因素。
3. 了解：实习生在人际沟通中存在的问题。
4. 能运用所学知识和方法，与患者及带教老师进行良好的沟通。
5. 自觉培养积极与人沟通、建立良好医患关系的职业习惯，为将来成为一名合格的康复治疗师打下良好的基础。

情境导读

同样的实习,不同的结果

小白、小安在学校期间学习成绩相当,在同一家医院一起实习。

小白性格较内向,不太主动说话,但老师交给的任务都能很好完成。有时在临床上发现了问题想问老师,可是不知道怎么开口,又担心老师会认为他知识不足,所以常把问题默默放在心里,下班后在书本里找答案。他也很想亲自为患者做治疗,可每次开口都结结巴巴,患者总是或明或暗地拒绝他,小王觉得很无奈。

小安整天老师长老师短地叫着,眼灵手快,不懂就问,发现问题及时提问,或者请老师指正。他跟患者也都很熟悉,这个是他"叔叔",那个是他"大伯"。小安一开始给患者做治疗时也常被拒绝,多半是在老师要求和劝说下,患者才勉强同意,可后来有不少患者主动让他做治疗,因此获得了不少动手操作的机会。

实习结束时,医院想选一名实习生留在医院工作,老师会推荐谁呢?

第一节　实习任务与人际沟通

临床实习(clinical internship)是医学理论和临床实践工作有机结合的连接点,是医学生走向临床工作必不可少而且非常重要的环节,是医学生成长的必经阶段,对今后医学生涯发展起着至关重要的作用。医学是一门必须与人打交道的学科,实习期间与老师、患者及患者家属的沟通已成为实习生学习、生活、工作的必要组成部分。实习生的人际沟通越有效,实习成功的机会就越大。

一、实习生的角色和任务

在校学生进入临床实习后,相应要转换成临床实习生的角色。康复治疗实习生所担当的角色主要有学生、康复治疗师的助手、实习康复治疗师,基本的角色要求是:在老师面前要像一名学生,在患者面前要像一名真正的康复治疗师。

(一) 学生角色的任务

实习生仍然是学生,实习期的主要任务是学习,但由于学习环境和条件的改变,学习内容与学习方法也相应发生改变。在校期间的学习方法主要是学习书本上的知识,模拟性的技能练习,而实习阶段的学习方法主要是在临床实践即为患者服务中学习,这主要是在与人沟通的过程中实现的。在学习内容上,与在校时也有所不同,临床学习主要有两个方面:一是业务方面,学习康复评定与治疗方法、诊断思路、处理病情的技巧、康复治疗师工作程序和紧急情况的处理等,通过这些实践活动检验、巩固和深化自己的理论知识与技能水平;二是为人处世方面,了解社会,适应社会,提高与人沟通的能力。这两方面的能力又是互相促进,互相融合的。

(二) 康复治疗师助手角色的任务

实习生应当成为康复治疗师的助手,协助带教老师进行康复治疗工作,其主要任务是:①完成带教老师交办的各项工作任务,如陪同患者做辅助检查、整理医疗文书等;②配合老师开展临床各项工作,如康复评定或治疗时准备器械、帮助搀扶患者等;③病例讨论时要准备好各种资料,如病历文书、影像资料、各种化验和检查的结果等;④训练时做好训练前后各种检查、记录,训练中观察病情变化等。

(三) 实习康复治疗师角色的任务

实习生就是实习中的康复治疗师,其任务主要是:①在带教老师的指导下,全面掌握分管患者的病情;②在带教老师的安排和指导下参加对康复患者的评定和治疗,书写病历文书;③积极参加病例讨论会等医疗活动;④按规定巡视患者,及时发现病情变化,请示老师予以合理处理;⑤主动向护士学习护理知识和方法,锻炼自己处理各种病情的能力;⑥对患者进行健康教育,传播科学的卫生保健知识,解答患者的疑问;⑦时刻关注患者,及时发现其心理问题,了解其心理需求,做好心理疏导工作;⑧自觉学习和遵守医院及科室的各种规章制度、劳动纪律及国家法律法规,不断提高业务水平和工作能力,培养自己的良好职业习惯、职业道德和工作作风,为将来成为一名合格的康复治疗师打下良好的基础。

二、实习阶段良好人际沟通的重要性

(一) 人际沟通是顺利完成实习任务的保证

1. 完成实习任务需要患者的配合　医学是一门实践性很强的学科,康复治疗技术是在患者身上也只有在患者身上亲自实践操作才能掌握的。没有患者的配合,就没有临床实践的机会,就无法完成临床实习任务。要取得患者的配合,就必须具有良好的沟通能力。

2. 完成实习任务需要向老师请教　实习中会有很多的疑问,需要向老师请教;许多实践的机会,需要老师允许;实践的过程,需要老师指导。如果不能与老师保持良好的沟通,必然影响实习任务的完成。如果师生关系融洽,并获得老师的喜欢和信任,老师就会主动帮助你学习,传授临床经验,让你更多地获得临床动手操作的机会,从而获得知识,增长才干。

(二) 人际沟通是走向社会的经验积累

人组成了社会,社会就是人的社会。学生在校期间的人际关系相对简单,走向社会就要面对形形色色的人,人际关系会发生很大的变化。实习阶段就是由学校向社会的过渡,在这个时期人际沟通能力的提高,就是走出校门后生存和发展能力的提高。

三、实习生在人际沟通中存在的问题

（一）实习生在技术上难以取得患者的信任

很多患者怀疑实习生的技术能力，对实习生抱有一种不放心的态度，所以实习生在技术上难以取得患者的信任，增加了双方沟通的难度。

（二）实习生沟通意识不强

有的实习生，沟通意识不强，接触患者时遇到困难就退缩，也不主动开口向老师请教，使得实习效果大打折扣。

（三）实习生沟通能力不足

实习生社会阅历相对简单。所谓社会阅历，就是经历的人和事。实习生正处于人生的青年阶段，从小到大在人际关系相对简单的学校中度过，很多学生从小学到大学，又只是"两耳不闻窗外事，一心只读圣贤书"，学校、家长只要求他们好好学习，很少接触社会。因此不会与社会上各种各样的人相处，不知道如何去关心别人。

在我国传统的教育模式中，从小学到大学，只重视所谓"主课"的分数，人际沟通等人文方面的教育相对缺乏。虽然近年来不少院校开设了此类课程，但尚未得到学生和学校的普遍重视，很多学生还不能够把学到的知识和技巧运用到生活、工作实践中去，因而进入实习阶段后，其沟通能力不能适应临床的需要。

（四）患者维权意识增强

根据国家卫生部和教育部颁布并于2009年1月1日起正式实施的《医学教育临床实践管理暂行规定》，各医院的带教教师和指导医师在安排和指导临床实践活动前，应尽到告知义务并得到相关患者的同意。随着患者自我保护意识和维护自己权利的意识日益增强，很多患者不愿配合实习生的工作，增加了沟通的难度。

第二节　实习生与带教老师的沟通

一、影响实习生与带教老师沟通的因素

（一）环境因素

临床带教教学环境与课堂教学环境不同。临床上人员构成复杂，医方有医生、护士、医技人员、行政工作人员、实习学生等；患方有患者、亲友；场所有门诊、病房、治疗室等各种环境；交流易受环境干扰。医院环境的特点是以患者为中心，如一位实习生想向老师请假，可老师正在全神贯注地为患者操作，这时就不宜打扰老师。实习单位的人文环境也是影响因素，若实习单位的管理混乱，人际关系紧张，各种矛盾重重，必然影响实习生与老师的沟通。

（二）带教老师因素

确实有部分老师视带教工作为负担，因而不重视这项工作，记不住实习生的名字，很少与实习生交流，对实习生的指导敷衍了事。有的带教老师害怕实习生与患者发生纠纷，因而不让实习生操作。此外，由于多种原因，带教老师临床工作经验与带教水平不一，因而受学生欢迎的程度不同，与学生的沟通交流也受影响。

（三）实习生自身因素

1. 实习目的不明确　实习的目的是实现理论知识与临床实践相结合的过程，是实现从学生到医生转变的过程。明确了实习的目的，才能使自己的实习有的放矢，知道自己应该做什么，不应该做什么。有的学生实习目的不明，不思进取，工作不踏实，不遵守纪律，不知道争取实践的机会，甚至认为其他学生与老师沟通是讨好老师，因而不屑一顾。

2. 学习态度不端正　有的学生自认为学有所成，不愿意听从安排，毫无虚心学习的态度；有

的学生只愿意学习操作,不愿意去做搀扶患者、准备器械、打扫卫生等辅助工作。这些都影响了与老师的沟通。

3. 沟通能力差　很多学生内心里是很尊重老师的,可沟通能力差,见了老师不知如何说话,不知道怎样提问题。有的学生虽然话多,可没礼貌,信口开河,常引起带教老师的反感。

4. 知识准备不足　由于在校学习的知识科目繁多,时间又较长,有许多内容会逐渐生疏,甚至遗忘,而进入临床实习又需要经常应用这些知识,所以有必要对这些知识进行温习。有的学生知识准备不足,对老师的提问不能正确回答,老师交代的任务不能顺利完成,也是影响师生关系和实习效果的因素之一。

二、实习生与带教老师沟通的策略

实习生能否顺利完成实习任务,取得良好的实习效果,很大程度上决定于与带教老师之间的关系。若想与带教老师建立良好的关系,应讲究沟通策略和方法。除前几章所述的语言及非语言沟通的技巧外,还应注意应用以下几种策略。

(一)以能力获得带教老师的肯定

实习生在进入临床实习之前,对与临床密切相关的科目要进行复习,如康复评定学、物理治疗学、作业治疗学、疾病康复学和临床医学概论等,以便在临床实习时能顺利完成老师交给自己的任务,正确回答老师提问,以能力获得老师的肯定。有能力不仅能得到老师的喜欢,还能得到实践的机会,因为有能力才能让老师放心,老师也才能放手。

(二)充分尊重带教老师

带教老师有强烈的尊重需要,实习生要特别尊重自己的带教老师。尊重带教老师应做到以下几点:①要用尊称,一定称呼带教老师为"您";②称呼"老师"在先,说话内容在后,也就是先喊"老师"再说话;③老师指导自己操作或回答自己的请教完毕,一定向老师表达谢意,如"谢谢老师";④早晨上班主动与老师打招呼,如直接称呼"老师"或"老师早";⑤下班和老师分别时要说"老师,再见";⑥行为上要处处懂礼节,讲礼貌,如上无人值守的电梯时,应先上电梯为老师控制按钮,下电梯时请老师先走,看见老师提重物主动提出帮忙,下雨天为老师提供一把伞等,都表现出对老师的尊重;⑦服从带教老师指挥,这是对实习生的基本要求,也是尊重带教老师的具体表现。带教老师及实习单位都欣赏听指挥守纪律的学生,而不服从老师指挥,既违反纪律,也是不尊重老师的无礼表现,容易招人厌恶。

(三)学会赞美带教老师

每个人都有价值感,都希望得到肯定和赞赏,带教老师也不例外。中国的世俗文化往往把赞美领导和老师看成是阿谀奉承,因而束缚了人们的思想,也影响了学生对老师的赞美。其实赞美老师是对老师的认可、支持与褒扬。恰当地赞美老师,会增加与老师的感情,缩短与老师的距离。如赞美老师对自己的耐心指导时说:"老师对我们太好了,太有耐心了";对老师的讲解进行赞美时说:"老师的讲解太有水平了,使我茅塞顿开,终身受益";对老师的熟练操作赞美时说:"老师的操作真熟练啊"。

(四)多向带教老师请教

有的实习生害怕暴露自己知识的欠缺,不愿或不敢向老师请教。其实老师喜欢好学上进的学生,不懂就问,经常向老师请教,会给老师留下虚心好学的好印象,也增加了和老师的沟通与交流的机会,更能融洽师生关系。有些老师虽然经验很丰富,但是不懂得如何传授给学生,遇到这样的老师,学生更应该发挥自己的能动性,多学多问。

(五)做事主动勤快

要获得老师的赏识,仅仅靠语言是不够的。主动勤快地做事,既能在做事中学习知识,又能得到老师的喜欢。有些事不要等待老师吩咐,就应主动做好,如一些治疗前的准备工作,上班前打扫老师的办公室等;有些事需要征得老师同意,要主动请缨:"老师,这件事让我来做行吗?我

一定能做好。"实习生在医院会被安排做一些"琐事",如备器械、贴单子、送标本、找病历等,有些实习生认为做这些"琐事"学不到专业知识,非常不愿意去做,即使做了,内心也很是不满。然而这些所谓"琐事"也正是实习生的工作任务。再者,实习生完成了这些"琐事",带教老师才能有充裕的时间带教,学生才能有机会学习。

(六) 善解人意

善解人意,就是站在对方的角度去考虑问题,理解他人,体察他人的心理,替对方着想,主动去帮助别人。如不等老师吩咐,就把老师需要的东西准备好;在老师做治疗操作时,主动记住操作的步骤,及时递上老师需要的东西,摆好患者的体位;在老师劳累休息时,主动端上一杯清茶等。实习生要尽可能让老师轻轻松松地完成每一天的工作,帮助老师保持愉快的心情,这样既能融洽师生关系,又能获得宝贵的学习机会。因为老师在愉悦的情绪状态下,是愿意与学生交流,并毫无保留地将临床知识和工作心得传授给学生的。

(七) 让带教老师了解自己

互相了解,是增进双方感情的基础。实习生要主动介绍自己,尽可能多地让带教老师了解自己的有关情况、知识层面、工作态度及习惯特点,以便让老师有的放矢地指导和培养自己。

(八) 正确对待带教老师的批评

任何一名实习生都不可能把所有事情都做得很好,工作中有可能会出现小错误,因此受到老师批评也在所难免,也是实习生实习工作中必然经历的。无论带教老师的批评是恰当的,还是过分的,就算是张冠李戴,在带教老师面前也都要虚心接受,既不能顶撞,也不可做出扭头就走等拒绝批评的行为,更不能由此怨恨老师。老师指出错误,学生才能掌握正确的知识和技能,才能在批评中获得提高、获得成长。

(九) 容忍带教老师的缺点

人无完人,老师也可能有这样或那样的缺点。实习生不能因为老师有缺点就在心理上不尊重老师,拒绝接受老师,行为上故意疏远老师。否则不但影响实习任务的完成,还会对以后树立良好的沟通意识与培养良好的沟通能力产生不良的影响。

(十) 尊重实习单位所有工作人员

实习单位所有的工作人员不仅仅是实习带教老师的同事,从广义上说,都是实习生的老师,所以实习生同样要尊重实习单位所有的老师。实习生尊重医院的医生、护士、管理人员、药师、工人等,不仅能得到他们给自己的临床实习带来的方便,还能从他们身上学到很多有用的知识和社会经验。比如你若尊重护士,就会获得护士对你工作的支持和配合,并从护士那里学会很多观察疾病变化的技巧和经验,还可学会一些很实用的护理操作技术,如注射、抽血、皮试、吸氧、导尿、灌肠等,这会给以后的临床工作带来很多的益处。

第三节　实习生与患者的沟通

一、影响实习生与患者沟通的因素

(一) 实习生自身因素

1. 没有树立"以患者为中心"的观念　现代医学模式就是"以患者为中心"的"生物-心理-社会"医学模式。患者是医院生存发展的基础,医院的一切工作均围绕患者展开。有的实习生没有树立"以患者为中心"的观念,因而不具备和患者良好沟通的思想基础。态度决定行为,态度有偏差,就不会有患者认可的行为表现。

2. 缺乏沟通技巧　实习生由于缺乏语言及非语言沟通技巧,面对形形色色的患者,有的不敢与患者沟通,有的在沟通上遇到困难不知如何解决,有的虽然努力地沟通了,但沟通效果不好。

3. **医学知识不足**　对于患者来说,所有穿着"白工作服"的医务人员都是掌握医学知识、祛除疾病、保证健康的"天使"。所以患者总会向医务人员提出许多问题,甚至还有很多的疑问,如病情、预后、诊断治疗、预防保健、用药的注意事项等等,如果实习生知识不足,不能解答患者的疑问,无疑会导致患者的不信任,影响与患者的沟通效果。

4. **不注重仪表与礼仪**　仪表和礼仪传递出的信息可影响患者对实习生的信任。社会对医务人员的仪表和礼仪是有要求的,这就是所说的"医生就要像个医生样"。一次,一位患者向带教老师要求:"不要让小郑为我做治疗了,他留那么长的头发,哪像个医生啊!"许多实习生上班穿拖鞋,留长发,浓妆艳抹,在病区大声喧哗,工作时间打手机、吃东西,都会给患者留下不良印象。

(二) 带教老师因素

1. **观念陈旧**　不少带教老师的观念还停留在"生物医学模式"阶段,"只见病不见人",不主动了解患者的心理状况,不做患者的心理工作,不主动与患者沟通,对学生只重视操作手法的指导,而忽视沟通能力的培养。这些必然影响实习生的沟通意识。

2. **沟通能力欠缺**　不同的带教老师,沟通能力参差不齐。老师不恰当的沟通方法必然对学生产生潜移默化的影响。

3. **技术水平与身份的差异**　技术水平高,有一定身份地位的带教老师,患者信任度高,与患者沟通起来相对容易,反之则难度增大,这也影响到他所带教的学生与患者的沟通。

(三) 患者因素

1. **对实习生身份与地位的不恰当认识**　许多患者对临床实习工作不理解,看不起实习生,因而不愿意与实习生沟通,也不愿意接受实习生的评定、治疗等操作。

2. **情绪的影响**　人在患病以后,常有各种各样的不良情绪,如焦虑、抑郁、愤怒、紧张、悲伤等,往往比较敏感,影响与他人包括实习生的沟通。

3. **身体状况的影响**　患者常因疲倦、疼痛等各种身体不适和一些生理缺陷,如唇裂、聋哑、视力障碍等,均可影响其注意力、情绪和沟通能力,从而影响沟通信息的传递与接收。

4. **知识水平与文化背景的差异**　不同阶层、不同民族的患者有着不同的知识水平与文化背景,风俗习惯、价值观念、行为模式等都有所不同,也是影响沟通的因素之一。

5. **理解能力不足**　小儿理解力差,老人反应较慢;患有脑血管病、脑外伤及痴呆等疾病的患者认知功能受影响,理解能力有限,影响沟通。

(四) 医学院校因素

目前在我国各医学院校,对学生人文素养和人际沟通能力的培养还存在很大的差异,有些院校对学生人文素质的培养重视不够,严重影响着实习生的沟通能力。另外,实习前教育是做好实习工作的重要一环,医学院校对这项工作的重视程度,开展工作的实际效果,影响着学生对实习的准备,其中也包括沟通意识与方法的准备。

知识拓展

世界对医生沟通能力培养的共识

世界医学教育联合会《福冈宣言》指出:"所有医生必须学会交流和处理人际关系的技能。缺少共鸣(同感)应该看作与技术不够一样,是无能力的表现。"这是世界上对医生沟通能力培养所达成的共识。世界各国医学院校都把培养医患沟通能力放在重要位置。美国医学院校把沟通技能放在医学生应具备的能力之首。长期以来我国的高等医学教育主要借鉴了前苏联的模式,即注重医学生职业技能的培训,而忽视医患沟通能力的培养,但这种状况随着人们认识的提高正在逐渐改变。

二、实习生与患者的沟通技巧

（一）在称呼上拉近与患者的距离

在人际沟通中，称呼对方，看似简单，但却非常有讲究。用得好，可以使对方感到很亲切，会给对方留下良好的印象，使自己在人际交往中如鱼得水，事半功倍；反之，如果称呼不得体，往往会引起对方的不快甚至恼怒，使双方的交流陷入尴尬的境地，导致交流不畅甚至中断。实习生年龄较轻，在称呼患者时最好使用亲友常用的称谓，如"大爷""大妈""叔叔""阿姨"等，这些称呼能给人以亲切感，可以迅速地拉近双方的心理距离；同时，也将自己放在一个弱者的地位，容易在学习中得到患者的帮助。与患者谈及其配偶或家属时，也要适当使用尊称，以示尊重。反复多次的这样称呼，其关系就会越来越近，不是亲人胜似亲人。

（二）多用礼貌用语

患者对实习生的配合，是以牺牲自己选择医生的权利，甚至忍受学生动作不熟练或反复体检造成的心身痛苦来对医学事业的支持，理应得到我们真诚地尊重和感谢。"礼多人不怪"，多使用"请""谢谢""对不起"等礼貌用语是非常必要的。

（三）主动与患者聊天

多与患者交谈，哪怕是闲聊，都是学习和锻炼沟通能力、增进与患者感情的机会。患者是实习生最好的老师，患者对自己的病情体会最深，介绍病情最生动、形象，实习生听后可能终生难忘。通过聊天还能掌握患者的心理状态，有的放矢，对患者进行心理疏导。

（四）有效表达爱心

实习生要处处关心、爱护和体贴患者，要用有效的沟通方式把它表达出来，让患者切实感受到我们的关爱。尽可能满足患者一切合理的需求，力所能及地帮助患者解决一些生活上的困难，帮助其祛除病痛、促进康复。爱人者，人恒爱之。患者也会回报以相应的爱心，从而产生良性互动。爱心的表达并不是都要轰轰烈烈，而更多地表现在每一个细节当中，如我们在冬天给患者做治疗时对患者说："请您稍等，我的手太凉，捂热后再给您操作"；在进行康复治疗可能会引起患者疼痛时说："您放松一些，我会使用轻柔的手法，尽量让您不疼"等等，这都是在细微之处表达对患者的关心和爱护。

（五）做好"印象管理"

印象在人际交往中有着举足轻重的地位。印象管理是指人们试图管理和控制他人对自己所形成印象的过程，即通过自觉调控自己的仪表、体态、言谈等方面，从而间接影响或控制他人的知觉和感受的过程，是一种有效的人际交往手段。整洁得体的服饰，彬彬有礼的行为会让实习生赢得患者的好感，从而较快地被接纳。所以实习生在与患者沟通之前，在仪表方面要做些准备，并在沟通过程中对自己的言行举止进行适当的调控，以便给对方留下良好的印象，尤其要注意留下良好的第一印象。穿奇装异服，留不被社会普遍接受的发型，留长指甲、美甲，文身，上班时间在办公室内吃饭，随意在工作时间打电话等行为都会影响自己在患者心目中的形象，影响沟通的进行。

（六）以技术和态度取得患者的信任

实习生要充分利用康复评定和康复治疗等各种机会，展示自己较为丰富的知识、相对熟练的技术和热情的态度，让患者充分地了解自己，相信并配合自己的工作。只有这样，实习生才有机会在患者身上进行临床实践，获取康复医学知识和技能。此外，实习生毕竟是专业人员，相对于患者来说，有医学知识和技术方面的优势，而绝大多数患者都缺乏医学知识，对自己的病情都有很多的疑问。根据患者的不同情况，有针对性地事先进行知识准备，解答患者的疑问，指导其自我照顾和促进健康的方法，是展现自己具有丰富医学知识的好机会。获得了患者的信任，自然会拉近与患者的距离，促进与患者间的沟通与交流。如遇患者的疑问我们不会解答，一般情

况下不要直接说不会、不懂,可先说:"我现在正忙,等一会儿我去找您好吗?"待请教老师或查找相关资料后,再给患者解答。

(七)做好与患者家属的沟通

患者家属是患者的心理支持者和生活照顾者,家属最想从医务人员那里得到患者所患疾病的相关信息,如康复效果、预后、费用、生活上如何照顾、家属如何配合等等。实习生要了解患者家属的这些需求,主动并有针对性地与家属进行沟通,一则满足患者家属的需要,二则与患者家属建立良好的关系,取得其信任和帮助,从而增加患者对自己的信任,获得临床实践的机会。

三、实习中医患纠纷的防范

知识拓展

卫生部、教育部《医学教育临床实践管理暂行规定》
对实习生医疗纠纷责任的规定

第十六条 在医学教育临床实践过程中发生的医疗事故或医疗纠纷,经鉴定,属于医方原因造成的,由临床教学基地和相关医疗机构承担责任。

因临床带教教师和指导医师指导不当而导致的医疗事故或医疗纠纷,临床带教教师或指导医师承担相应责任。

第十七条 医学生和试用期医学毕业生在临床带教教师和指导医师指导下参与医学教育临床实践活动,不承担医疗事故或医疗纠纷责任。

医学生和试用期医学毕业生未经临床带教教师或指导医师同意,擅自开展临床诊疗活动的,承担相应的责任。

在实习期间,因自己的过错导致医患纠纷,对刚刚踏入医学大门的实习生是一种心理打击,并可能在以后的临床工作中留下阴影,所以实习生应重视医患纠纷的防范。在防范医患纠纷中除正确应用前几章所述的沟通技巧外,还应注意以下几点。

(一)遵守规章制度

开车的司机都知道,预防交通事故发生的关键是遵守交通规则。医务人员的肩上担负着患者的健康和生命,为保障医疗安全和维持正常的医疗秩序,国家、卫生部门和医院都制定了各种规章制度,有些规章制度是用鲜血与生命换来的。实习生应尽快熟悉,尽可能掌握各种医学相关的法律、法规,严格遵守各项医疗操作规程,在带教老师的指导下开展临床康复工作,不自作主张,不随意为患者做各种医疗服务。

(二)尊重患者的知情同意权

患者的知情同意权是法律赋予患者的权利,是指者有权享有知晓本人病情和医务人员做出的诊断、要采取的治疗措施以及预后和费用等方面的情况,并自主选择适合自己需要和可能的治疗决策的权利。实习生在给患者做治疗时,对有副作用或危险性的情况,应向患者或家属说明,并征得同意后才可实施。

(三)保护患者隐私

医务人员在诊疗工作中会掌握患者的一些隐私,如患者的病情和一些与病情有关的生活隐私,绝不可泄露。保护患者隐私,是法律规定的医务人员的义务。

(四)严防语言不当

"祸从口出",语言不当,是引起医患纠纷的常见原因。所以实习生在临床工作中既要积极沟通,又要语言谨慎,避免出现以下情况:①恶语相向。例如:"你这是不讲理""真没见过你这样的人""你这病哪里也治不了"等恶性语言,会刺激患者出现愤怒、惊恐、焦虑、抑郁等不良情绪,加重病情,直接导致医患之间的冲突。②说话随便。对不明确的问题信口开河,自以为是,引发不必要的纠纷。③议论和评价其他医务人员的医疗行为。这可能为医患矛盾和纠纷埋下隐患。④绝对性承诺。如"没事""保证会好""包在我身上"等语言都是绝对性承诺,一旦实际情况与承诺有差距,就可以成为医患纠纷的原因。切记,当实习生对某种疾病的解释不肯定时,先请示上级医生,然后再沟通。

（五）遇患者误解应及时沟通解决

患者在接受医疗服务过程中可能对医疗护理行为产生误解,如患者把医务人员的话理解错了,对发生的医疗费用不清楚,怀疑最近的不适与治疗有关等等。实习生一旦发现,应及时沟通解决,必要时请带教老师协助沟通,不可拖延,以免酿成纠纷。

（六）通过沟通与患者建立感情

实习生经常与患者沟通,会逐渐加深与患者之间的感情,一旦产生如朋友,甚至亲人般的感情,不仅能增加患者对实习生的信任度,还能包容自己的一些错误,不至于因一些小问题而发生纠纷。

（七）有错误应及时诚恳地向患者道歉

在临床实习工作中,由于经验不足,实习生不可避免地会做错一些事情。有错误不可怕,只要能够改正错误,并向患者道歉,是能够得到患者谅解的。但道歉必须做到两点:①诚恳。让患者从自己道歉的方式、语言和语气中感受到诚恳,否则可能起不到道歉的作用。②及时。道歉要及时,发现自己错了,马上就说:"对不起",有时错过了时间也起不到道歉的效果。

（八）利用书面沟通来保存证据

在与患者和家属沟通时,对重要事项的告知,有关病情的记录,征求患者和家属的意见与要求,患者对治疗的拒绝等,要用书面沟通的形式,及时记录,妥善保存。一旦发生纠纷,就可以成为处理纠纷的证据。事实上,很多时候由于有这些证据的存在,反而不容易发生纠纷。在实习期间就要形成自我保护的意识和留存证据的习惯。

（九）发生纠纷要及时报告

医患纠纷一旦发生,靠自己通过解释等沟通方式不能解决时,要及时向带教老师或科主任报告,这也是有关制度所规定的。

学习小结

实习生的主要角色有:学生、康复治疗师的助手、实习康复治疗师。要实现由在校学生向一个实习学生的角色转变,顺利完成实习任务,与患者和带教老师良好的沟通是必要条件。在实习期人际沟通能力的提高,就是走出校门后生存和发展能力的提高。

带教老师是实习生走进临床的引路人,实习生要充分尊重带教老师,服从带教老师指挥,多向带教老师请教,虚心接受带教老师的批评,从带教老师那里学到更多的知识和经验。患者可以帮助实习生成长和进步,应该得到实习生充分的尊重,实习生要主动与患者沟通,处处关心、爱护和帮助患者,给患者留下良好的印象,以技术和态度取得患者的信任。实习期间必须遵守规章制度和各种医疗操作规程,注意防范医患纠纷,培养自己的良好职业习惯、职业道德和工作作风,不断提高业务水平和沟通能力,为将来成为一名合格的康复治疗师打下良好的基础。

（何光明）

思考与练习

一、选择题

A1 型题

1. 实习生与患者沟通中哪些话是应该避免的
   A. 关于病情,我一会儿再和您详细说
   B. 病情危重,我们正在积极抢救
   C. 别问那么多了,我保证给您治好就是了
   D. 您的问题我们会想办法解决
   E. 我们肯定会努力给您治疗的

2. 实习生提高语言沟通技巧哪项是错误的
   A. 尊重患者,善用称呼
   B. 对患者不能有不耐烦的语言
   C. 向患者及家属交代病情应尽量使用专业术语,力求规范
   D. 要注意应用保护性语言
   E. 要多用礼貌用语

3. 带教老师向患者介绍实习生小刘时说:"这可是高材生啊,在学校就获得过康复治疗技术技能大赛一等奖啊!"这利用了人际认知中的哪个心理效应
   A. 首因效应
   B. 近因效应
   C. 光环效应
   D. 投射效应
   E. 刻板印象

4. 实习生在临床实习中,不可以
   A. 观察患者、询问患者病史、检查患者体征
   B. 查阅患者有关资料、参与讨论患者病情、书写病历
   C. 填写各类检查和处置单、医嘱和处方
   D. 未经老师同意对患者实施有关诊疗操作
   E. 对患者进行心理疏导

5. 医学生未经临床带教教师同意,擅自开展临床诊疗活动而引发医患纠纷的,应该
   A. 承担全部责任
   B. 承担相应的责任
   C. 不承担责任
   D. 承担很小的责任
   E. 承担连带责任

6. 一位截肢患者对实习生小刘说:"我不想活了,想喝安眠药自杀",并请小刘不要将这话告诉别人,小刘应该
   A. 尊重患者,为患者保密
   B. 为患者保密,但对患者进行心理疏导,劝其打消自杀念头
   C. 立即报告带教老师,和老师共同采取措施防止其自杀
   D. 患者说的未必是真话,不必在意
   E. 患者对残疾一时想不开,很快自己就会面对现实的,不会真自杀

7. 实习生在人际沟通中存在的问题有哪项是错误的
   A. 实习生在技术上难以取得患者的信任
   B. 实习生沟通意识不强
   C. 实习生的社会阅历缺乏不会影响沟通能力
   D. 患者维权意识增强
   E. 实习生沟通能力不足

8. 瘦弱的实习生小周帮一位偏瘫患者进行康复训练,累得满头大汗,对患者说:"您看,我为了您能康复得好一些,多不容易啊!"对小周的话,你认为哪种评价是对的

A. 实习生帮助患者是自己的责任,有什么好自夸的呢

B. 雷锋做好事都不留名,他只不过做了分内的本职工作,好意思自夸吗

C. 这样说可以让患者感受到实习生对他的爱心和付出,会更好地配合实习生的工作

D. 做好事不应图回报,他这样做不对

E. 自己为了学习,辛苦点是应该的,没有必要说出来

9. 带教老师赵技师以实习生华华留了很长的指甲为由,不让华华动手为患者操作。关于带教老师的行为你认为哪种评价是对的

A. 带教老师的行为不当,他有什么权利干涉华华留长指甲的自由呢

B. 只要注意点,不让长指甲把患者划伤,就应该允许华华操作

C. 老师这样做没有错,长指甲确实影响操作,并且不符合职业要求

D. 老师是故意找茬,刁难实习生

E. 老师与华华不是一个年龄段的人,这样的事是由于"代沟"所导致的

二、实践活动

情景模拟:李先生是位截瘫患者,实习生小张被安排给李先生做康复治疗。实习生小张:"李先生,您好！您该做康复治疗了,由我来给您做,请您配合,好吗?"患者李先生用眼看了一下小张便扭过头去,沉默不语,小张只好又催促了一遍。李先生:"你是实习生吧？你的技术行吗？我不想麻烦你,还是叫刘技师来吧。"

面对这位拒绝合作的患者,如何与他沟通呢?

以剧情再现实习生小张与患者李先生沟通的全过程,沟通时也可以请带教老师刘技师帮助。每班可分成 6~8 组,每组选出 3 人担任角色人物,情景剧时间在 5~8 分钟左右。完成后大家评选最佳方案,老师点评。课后写出心得体会,总结本次模拟的得失。

第九章

跨文化背景下的人际沟通

✚ 情境导读

李红的困惑

李红是某三甲医院的一名康复治疗师。最近她被安排给一位来自泰国的女性患者进行康复治疗。这名女士被诊断为脑梗死,经过急救治疗后,患者生命体征基本稳定,现已进入康复治疗阶段。

李红按照计划对患者进行康复治疗,但是由于患者是一名虔诚的佛教信徒,她每天必须要进行各种宗教活动,这与李红为她安排的康复治疗时间相互冲突。李红多次与患者进行沟通,均无法说服患者。

李红对此感到十分困惑,不知道该怎样与这位患者进行沟通,使其更好地配合康复治疗。

第一节　文化与跨文化沟通

一、文　　化

(一) 文化的定义

对文化的定义,各学科分别有不同的阐释,但多数论著都谈及了文化的广义与狭义之区别。辞海对文化的定义是文化"从广义来说,指人类社会历史实践过程中所创造的物质财富和精神财富的总和。从狭义来说,指社会的意识形态以及与之相适应的制度和组织机构。文化是一种历史现象,每一社会都有与之相适应的文化,并随着社会物质生产的发展而发展。"

从有利于理解跨文化沟通的角度,我们认为,文化就是一个国家或民族特定的观念和价值体系,这些观念影响着人们生活和工作中的行为方式。

（二）文化的特征

文化是一个蕴含了高度复杂性的概念,具有以下几个特征。

1. 超自然性　文化是与"自然"相对而言的概念,所谓文化就是"人化"或"人类化"。可以说,自然界本无文化,唯有经过人类的"耕耘"才有文化的产生。同时,文化源自生活,是体现人们思想与实践的现象,这些都旨在说明文化有超自然性。不过,文化终究源于自然,若是离开了自然,人类就无法生存,文化就不能存在。如,梅花、兰花、竹、菊花因其傲、幽、坚、淡之品质,被誉为"花中四君子"。赋予事物以品格高尚的文化寓意便体现了文化的超自然性。

2. 超个人性　文化的超个人性在于个人虽有接受及创造文化的能力,但是形成文化的力量却并非个人。文化不是对于个人的描述,而是对一个群体或一类人的描述,体现的是人的群体本质和群体现象,所以仅仅体现个人特征的现象不属于文化现象。如,客家人祝寿时,出嫁的女儿要送来大公鸡,还要送寿衣、寿帽、寿饼、寿鞋、寿袜,这并非个人所创造的文化习俗,而是客家族群的共有习俗。

3. 地域性与超地域性　文化伴随着人类的出现和发展而产生与发展,而人类的出现是分地域的,所以文化在发生初期就带有鲜明的地域特征。有些文化会发生存在于不同的地域,是诸多地域的共同性文化或全人类性文化;有些文化首先仅发生于某一地域,接着发展、成熟,最后被其他地域认知、接受和同化,那么这些文化便成为了超地域性文化。如,四大发明首先是我国的,随后被其他国家所接受并利用,就成为了全人类共有的一种超地域性现象。

4. 时代性与超时代性　文化具有鲜明的时代特征,不同时代的生产方式不同,其文化便各有不同。如,我国古代不同朝代的服饰所具有的时代性差别。然而同一民族文化中,各时代共同的东西也彰显了文化的超时代特征,是一个民族的恒久文化。如,我国的中医文化,作为一门古老的医学,至今仍然散发着不朽的光芒。

5. 象征性和传承性　文化的象征性指文化现象总会超出其所直指的狭小范围,具有广泛的意义。如,当人们把红颜色作为一种文化因素时,红色便有了广泛的象征性,如中国人在婚礼上喜欢用红色的装饰表示喜庆,或用红色的文字和图像表示警告等。同时,文化一经产生就会被世人模仿和利用,具有传承性。如,几千年前创立的儒家思想,被一代一代传承下来,直到现在还在影响着我们生活的方方面面。

（三）文化的功能

1. 区分功能　文化是社会或民族相互区分的标志。主流文化体现着一个民族文化的精髓,是一个民族文化的主旋律,它使不同国家、民族或群体之间表现出本质的区别,通过分辨他们传承的文化,如语言、价值观、习俗、宗教信仰等,可以将其区分开来。

2. 规范功能　文化使社会有了系统的行为规范,任何一个社会,都会要求有一定的行为准则和道德标准,以使社会成员的行为能纳入一定的轨道和模式。同时,各民族的文化在长期的发展过程中,都形成了本民族特有的价值观和是非标准,规范着社会成员的行为。

3. 整合功能　文化具有整合人们价值观念、行为规范、促进社会内部协调一致的功能,有利于民族团结和社会稳定。社会上的各种文化机构都从不同侧面维持着社会的团结和安全。

4. 社会化功能　人们在接受文化的过程中成为社会人,形成社会人格,并传递着社会文化。文化被个体保存和传承,个体则从整个人类历史文化中汲取营养,文化塑造了社会的人。

（四）文化背景

文化背景指对人的身心发展和个性形成产生影响的物质文化和精神文化环境。不同的历史时期、不同民族、不同地区,人们所创造、积累和发展起来的文化存在很大差异,不同人群受不同文化的影响,便会产生各不相同的精神信仰、道德取向、价值观念、思维方式和生活习俗等。

如,东西方两种文化背景下,家长对孩子的教育存在着截然不同的两种观点。在中国,受传统文化的影响,家长们会以"孔融让梨"的故事教导孩子接受谦恭礼让的道德观念;而在西方,家长则以"公平原则"教导孩子坚持维护自我利益。两种不同的文化熏陶下,面对利益,中国孩子展现出礼让的个性特征,而西方孩子则展现出争取的个性特征。

(五) 文化差异

文化差异主要指不同文化圈之间的差异,尤其是中国和欧美国家的文化差异。如,东方人主张"群体为中心",从众心理普遍,而西方人强调"自我为中心",竞争意识强烈;东方人重礼仪、多委婉,而西方人重独立、多坦率等。产生文化差异的原因,主要有思维方式、价值取向、社会结构、生活环境和宗教信仰等方面的差异。

二、跨文化沟通

(一) 跨文化沟通的含义

跨文化沟通(cross-cultural communication)指拥有不同文化背景的人相互之间进行的信息交流。随着国际交往的不断扩大,各国、各地区的交流日益频繁,跨文化沟通已成为各国、各地区、各民族促进合作与发展的必备条件。同时,由于地域不同,种族不同等因素常导致文化差异,所以跨文化沟通可能发生在国际,也可能发生在不同的文化群体之间。

(二) 跨文化沟通的特点

1. **文化对接困难**　文化对接是指沟通者和被沟通者在一个文化符号中获得一致的意义。只有实现文化对接,沟通的双方才能达到理解和沟通。跨文化沟通是在不同文化之间进行,而不同文化的思维体系、规范体系、符号体系、编码体系等差别很大,所以在进行跨文化沟通时,它们的共享性、认同性、对接能力都很差,因而会在沟通中发生种种困难。

2. **文化距离不同**　文化距离是指文化间的共性与个性的差异程度。文化间的共性较多,文化距离就较小;文化间的个性突出,文化距离就较大。一般来说,文化距离的大小与跨文化沟通的难度成正比。

3. **传统文化与习俗影响沟通效果**　传统文化与习俗蕴藏在每个人的潜意识中,很难改变,并且时时地发生作用。在跨文化沟通中,人们应该了解并学会适应对方的文化特征,这样才可以进行良好沟通。如果沟通双方都固执地坚持自己的文化习惯和传统来处理事情,就会造成矛盾和冲突,从而影响沟通效果。

4. **沟通成本高**　跨文化的沟通成本远远超过一般沟通,因为克服跨文化沟通的障碍会消耗更多的资源、使用更多的手段和方法、耗费更多的时间等。

5. **易导致文化休克**　跨文化沟通中,沟通主体由一种文化进入另一种文化,面对陌生的各种文化意义符号系统,由于缺乏足够的适应性而极易产生茫然无措、深度焦虑等文化休克的表现。

第二节　跨文化沟通障碍

一、跨文化沟通障碍

(一) 语言和非语言障碍

语言和非语言是人们进行有效沟通的两个重要途径。不同的语言源于不同的文化,每种语言又都有其独特的文化内涵。在跨文化沟通中,语言的多样性与复杂性常常是造成沟通障碍的主要原因。同时,在跨文化沟通中,人们更多地运用非语言性沟通。但是,不同文化背景下非语言的使用模式及所代表的含义也不同。如,印度人在交谈中如果赞同别人的意见,不是点头而

是摇头,不同意时则点头。在跨文化沟通中,如果双方缺乏对对方语言和非语言沟通的了解,就会造成沟通障碍。

(二)信仰与行为不同导致的障碍

信仰指对某种主张、主义、宗教或某人极度相信和尊敬,拿来作为自己行动的指南或榜样。不同文化背景的人群在信仰与行为方面存在差异,信仰与行为习惯的差异又使得跨文化沟通的沟通者对同一件事情可能产生不同的理解,从而产生了沟通障碍。如,西方人无法理解中国人用鞭炮驱鬼避邪的行为。

(三)文化多样性导致的障碍

不同文化背景的人群对空间、时间、伦理道德、饮食习惯、协议等方面的理解不尽相同。如,欧美国家的人们十分看重时间,如果他人不遵守约会时间,他们会十分愤怒,而在巴西,赴约迟到是常有的事情。在跨文化沟通过程中,这些文化多样性造成的理解不同会导致沟通障碍。

(四)价值观差异导致的障碍

价值观是构成文化和社会的基干,也是跨文化沟通中的核心问题之一。不同文化背景的人具有不同的价值观,即使在同一文化背景内,人的价值观也不尽相同。在跨文化沟通中,不了解对方的价值观,势必会造成跨文化沟通障碍。

二、跨文化沟通的影响因素

(一)跨文化敏感因素

跨文化敏感是发现他人在行为、认知和感觉上同我们有什么不同的能力。它能够形成理解和欣赏文化差异的积极情绪,从而促进跨文化交流中适当而有效的行为。有效的跨文化沟通需要跨文化敏感,因为敏感的人都有一种激励自己去理解、欣赏和接受文化差异,并从跨文化交流中取得积极结果的愿望,可以更好地了解某一个情景,也可以对新的可能性以及思考的方式保持开放性。

(二)多元文化认知因素

多元文化是指经过多年逐渐形成的一种民族共有的信仰、情感、价值观和行为准则。由于各民族所在的地域、环境和规模等因素的制约,各民族的文化均不相同,同时,随着社会的进步和沟通交流增多,使得各民族的不同文化共同存在于同一社会环境中。人们对多元文化的认知是影响跨文化沟通的一个重要因素。如:对文化符号认知不足、各类习俗、信仰价值观的认识不足等都会影响跨文化沟通的效果。

(三)跨文化沟通技能因素

跨文化沟通与普通的人际沟通有所不同,其沟通技能更加突出对文化的掌握。在跨文化沟通实践中不断摸索与积累沟通技巧是提升跨文化沟通水平的重要方法。在跨文化沟通中,要利用有效的沟通方法灵活机动地调整、选择语言和行为,回避双方差异较大的方面,使沟通控制在双方均能理解的范围内。例如:美国人喜欢直接的沟通方式,说话十分直率,因此与美国人沟通的东方人应该学会应对这样直接的沟通方式,而不是继续使用自己习惯的间接沟通方式,以免使对方感到无法理解,影响沟通效果。

第三节 文 化 休 克

不同文化背景的人会形成不同的观念定势、思维定势、价值标准定势及行为方式定势。生活在某一种文化环境中的人初次进入另一种文化环境,如到了不同的民族、社会群体或地区时,会产生一种迷失、疑惑、排斥甚至恐惧的感觉,这种现象为文化休克。

一、文化休克的概念

文化休克（cultural shock）又称为文化震撼、文化震惊。是 1958 年美国人类学家奥博格（Kalvero Oberg）提出来的一个概念，是指一个人进入到不熟悉的文化环境时，因失去自己熟悉的所有社会交流的符号与手段而产生的一种迷失、疑惑、排斥甚至恐惧的感觉。如，大学新生、新入院的患者、出国人员等到了不同文化环境中，因适应新的环境产生焦虑、紧张的情绪，进而出现文化休克现象。

二、引起文化休克的原因

引起文化休克的主要因素是突然从一个熟悉的环境到了一个陌生的环境。具体的原因主要有以下几种。

（一）沟通方式障碍

1. 语言沟通　不同国家和民族有自己的语言，即使同一种语言也会因地域、习惯用法、文化背景、文化观念的不同而使沟通双方出现理解偏差。如，医护人员与文化层次及文化背景不同的患者使用专业术语讲述病情，会导致学历层次低及无医学常识的患者与医务人员的沟通障碍，从而产生紧张、焦虑的心理，发生文化休克。

2. 非语言沟通　不同文化背景下，非语言沟通的模式与传递的意义亦有所不同，这直接影响人们融入到不同文化中，进而导致文化休克。如，"将拇指和示指弯曲合成圆圈，手心向前"这个姿势在美国表示"OK"，在日本表示钱，在拉丁美洲则为下流低级的动作。

（二）日常生活活动的差异

当一个人的日常生活环境改变时，其生活方式、生活习惯都会受到影响。住宿、饮食、起居等都会发生变化，需要重新适应新的变化。在适应过程中往往使人产生挫败感，甚至引发文化休克。

（三）孤独

个体来到一个与以前环境迥异的地方时，丧失了自己在原有文化环境中的社会角色，与亲人朋友分离，会感到孤单无助，产生焦虑和对新环境的恐惧等情绪，出现文化休克。

（四）风俗习惯

风俗习惯是特定社会文化区域内历代人们共同遵守的行为模式或规范，主要包括民族风俗、节日习俗、传统礼仪等等。不同文化背景的人有不同的风俗习惯，一旦进入新的环境，必须去适应新环境的风土人情。例如，信奉伊斯兰教的阿拉伯人每年伊斯兰历的 9 月进行斋戒，斋戒期间，从黎明到日落禁止进食饮水，只能在夜间加餐满足对营养的需求；泰国人习惯合掌行见面礼，而阿拉伯人彼此见了面，将右手举在额前，左手贴胸，表示情意。如果对对方这些风俗习惯不了解，短时间内难以适应，则可能会出现文化休克。

（五）态度与信仰

态度是人们在自身道德观和价值观基础上对人或事物的评价和行为倾向。当一个人的文化环境改变时，其态度信仰常出现矛盾冲突，长期形成的信仰与新环境中的信仰不相协调，造成行为上的无所适从。

以上造成文化休克的因素，当同时出现的机会越多、越强烈时，个体文化休克的表现愈明显。如果从文化的角度来看，文化休克的根源在于原有文化模式的根深蒂固；如果从社会学的角度来看，其原因在于社会环境的巨大差异。

三、文化休克的表现

由于个体来自不同社会层次，其成长过程、社会经历、文化修养、性格特征、心理活动与应激

反应不同,则文化休克的表现与程度也各不相同。通常会有如下表现。

(一) 焦虑

焦虑是指一种缺乏明显客观原因的内心不安或无根据的恐惧,是人们遇到某些事情如挑战、困难或危险时出现的一种情绪反应。主观体验是没有明确对象和内容的恐惧。心理上表现为心神不定,思想不集中,对周围环境缺乏注意,健忘或思维中断等;生理上表现为运动性不安,声音发颤,手发颤,面部紧张,失眠,疲乏,还有自主神经功能的紊乱,出现交感神经功能亢进症状:面赤、口干、出汗、气急、心悸、食欲不振、便秘或腹胀、腹泻、尿频尿急等。

(二) 恐惧

恐惧是一种心理活动状态,是面对周围不可预料、不可确定的因素时而产生的心理或生理的一种强烈情绪反应。人在感到恐惧后的反应是:机体进入应激状态后,肾上腺素大量释放,心跳加快、血压上升、呼吸加深加快;肌肉(尤其是下肢肌肉)供血量增大,以供逃避或抵抗;瞳孔扩大,以接收更多光线;大脑释放多巴胺类物质,精神高度集中,以供迅速判断形势。文化休克时恐惧的主要表现是躲避、注意力和控制缺陷、害怕与人交流等。

(三) 沮丧

沮丧是不能在新环境中应付自如而产生失望、悲伤、无能为力的情感。表现为灰心丧气,长吁短叹,感叹命运的不公、时运的不济。文化休克时其表现是对什么事都提不起兴趣,整天无精打采,封闭自己,疏于与外界沟通,孤寂、悲观。

(四) 绝望

绝望是个体主观认为没有选择或者选择有限,以致不能发挥自己的力量时而产生的一种心理反应。文化休克时绝望的表现为:凡事被动、少语,反应迟钝或淡漠,垂头闭目,精神消极,生理功能减退,对生活丧失兴趣。

四、住院患者的文化休克

患者住院后,面临文化环境改变,社会角色变化,思想负担加重,会产生不习惯、不适应,甚至焦虑、恐惧的心理,表现出明显的文化休克,不同程度影响患者的身心康复。

(一) 陌生环境导致的文化休克

1. 住院环境陌生　医院的门诊部、住院部、病区、药房、病区生活设施等与患者住院前的环境有极大的差别,使患者在住院初期感到生疏、紧张;医院的管理制度、各种规定和行为规则使住院患者感到失去自由,受到拘束;患者入院后,减少了与外界的联系,面对陌生的环境,心理特别脆弱,孤立无援,容易陷入孤独、失望、焦虑、恐惧的情绪中,增加了心理压力,从而引起文化休克。

2. 人际环境陌生　作为患者,身体的伤病往往带来心理的创伤,他们比常人更为脆弱,在期望治愈疾病的同时,渴望得到更多人情温暖。而与家人、朋友、同事分离的他们,在医院内面对的是陌生的医生、护士、病友,其交往目的、交往模式与住院前有很大的差别,使患者感到生疏紧张,成为文化休克的原因之一。

(二) 与疾病有关的信息不对称导致的文化休克

信息不对称是指信息在相互对应的经济个体之间呈不均匀、不对称的分布状态。对于患者而言,存在明显的信息不对称。患者大多缺乏医疗知识,对自己所患疾病的诊断、治疗以及所需费用等方面的信息大大少于医务人员,若医护人员不考虑患者的感受,并认为患者无须知道更多治疗护理的专业知识而对患者渴求信息的需要不予重视时,患者因猜测、担心病情,缺乏安全感而产生紧张、焦虑的情绪,进而导致文化休克。

(三) 沟通方式差异导致的文化休克

通常患者在住院期间的活动范围会受到一定的限制和约束,从而使其感到陌生、不适应,

若医护人员不考虑对方的知识水平、教育程度，采用单一的沟通方式，会增加沟通交流的障碍。如，不应用通俗易懂的语言，而使用过多医学术语，会使患者恐慌，甚至产生误解，从而引起文化休克。

（四）缺乏他人对自身文化的理解导致的文化休克

由于个体成长和经历的文化背景不同，当患者的自身文化不被理解、接受时，易形成心理文化压力，产生文化休克。例如，中国传统文化背景影响下，有些人有"混合"或者"综合"的习惯，用药往往中药、西药同时服用。若医护人员不理解其文化，一味地劝说阻止，会使患者产生不安全、不信任或受挫感，进而导致文化休克。

第四节　康复治疗工作中跨文化沟通的策略和技巧

一、康复治疗工作中跨文化沟通的策略

在康复治疗工作中，针对不同文化背景的患者采取适当的沟通方式，可以增进患者对康复治疗师的信任，提高其治疗的依从性。

（一）拓宽多元文化视野

在康复治疗工作中，为了满足不同文化背景患者的需要，准确理解患者的各种行为，满足患者的文化需求，应充分拓宽视野，融汇多元文化。

1. 了解异国文化　不同国家之间，由于思维模式、宗教信仰、种族群体、政治立场、社会阶级等不同，文化存在一定差异。如英国人具有传统的贵族情结，因此英国的男士奉行绅士主义作为行为举止的准则；美国人崇尚自我实现，追求民主自由，讲求理性和实用；而在我国等一些东方国家，则重视礼节，说话委婉，以和为贵。

2. 感受民族文化　我国是一个幅员辽阔的多民族国家，不同的民族在其历史发展过程中创造和传承着具有本民族特点的文化。如满族、锡伯族禁食狗肉；回族、塔吉克族、维吾尔族等信仰伊斯兰教的民族禁食猪肉。

（二）加强语言的培训学习

语言符号的不一致是跨文化沟通障碍的主要原因。为了与不同文化背景的患者进行有效的沟通，帮助其预防和减轻康复治疗过程中发生的文化休克，康复治疗师应学习并掌握不同文化背景下的语言特点，同时提升专业性语言修养，以便更好地为患者服务。

1. 不同地域的语言特点　因为文化隔离的原因，不同群体之间存在亚文化现象，在不同地区存在方言，在更大的地域之间存在着语系区域符号化、逻辑化、理性化等特性，以确保人类个体之间通过语言进行复杂、深刻的思想和情感交流。如在江西人的方言口语中不说"疼"只说"痛"，"心痛"在赣语中的释义为感情上的"心疼"，而非病理上的，因此康复治疗师在与这类患者进行沟通时，应注意区分。

2. 专业性语言修养　语言修养是个人经过长期的锻炼和培养所形成的使用语言的水平和质量。在跨文化沟通中，康复治疗师应以提升自身语言交流的科学性、礼貌性、规范性、逻辑性、简洁性等为基础，加强专业性语言修养。如采用异文化患者能够理解的方式，通俗地阐述治疗情况；尊重患者的文化多样性，避免谈及和泄露患者隐私等，从而促进医患间有效沟通。

（三）尊重与包容异文化

为了实现跨文化沟通中的文化认同，沟通双方应学会尊重彼此的文化，理性对待文化中的各类差异，求同存异，宽容以待，积极解决跨文化沟通中的难题。

1. 正视己文化,避免骄傲自负　人们普遍倾向于认为自己的种族或民族至高无上,其全部或部分文化优越于其他种族或民族,即种族优越性。在这种观念支配下,个人往往习惯于结合自己的种族文化来判断他人族群的文化行为,由此可能会导致彼此文化行为上的误解。因此,康复治疗师应在正视本族患者的文化基础上,尽可能理解其他族群患者的文化背景。

2. 勿触及异文化禁忌　由于传统习惯或社会风俗等原因,使得不同文化背景下的患者对某些事物、语言、行为等有特别的禁忌。在康复治疗过程中,应尽量避免触及这些禁忌。如西方的老年人非常忌讳称呼中有"老"字;日本人忌讳绿色,认为这是不祥之色;在我国南方一些地区,认为数字"4"与"死"谐音,不吉利。

(四) 积极促进文化融合

文化融合是指具有不同特质的文化通过相互间接触、交流进而相互吸收、渗透、学习,融为一体的过程。

1. 积极应对文化冲突,主动寻找沟通的切入点　在现实生活中,如果两种以上的文化现象相互接触,则可能会产生竞争和对抗状态,形成文化冲突。面对文化冲突,康复治疗师不应回避,而应促进不同文化的接触,积极主动寻找沟通的切入点,与患者进行有效沟通。

2. 促进不同文化相融,构建和谐医患关系　康复治疗师在与患者进行沟通时,应将双方不同的文化进行调适、整合,融为一体。使患者感受到被尊重、被关注、被重视,增加安全感,建立和谐的医患关系。

知识拓展

提高交叉文化沟通的指导(L. E. A. R. N)

L:Listen　带着同情和理解的态度倾听患者对问题的观点

E:Explain　向患者说明你对问题的观点

A:Acknowledge　认可与讨论异同点

R:Recommend　介绍治疗方法

N:Negotiate　协商协议

二、康复治疗工作中跨文化沟通的技巧

在康复治疗工作中,掌握与不同文化背景的患者进行沟通的技巧,可以拉近与患者的距离,赢得患者的信赖与认同。

(一) 语言沟通方面

1. 语句简短,多次复述与强调　在康复治疗工作中,康复治疗师与来自不同文化背景的患者实现有效交流,语言问题常常成为最大的障碍。在这样的情况下,康复治疗师在表述上,化繁为简,多次强调关键语句和词汇能够促使对方理解和记忆所传达的信息,有利于提高有效沟通的成功率。

2. 语言幽默,拉近距离　康复治疗师在与来自异文化的患者沟通交流时,通常比较谨慎、拘束。这无疑会使沟通双方产生距离感,不利于建立良好的医患关系。康复治疗师尝试适度的使用幽默的语言与患者交流,可以促进双方互动、增进友情和亲密感,赢得患者的赞同,拉近医患间的距离。

3. 表述恰当,注意禁忌　康复治疗师与有宗教信仰或特殊民族生活习俗的患者进行沟通时,除使用礼貌用语、正确的称呼和恰当的表述方式外,还要结合患者的文化背景,尊重其文化

禁忌。如信奉基督教的患者忌讳"13"这个数字;墨西哥人认为"周五"是不吉利的。

4. 认真倾听,注意反馈　面对康复治疗过程中出现愤怒、悲哀、抑郁等情绪的异文化患者时,康复治疗师应耐心倾听患者的诉说并评估产生不良情绪的原因。同时,适时做出反馈,保证对信息的准确理解,同时使患者感受到关心、温暖及被重视。

(二) 非语言沟通方面

1. 表情亲切,传递关爱　康复治疗师在与患者接触的过程中,自然而亲切的微笑可以给受疾病困扰的患者留下良好的印象,增添患者战胜疾病的信心和勇气。同时淡化了由于文化背景不同所产生的紧张情绪,向患者传递出了友善、关注、尊重、理解等信息,有助于营造和谐融洽的沟通氛围。

2. 眼神自信,建立信任　眼神在面部信息传递中有着特别重要的地位与作用。当眼睛注视关注对象时,彼此眼神的对视时间及其模式可以反映双方的关系,传递关爱与鼓励等。在面对来自异文化的患者时,康复治疗师应学会用目光启动交往,运用眼神交流的技巧传递为患者提供高水平康复治疗的信心,从而增加患者的信任。但面对不同文化的患者,应把握目光接触的分寸。如,在日本、美国等一些国家,四目相视被认为是一种无礼的行为;穆斯林阿拉伯妇女不喜欢与其丈夫以外的其他男人有眼神的接触。

3. 语速适中,语调平和　语速、语调在语言表达中发挥着重要的修饰作用。由于使用不同的语言符号,沟通双方极易产生消极的沟通情绪,如急躁、紧张、焦虑等。所以在沟通中康复治疗师应语速适中,有节奏感;同时保持平和的语调,避免惊讶、叹息等语气,防止对异文化患者产生不良影响。

4. 距离适当,避免误解　在康复治疗过程中,康复治疗师往往会突破与患者之间的正常空间距离,直接接触患者的身体部位。此时,应在充分评估患者的文化习俗和禁忌基础上,对其进行预先的解释。如,英国人、加拿大人及中产阶级美国人喜欢与不熟悉的人保持一定的距离;而印度尼西亚人、阿拉伯人及法国人则喜欢较亲密的空间。

5. 行为适度,注重礼仪　在跨文化沟通中,康复治疗师应适度展示己文化,同时尊重异文化,行为符合医学伦理的要求。另外,我国素有"礼仪之邦"的美誉,在跨文化沟通中尤其应注重礼仪。因此,无论何种文化背景,衣着整洁、仪表端庄的职业形象,诚恳真挚的谈吐,把握分寸、合乎规范的行为举止都可以赢得患者的尊重与信赖,使其更好的配合康复治疗工作,从而提高整体的康复治疗水平,促使患者恢复健康。

学习小结

通过本章的学习,认识到文化是一定历史、地域、经济、社会和政治的综合反映。随着各国、各地区、各民族间文化交流的日益频繁,跨文化沟通已成为了一个新鲜且备受关注的话题。跨文化沟通是拥有不同文化背景的人相互之间进行的信息交流,在开展国际化医疗服务及促进不同地区及民族实现医疗服务共享方面起到了重要作用。所以,学习文化、文化休克及跨文化沟通的相关知识,掌握跨文化沟通的策略和技巧,是当代医务工作者所必备的职业能力。在康复治疗工作中,康复治疗师应首先认真评估患者的文化背景,了解其文化禁忌,分析其可能存在的文化差异,以宽广的胸怀最大限度地尊重、理解和包容多元文化,促进异文化患者恢复健康,构建和谐的跨文化医患关系。

(温晓会)

思考与练习

一、选择题

A1 型题

1. 文化的特征不包括
   A. 超自然性　　　　　B. 超个人性　　　　　C. 象征性
   D. 代表性　　　　　　E. 时代性

2. 泥土经陶艺家的制作成为精美的陶瓷作品,这体现了文化的什么特征
   A. 超自然性　　　　　B. 超个人性　　　　　C. 象征性
   D. 代表性　　　　　　E. 时代性

3. 跨文化沟通的特点不包括
   A. 文化对接困难　　　　　　B. 沟通成本相同
   C. 易导致文化休克　　　　　D. 文化距离不同
   E. 传统文化与习俗影响沟通效果

4. 西方人无法理解中国人用鞭炮驱鬼避邪的行为体现了哪种跨文化沟通障碍
   A. 语言障碍　　　　　　　　B. 文化多样性导致的障碍
   C. 价值观差异导致的障碍　　D. 非语言障碍
   E. 信仰与行为不同导致的障碍

5. "东方人重礼仪、多委婉,而西方人重独立、多坦率"体现了
   A. 文化的价值　　　　B. 文化的功能　　　　C. 文化的背景
   D. 文化差异　　　　　E. 文化的特征

6. 文化休克时与恐惧的生理表现无关的是
   A. 肾上腺素大量释放　　　　B. 心跳加快、血压上升
   C. 瞳孔扩大　　　　　　　　D. 躲避、注意力和控制缺陷
   E. 大脑释放多巴胺类物质

7. 文化休克的表现中,不包含
   A. 焦虑　　　　　　　B. 恐惧　　　　　　　C. 沮丧
   D. 伤心　　　　　　　E. 绝望

8. 引起文化休克的原因中,不正确的是
   A. 沟通交流障碍　　　B. 日常生活活动的差异　　　C. 孤独
   D. 悲伤　　　　　　　E. 风俗习惯

A2 型题

9. 小周大学毕业后离开家乡来到北京工作。不久前一次意外,她右腿粉碎性骨折,手术后小周开始接受康复治疗。最初同事们轮班陪伴小周,之后由于大家忙,小周便独自接受治疗。最近细心的康复治疗师小李发现小周情绪悲观,时常心神不定,拒绝与他人沟通,出现了文化休克的表现。试分析最可能导致小周出现文化休克的原因是
   A. 沟通交流障碍　　　B. 日常生活活动的差异　　　C. 孤独
   D. 劳累　　　　　　　E. 风俗习惯

10. 一位来自美国的 54 岁女性患者来进行康复治疗,领导专门安排了业务骨干小李为其治疗。小李十分主动地为这位患者服务,并使用英语与之交流。后来,小李得知患者略通中文,为了表示尊重,他亲切地称呼患者"老人家",以拉近彼此的距离。最初几天患者与小李相处融洽,可不久患者就要求更换治疗师。分析原因可能是

A. 小李工作不积极　　　　　　　　B. 小李与患者语言交流障碍

C. 小李治疗技术水平低　　　　　　D. 患者不喜欢男性治疗师

E. 患者不喜欢被称呼为"老人家"

二、实践活动

1. 小组讨论

主题:文化分享

实践内容与方法:将班级同学在课前进行分组,每组 8~10 人。预先布置实践主题,要求同学以小组为单位搜集异国文化或我国少数民族文化资料与素材,形成汇报材料(材料形式不限)。各小组选出代表进行主题相关内容的分享,其他组员参与补充,教师及其他同学给予评价。

2. 角色扮演

主题:感受康复治疗工作中的跨文化沟通

实践内容与方法:你被安排去为一名异文化患者(具体文化背景自定)提供康复治疗,实践如何利用跨文化沟通的策略和技巧来与之进行有效沟通,同时展示患者的部分文化禁忌。

将班级同学在课前进行分组,每组 8~10 人。小组成员设计表演方案及台词,准备表演道具,分配角色等。每组表演后,教师及其他同学给予评价。

10 第十章

日常生活中的人际沟通

学习目标

1. 掌握:与同事之间、领导之间的沟通技巧;电话交流、拜访接待、求职面试的沟通技巧。

2. 熟悉:与陌生人、下级的沟通技巧。

3. 了解:咨询与协商的沟通技巧。

4. 能应用正确的方法与不同类型的人进行沟通,及进行拜访接待、咨询协商及求职面试。

5. 自觉培养积极与人沟通的习惯及良好的沟通意识。

情境导读

有才华的小丁

医院举办演讲比赛,由各个科室报送选手参加。康复科的小丁是科室公认的才子,他积极性很高,早早写好了演讲稿,心想以自己的文采和口才,这次肯定能选上。小丁拿着演讲稿,兴冲冲地走进科主任的办公室,正在埋头看病历的主任被吓了一跳,忙抬头问道:"小丁,找我什么事?""主任,这是我这次参加比赛的演讲稿,请您过目。"主任只好停下手中的工作,接过小丁的演讲稿,随口赞道:"动作很快嘛。"并请小丁坐下,倒上一杯茶递给他,然后拿起演讲稿仔细研究起来,小丁的演讲题目是《尊敬他人,从自己做起》。小丁看到主任对自己的演讲稿如此感兴趣,如释重负,便往沙发上一靠,跷起二郎腿,一边喝茶,一边悠闲地环视着主任的办公室。这时,有患者家属找主任,主任让小丁稍等一会就走出了办公室。小丁等了一会,感到无聊,便非常随便地拿起办公桌上的电话,和一个朋友闲聊起来。这时,门被推开,进来的主任无奈而又若有所思地摇了摇头,心想有才华的小丁似乎还缺少些什么……

沟通在我们的日常生活中无处不在,良好有效的沟通是我们提升工作效率和生活质量的重要手段。良好的沟通,能使自身为他人所理解,以得到必要的信息,获得他人的帮助。良好有效的沟通对于个体而言,具有重要的作用;同样,对于一个团队、一个组织而言,良好的沟通,可以增强团队凝聚力和团队战斗力。

第一节 与不同对象之间的沟通

一、与陌生人之间的沟通

陌生人一般指不认识和未见过面的人,有时也指不够熟悉的人。人与人之间都是从陌生开

始,经过相互交往后不断加深了解而成为朋友。如何与陌生人沟通是人际交往中最基本的能力之一。

(一) 沟通前准备

如果是事先已知的会面,应在沟通前,了解对方的个性特点、兴趣爱好及职业等,以根据对方的特点做好准备。根据会面的目的不同选择不同的穿着也很重要,如工作会谈应选择正式的西装或套装,给对方庄重、严谨之感;若是生活聚会则可选择时尚靓丽的服饰,展示着装品位的同时向对方透露出内在的修养。其次,选择合适的会面地点也能营造更好的沟通氛围,减少初次见面的拘谨。如果与对方是不期而遇,比如在火车上两人毗邻而坐,无法事先了解,则应迅速调整状态,克服自己心中的恐惧心理,大方的走出沟通第一步,寻找开启沟通的话题。

(二) 沟通的技巧

1. 表现得体,做好开端　第一印象很重要,它能决定对方是否与你进行进一步的沟通,亲切的笑容、优雅的举止、礼貌的语言都能给对方留下好印象。与人第一次见面时,要注重礼节,与对方握手时应起立以示尊重,并做好自我介绍并表达与对方初次见面的喜悦心情,如"很高兴认识您""久仰您的大名"等。好的开始是成功的一半,得体的仪态、真诚的态度和友善的眼神都能使对方感觉到你的诚意和尊重,使对方尽快放松心情,迅速进入沟通状态。

2. 寻找话题,循序渐进　寻找共同的话题,能有效的打开沟通的局面。很多人怕与陌生人交往,主要是感觉与陌生人找不到话题交流,因此好的开场白尤为重要。常用的开场白如询问对方的家乡、工作、毕业学校等,以此打开话题,渐渐地在谈话中去寻找共同点,制造话题。在谈话过程中,我们应用心去发现对方的兴趣爱好以更好的深入开展沟通。在交谈中应努力寻找双方的共同点与共同感兴趣的话题,逐步增进彼此的关系,但不应急于求成,尤其遇到一些性格较为内向谨慎的人,急切的拉近关系容易造成对方的警惕与反感,应做到自然不突兀,给予对方足够的尊重。

3. 仔细观察,适当调整　根据面容、服饰、举止、谈吐的特点可以大致看出一个人的年龄、心情、精神状态和生活习惯,找出对方的爱好和兴趣所在,投其所好,展开交谈。当一个话题并未得到对方的回应时,应适当转换话题。在交谈中,禁忌涉及薪资、存款、婚姻状况等隐私问题。在交谈中应探索对方喜欢的沟通方式,如有人喜欢婉转的表达方式,有人则喜欢直截了当地说出心中所想,应灵活调整。

二、与同事之间的沟通

同事,意为共事的人,即在同一单位工作的人。若将工作比作一台机器,员工就好比机器中的每个零件,只有各个零件凝聚成一股力量,这台机器才可能正常启动。作为一名在职人员,要加强个体和整体的协调统一,只有在工作中与同事做好沟通协调,才能更好地融入集体,出色地完成工作。

(一) 沟通前准备

首先,应摆正自身的位置,谦虚谨慎并对对方心存足够的尊重,沟通前应思考此话题是否适合进行沟通,寻找合适的沟通时间与地点,根据对方的性格特点选择合适的沟通方式。

(二) 沟通的技巧

1. 重视倾听　倾听是最有效的沟通方式,有时候"多听"能比"多说"更好地促进彼此的沟通。在沟通中多倾听对方,是表示对对方的尊重,鼓励对方表达自己心中所想,并对对方的意见表示重视与肯定,能迅速地拉近彼此的距离。

2. 尊重隐私　同事间应给予足够的空间,不窥探对方的隐私,不在背后非议同事。沟通中如果涉及隐私的话题应为对方守密,并做一个信守承诺的人,这样才能获得对方充分的信任。

3. 团结协作　在与同事的交往与沟通中,应团结友好、真诚相待、互相帮助、共同成长。需要同事帮助时,应多使用请托敬语和征询敬语,如"劳驾""拜托"等;接受同事帮助时,应当真诚表示感谢;对他人的失误应给予宽容与谅解。此外,还应注意不在患者面前贬低同事的能力和医疗水平。

在与同事相处中,对待升迁、功利,要保持平常心,不应嫉妒,或在背后互相谗言,这样既不光明正大,又于己于人不利。合作过程中,有了成绩,不要把功绩独自包揽,合作中的失误和差错要勇于承担,遇到利益之争时,不应当"利"不让,应学会分享,形成团队观念。

4. 虚心学习　孔子有言:"三人行,必有我师焉。择其善者而从之,其不善者而改之。"一个人要成功必须不断地自我分析、自我了解、自我提高,而向他人学习是提高自身的有效途径。每个人都有自己的过人之处,应多看到同事身上的可取之处,虚心向别人学习。尤其是年轻人与老同事之间,老同事有丰富的工作经验,新同事有更强的创新精神,应互相学习,共同进步。

5. 求同存异　同事之间由于经历、立场等方面的差异,对同一个问题,往往会产生不同的看法,引起一些争论,处理不当易伤和气。因此,与同事有意见分歧时,不要过分争论。从客观上讲,人们在接受新观点时需要一个过程,在主观上还伴有"好面子""好争强斗胜"的心理,彼此之间谁也难服谁,此时如果过分争论,就容易激化矛盾而影响团结。但若涉及原则问题,当然不能"以和为贵",不坚持,不争论,刻意掩盖矛盾。面对问题,特别是在发生分歧时要努力寻找共同点,争取求大同存小异。实在不能一致时,不妨冷处理,表明"我不能接受你们的观点,我保留我的意见",让争论淡化,又不失自己的立场。

三、与领导之间的沟通

领导,是在单位里担任一定职务,掌握一定权力,履行领导职能的人。一个人来到一个新的工作环境,很重要的一件事情就是要学会与人沟通,不仅要与同事沟通,更要与领导沟通。下属如果能与领导进行有效沟通,建立并保持良好的上下级关系,对自己以后的成功和发展,都具有重要意义。

(一) 沟通前准备

每位领导都有自身的性格、爱好、作风和习惯,下属只有了解领导的个性心理,才能方便沟通。领导的心情如何,在很大程度上影响到沟通的成败,因此在沟通前应先了解领导的情绪状态。当领导的工作比较顺利、心情比较轻松的时候,是与领导沟通的好时机;当领导情绪不佳的时候,很难听进下属的意见,不便于沟通。必要时应与领导预约时间,并根据沟通的话题选择适合的场合。

(二) 沟通的技巧

1. 尊重权威,礼仪到位　领导者的权威不容挑战,不论领导是否值得你敬佩,下属都必须尊重他。只有对领导怀有仰慕的心情,才能实现有效沟通。与领导交谈时,应注重礼仪,良好的站姿、坐姿都能向领导传达你对他的尊重;真诚的眼神则透露出你对此次沟通的重视,适当的表情和适时的点头则体现出你的认真倾听。若在与领导沟通时仪态不良,眼神左顾右盼,漫不经心没有回应,则会给领导留下傲慢无礼、工作态度不积极的不良印象。

2. 察言观色,谨言慎行　与领导沟通过程中不要一味地表达自己的观点,应认真观察领导的反应,选择合适的表达方式。说话前应考虑再三,用合适的语言表达观点。若感觉领导对某个话题不愿意多做交流,不应执意强求,而应暂缓讨论,另寻合适的时机与方式。领导者所做的每一件事情,都一定有他的理由,有不同意见也不应过多地批评、指责或抱怨,更不应当面争论甚至顶撞,而要给予充分的谅解,用委婉的方式与领导进行沟通。

3. 不卑不亢,实事求是　对领导应有足够的尊重,但不应过分畏缩,不要采取"低三下四"

的态度,更不要阿谀奉承。真正有见识的领导对一味奉承、随声附和的人是不会予以重视的。说话注意分寸但也要实事求是,不夸大,不虚假,在保持独立人格的前提下不卑不亢。只要是从工作出发,从事实出发,有理有据,领导是会予以考虑的。在领导面前不对其他同事的工作妄加评论,必要时应在实事求是的前提下对同事的工作表示充分肯定。

四、与下属之间的沟通

下属,即部下、下级。作为一个管理者,沟通是最重要的工作内容,管理者要善用任何沟通的机会,并通过不同的沟通途径,有方法有层次的激发下属员工发表意见,让员工参与讨论,凝聚团队共识,才能做到上下齐心,最大限度地发挥团队效能。

(一) 沟通前准备

工作特点及性格特征不同的下属有着不同的沟通需求,因此应将下属进行分类,针对沟通对象的不同选择合适的沟通方式。沟通前应了解下属的情绪和目前面临的问题,多为下属考虑能得到下属更多的尊重,使其更加尽职尽责的投入工作。沟通前还应选择合适的时间与场合,比如表扬可以在其他人在场的时候,批评则要避开其他员工,避免尴尬。

(二) 沟通的技巧

1. 正确下令　下达命令应简明扼要,表达清楚,不引起歧义。选择合适的表达方式,不给下属过大压力,并适当征询下属的意见,解答下属的疑问,使其能放心的接受工作。另外,还应适当给予授权,给下属一定的自主空间进行工作。管理者要清楚,自己与员工在人格、人权方面都是平等的,只是工作职责、职位不同,所以在谈话中要顾及员工的心理感受及变化,尊重员工的人格、权利,站在员工的角度去了解员工的心理,避免使用命令式的语气,因为这样会适得其反,使员工出于自我保护而不愿与领导进行真诚沟通,导致沟通的失败。

2. 适时赞扬　每个员工都希望得到领导的重视,希望自己的努力工作能得到认可,因此,对好的工作表现应及时表示认可与赞扬。赞扬不是漫不经心的空洞称赞,如"做得不错""你这次的文章写得挺好",使人感觉敷衍,而应具体、有针对性,让员工知道自己是哪个方面表现突出。其次,赞扬也应秉承公平公正的原则,不偏私,不分亲疏,不存好恶,让员工感觉到自己的努力得到认可,进而调动员工的积极性,工作上更加努力、更加自信。

3. 巧妙批评　对于不恰当的行为,应注意批评的技巧,既能让对方明白自身的问题,又能不损其自尊。在进行批评或指出下属工作失误或不足的沟通中,要避免情绪化。若错误本身不是出于故意,这时员工需要的是上级的安慰、鼓励与支持,帮助他找到解决的方法。因此在沟通中应言辞委婉,语气平和,顾及下属的感受。

第二节　常见关系沟通形式与技巧

一、电话沟通

现代社会,通信技术拉近了人与人之间的距离,使人们的联系更为方便快捷。人们在日常的沟通中,使用的最多的工具就是电话。电话的沟通技巧会影响到沟通目标的达成,甚至也会直接影响到工作单位的对外形象。要想给对方留下诚实可信的良好印象,学习和掌握基本的电话沟通技巧是很有必要的。

(一) 接电话

1. 接听及时,热情有礼　接听电话要迅速、及时,讲究"铃响不过三"的原则,接电话后大方问好,并确认对方身份。若为办公电话应首先自我介绍:"您好,这里是××单位",如果对方找的人在旁边,应说:"请稍等"并轻声招呼同事接听,如果对方找的人不在,应告诉对方并询问是否需要留言。

2. 随声应答,做好记录　接听电话时认真倾听,并及时给予反应,声音亲切、温柔。重要信息做好记录,如时间、地点、联系事宜、需要解决的问题等。一般情况下,左手接听,右手记录,并与对方进行核对,确保正确无误。电话交谈完毕,应尽量让对方结束对话,若确需自己结束,应解释并致歉。通话完毕,应等对方放下话筒后,再轻轻放下电话,以示尊重。

（二）打电话

1. 时间恰当,顾及场合　拨打电话时应注意选择恰当的时间,不要在对方的休息时间打电话,跨国电话应注意时差,电话接通后应询问对方是否方便通话,给予对方充分的尊重。

2. 自报家门,谦虚有礼　对方接电话后及时问候,通话中做到"您好"开头,并主动告诉对方自己的身份;"请"字在中,语气和蔼、态度文雅、音量适宜、语速适中;"谢谢""再见"收尾。若通话中途中断,应由打电话者立即回拨并做好解释。

3. 简明扼要,及时结束　打电话前要构思好沟通的事情,通话中表达清楚,不赘言。工作电话力求遵守"三分钟原则",即将通话时间控制在三分钟内,一般由打电话方主动结束通话。

二、拜访与接待

（一）拜访

拜访(visit)是指亲自或派人到朋友家或其他单位去拜见访问某人的活动。人与人之间、社会组织之间都少不了这种拜访。拜访时,应遵循一定的礼仪规范,以促进彼此的沟通。

1. 到住所拜访

（1）事先预约,如约而至:拜访前应选好时机,并与对方预约好拜访时间与地点,未曾约定的拜会属于失礼之举。如因急事无法事先约定,见到主人应致歉并说明打搅的原因。约定好会面时间后,拜访者应按时赴约,准时赴约是国际交往的基本要求。若因故迟到应向主人致歉,因故失约应在事前诚恳说明,避免对方做无谓等待。

（2）文明有礼,举止得体:拜访前应注意自身的服饰与仪容是否得体。初次登门可酌情准备小礼物,重要的节日亦不妨带些有意义的礼品以表心意。登门拜访应谦和有礼,进入对方寓所前,应轻叩门或按门铃,得到许可方可进入。拜访过程应遵守对方的规矩,做到"客随主便",不引起对方的不便。在屋内不随意走动,不做出窥探的动作,不评论主人家的陈设,不翻动主人家的东西。交谈时态度诚恳自然,用心倾听,不随意插话或打断别人谈话。

（3）惜时如金,适时告辞:应根据拜访目的事先做好计划,拜访时间不宜过长,事务性拜访通常以半小时为宜,不过多的打扰对方。拜访结束主动告辞,不耽误对方的时间,不引起尴尬。出门后应请主人留步。若有意邀请主人回访,可在同主人握别时提出邀请。

2. 到办公室拜访　拜访前应事先预约并准时到访。进入办公室前,应先敲门,得到允许后方可入内,若进门前办公室门是关闭的,进门后应轻轻把门关上。若为初次拜访,应做好自我介绍,让对方明白来意,如果对方正好有事正在处理,应稍等片刻。交流时长话短说,拜访时间控制在10分钟左右,尽量不超过半个小时,不影响主人的工作。尤其要注意的是,至办公室拜访时,不宜携带礼品,以免引起不必要的误会。

（二）接待

接待(reception)是对来访者的迎接和招待。在日常生活中,经常要接待许多来访者,要根据来访者的不同心态和性格特点,针对来访的意图给予处理。

1. 热情迎客　迎接客人时应热情大方,让客人有宾至如归的感觉,尤其是第一次来访的客人,为表现对客人的尊重,应根据双方事先约好的时间提前到达,迎候客人。客人到达后根据相

熟程度选择合适的接待礼仪,如握手、拥抱,并将客人介绍给家人或同事。如遇到个别客人不期而至,应停下手中事务,起身相迎,不怠慢客人,使客人难堪,而应主动了解客人的来访之意,妥善处理。

2. 周到待客　客人到访之前,应适当做好准备工作,如做好环境清洁、准备茶点,主人自身穿戴得体。接待客人时应主随客便,考虑周全,关怀备至,注意礼貌礼节,为客人提供一个轻松的氛围。接待客人时不要去做与待客不相干的事情,如一边与客人交谈,一边看电视等,如交流时间过长,也不应显露厌倦之感,以免对方误以为逐客。

3. 礼貌送客　客人告辞时,主人应婉言相留,如客人执意要走,应等客人起身告辞时,主人再起立送客。若是熟识的好友,要把客人送到门外、楼下,亲切道别,并邀请客人有时间再来。远道而来的客人必要时应送至火车站、飞机场、码头等,以展示足够的交往诚意。

三、求 职 面 试

求职面试(employment interview)是一个进行职业选择的双向过程,求职成功与否取决于供需双方的要求是否能够达成一致,求职面试的过程是求职者与招聘者相互沟通的过程,双方能否有效沟通,一定程度上决定了求职的成败。

(一) 面试前准备

1. 有的放矢,备好材料　掌握求职信息是求职的首要前提,毕业生可通过毕业院校的就业指导部门、人才市场召开的就业招聘会或报纸、广播、网络等传媒渠道获得求职信息,并结合自身专业与条件,选择适合自己的岗位,并备好求职材料。求职材料是毕业生综合实力、综合素质最具说服力的证明,它包括:

(1) 求职简历:简历是最重要的求职书面材料,是对个人学历、经历、特长、爱好及其他有关情况所作的简明扼要的书面介绍,它向未来的雇主表明你拥有能够满足特定工作要求的技能、态度、资质。求职简历一般包括:

1) 个人基本信息:指姓名、性别、地址、邮编、电话、电子信箱等内容。

2) 求职意向:即求职者所希望从事的职位。

3) 教育背景:即求职者接受教育的情况,何时于何校获何学历或者学位,把最高的学历或者学位放在最前面,然后依次往前推导。

4) 社会实践(含临床实习情况):社会实践情况,以及临床实习情况如轮转的科室、参加的社会医疗活动、掌握的专业技能等。

上述四项内容是必须具备的,其他内容如知识储备、计算机和外语水平、获得荣誉、特长爱好等均可酌情写入简历。

(2) 求职信:是求职者写给用人单位的简短书信,突出自己选择该单位的原因以及自身的特点与优势。

(3) 推荐信:一般由学生所在学校及院系填写推荐意见。

(4) 成绩单:毕业生在学习期间的学习成绩证明,由毕业院校教学部门填写、盖章。

(5) 获奖证书:外语水平、计算机水平等级证书,奖学金、竞赛、评优的荣誉证书等。

2. 服饰讲究,形象得体　有调查显示,在招聘面试中,考官对求职者的第一印象会影响其后的决策,因此,求职者应注重给招聘者留下良好的第一印象。穿着打扮反映着一个人的处事哲理和文化修养,在求职面试时发挥着重要的作用。面试的服饰应体现出成熟稳重,端庄干练,可选择西装或套装。发型应清爽讲究,女性可适当着淡妆。

3. 遵守时间,有备而来　按照约定的时间,尽量提早到达,避免迟到,无论在什么情况下,都不要让考官等待。提早到达面试地点,不仅能给予自己足够的时间稳定情绪、检查仪表,也能表示求职的诚意。面试前根据对方的要求整理好相关材料,并做好发言准备,避免仓促上场,手忙脚乱。

4. 克服紧张,沉着冷静　在面试中,许多面试者会感觉紧张,一是担心在众多竞争者中,自己能否取胜;二是担心自己不符合招聘单位的要求;三是担心考官提出的问题自己无法回答。思想负担越重,面试时就会越发紧张。因此在面试前应积极做好心理调整,应正确认识自己,认识岗位,克服心理障碍。为自己加油打气,做深呼吸,放松心情,沉着应对。

(二) 面试中沟通

1. 表情自然,动作得体　进入面试室前应敲门,得到许可后方可入内,见到考官应注意礼貌礼节,自然大方,面带微笑,友善地望着主考人员的眼睛,保持良好的仪态,如要递送面试材料,应双手奉上。若考官示意坐下时应道谢,落座后保持身体正直。

2. 用语恰当,应答准确　求职面试的核心内容是应答,在应答过程中,应掌握相应的原则,做到谈吐文雅、言辞标准、语言连贯、内容简洁。应答时应从容镇定,不慌不忙,有问必答,回答问题前应在脑海中将自己的思绪梳理一下,对要说的话认真思索,切勿信口开河,夸夸其谈。在面试中掌握一定的交谈技巧,能够充分发挥自己的特长和优势,进而打动考官。

(1) 明确问题,有的放矢:回答问题前,应理解题目的意思,有针对性地进行回答,切忌文不对题,答非所问。没听清或不明白的问题,可请对方将问题重复一遍,或告诉考官你对问题的理解,确认你的理解是否正确。碰到一时答不出的问题,可以先说一两句缓冲的话,如"请让我想一想""这个问题很值得深思"等,并抓紧时间思考如何回答问题。即使碰上自己不擅长的问题,也要尽量发表看法,切忌沉默不语或表现出为难、慌乱的样子,给考官留下心理素质差、应变能力不强的印象。

(2) 把握重点,条理清晰:回答问题时应抓住重点,先表达自己的基本观点再展开阐述,给主考官一个思路清晰明了的好印象,切勿想到什么说什么,不着边际。不急于提出薪水问题,尽量避开此话题,最好让主考人提出。

(3) 扬长避短,坦率回答:介绍自己时应突出自身的优点,不足之处不提或简单带过。若考官提到自己的不足之处,不应竭力反驳,而应虚心接受,表示自己会加强学习,希望对方给自己一次学习提高的机会,让考官认同你是一个虚心且有潜力的人,这一点比本身已具备的能力更可贵。不小心说错话时应停下来,主动挽回,例如,"对不起,刚才我说错了,应该是……",不懂的问题,要坦率地说"对不起,我忘记了"或"对不起,我不懂"。坦率真诚要胜过虚荣百倍。

3. 自信真诚,善于表现　肯定自我、充满自信,以足够的勇气迎接挑战,是走向成功之路的基础。人的才能需要表现,只有表现,才会为他人所知。如果不能抓住机会,不大胆主动的展示自己的聪明才智,那就会失去机遇,自信能让面试方觉得你自认为能胜任工作,真诚不傲慢,不虚伪,在有限的时间里,尽量表现自己的长处,争取面试方的良好印象。

4. 注意细节,协调关系　每个面试者都是有备而来,因此一些不经意的细节往往会暴露一个人真正的内在素质。一个有经验的面试考官往往会更注重面试者的细节,如面试者进门前是否敲门,进门后是否轻轻关上门,离座后是否将座椅归位,有些考官还会刻意制造一些细节,如将物品置于门口,看面试者是否会将物品拾起等。面试者应多留心细节,有时候,细节反而能决定成败。若招聘小组集体进行面试时,应注意协调好关系。回答主考人问题时,可以留心观察其他人的反应,以示对其他人的尊重。

四、咨询商议

(一) 咨询

咨询(consult)是专业人员为个人或组织提供的顾问服务,倾听咨询者的问题,推荐问题的

解决方案且在必要时为方案的实施提供帮助。在咨询的过程中,合理的沟通能更好地为来访者提供帮助,解决问题。

1. 恰当提问　在咨询过程中,应根据具体情况选择恰当的提问方式,尽可能全面地收集信息。当用来收集资料并加以条理化,澄清事实,获取重点,缩小讨论范围,控制谈话方向,终止叙述时,可采用封闭式提问。封闭式提问不宜过多使用,因有时会抑制来访者自我表达的积极性,会导致来访者不信任甚至反感;再者,封闭式提问暗示性较高,容易产生误导作用。当让来访者就有关问题、思想、情感给予详细说明时可采用开放式提问。开放式提问可调动来访者交谈的积极性,能更深入、更全面地获得信息。在咨询过程中应把二者有机地结合起来。提问时注意提问的方式,语气要平和,态度要礼貌、真诚,不能给来访者以被审问或被剖析的感觉。

2. 认真倾听　认真倾听要求咨询者大部分时间不作声,利用各种感觉途径去获得来访者整个信息。倾听并非仅仅是用耳朵听,更重要的是用头脑、用眼睛、用心灵去听,并且要有参与,有适当的反应。反应既可以是语言的,也可以是非语言的。此外,倾听更重要的是要理解来访者所传达的内容和情感,不排斥、不歧视,把自己放在来访者的位置上来思考,鼓励其宣泄,帮助其澄清自己的想法。

3. 耐心解释　解释是指当咨询者对来访者的基本情况掌握后,运用有关理论对来访者的思想、情感和行为的原因、过程、实质等做出系统、科学的说明。通过解释加深来访者对自身的行为、思想和情感的了解,从而产生领悟,提高认识,促进变化。咨询者在进行解释时,首先应了解情况,准确把握,不随便发表看法,更不能作缺乏科学性的随意解释。咨询者应该视不同的来访者,采用对方能理解的理论和语言来解释,以利于咨询的顺利进行,使来访者的问题得到解决。咨询者应明了自己想解释的内容是什么,且视情况作出适当的解释,并不一定要把掌握的信息都告诉来访者。

(二) 商议

商议(counsel),或称协商,是为了解决问题,怀有诚意地进行沟通,以达成某种共识的沟通方式。协商没有"孰是孰非""大是大非",却容易让一些人为了自己的利益而推诿责任或无理要赖。因此,为了取得良好的协商结果,掌握一定的商议沟通技巧很重要。

1. 真诚协商,彼此尊重　真诚与尊重是协商能够顺利进行的重要前提,协商双方应给予彼此充分的信任。协商是人与人之间的活动,人是有感情、有自尊的,如果前来提出要求的人和颜悦色,尊重对方,那么气氛就是友好而和谐的,协商也就容易成功;反之,如果提出要求时不尊重别人,摆出一副盛气凌人的架势,那协商多半是要失败的。在商议的过程中,适度地放下架子,向对方示弱,以争取同情有时候能够让商议的结果对自身更加有利。

2. 准备充分,有理有据　协商前应做好充分的准备,充分收集相关信息,掌握第一手资料。除了做好自己的材料准备,还要了解对方的情况,揣摩对方的想法,做到知己知彼。在充分准备材料的基础上,理清思路,做好计划,才能在商议过程中占据主动,使商议向良性发展。在商议过程中不能空口无凭,应拿出根据,用事实说话,才能让对方心服口服。

3. 求同存异,避免争论　协商的最终目的就是寻求一致,在协商时应该尽可能创造"一致"。在协商过程中可以用一些肯定的词语如"可以""同意""好""没问题"等,这些表示一致的词反复出现,能使协商的气氛变得轻松,人与人之间的关系变得融洽,双方的合作精神也容易体现出来。

协商的过程中如果遇到意见分歧应心平气和,就事论事,避免不必要的争执。有时候适当的让步,不仅能使协商更加顺利,也更利于维持彼此的良好关系。

学习小结

通过本章的学习,了解到人际沟通是日常生活中为人处世的一门艺术,在实际工作生活中运用好协调人际关系的方法和技巧,将有助于建立和谐的工作和生活环境。在日常生活中,与不同类型的人相处,应采取不同的方法,与陌生人要真诚友善,拉近距离;与同事应精诚合作、互帮互助;对领导要尊重与服从,对下属要爱护与鼓励。在日常交往中常见的几种情境,应认真处理,才能促进沟通。在接打电话时应选好时机、注重礼仪,言简意赅,不影响对方的工作与生活;拜访他人应提前预约,适时告辞,接待客人应热情有礼,使客人感觉宾至如归;求职面试时应做好准备、自信真诚,争取好印象;与他人进行咨询与商议时应友好平等,提供有效的帮助。应认真学习沟通技巧并应用到日常生活中去,并在生活中总结经验,不断提高人际沟通的能力。

(王宪宁)

复 习 题

一、选择题

A1 型题

1. 在正常情况下,每一次打电话的时间最好遵循什么原则
   A. 1 分钟原则　　　　B. 3 分钟原则　　　　C. 5 分钟原则
   D. 10 分钟原则　　　　E. 通话时间越长越好

2. 以下与领导沟通的做法中,正确的是
   A. 在早会上,对发言的科主任说"我觉得你的观点有问题"
   B. 你的科研课题获奖,科主任对你表示祝贺,你说"多亏张主任给了我很多的指导和帮助"
   C. 院长至科室调研,拼命炫耀自身工作能力与工作表现
   D. 为避嫌,刻意与科主任保持距离
   E. 向科主任汇报工作时,尽量使用模糊的词语,比如大概、估计等

3. 与下属单独沟通时的注意事项不包括
   A. 细心倾听员工心声　　　　B. 尽量避开难沟通的下属
   C. 了解员工的情绪　　　　D. 留心员工面临的问题
   E. 多对下属表示赞扬

4. 事务性拜访的时间一般不宜过长,通常停留时间为
   A. 半个小时以内　　　　B. 半个小时至 1 个小时
   C. 1 个小时至 2 个小时　　　　D. 20 分钟至一个小时
   E. 时间越长越好

5. 与同事有了矛盾,明明是自己有理,"为什么还要待他这么好"的原因是
   A. 给上级留下好印象　　　　B. 为顾全大局只好忍气吞声
   C. 对升职有好处　　　　D. 同事相处贵在友善、真诚
   E. 同事有利用价值

6. 在求职过程中最有可能失败的因素是下列中的
   A. 良好的形象　　　　B. 不卑不亢的临场发挥
   C. 标准的普通话　　　　D. 不苟言笑的表情

E. 真诚的态度

7. 在咨询服务中必须牢记对服务对象最需要

A. 表扬和鼓励　　B. 理解和尊重　　C. 表示感谢

D. 目光接触　　E. 严肃认真

A2 型题

8. 国庆假日即将到来,同科室的同事为了假日值班的问题各有想法,小张希望能有连休以便回老家探亲,小李说自己最近身体不适希望多休息,小陈则抱怨每次节假日总是他值班最多。如果你是科室一员,你认为如何处理最好

A. 不掺和

B. 主动承担值班任务,为自己积攒人缘

C. 向领导投诉

D. 表面不吭声,私底下抱怨

E. 也提出自身困难,希望得到照顾

二、实践活动

情境模拟一:

情境:在同行的列车上,旁边有位同龄人,看样子也是一个人出门,这位朋友喜欢看书和坐在窗边看风景,如果你一个人也很无聊,请问你该如何打开和他(她)沟通的渠道,并且成为朋友?

实践内容与方法:事先分组,每组同学根据所给情境设计剧本并进行情景模拟表演,表演结束各组互相进行点评,并讨论与陌生人沟通的技巧。

情境模拟二:

情境:某医院康复科需要招聘一名康复治疗师,登出招聘启事,3 名应届毕业生经过选拔进入最后的面试,面试考官需根据 3 名应试者的面试表现决定录用哪一名应试者。

实践内容与方法:将班级同学在课前分为 4 组,1 组为考官组,负责设计招聘启事及面试的问题,另外 3 组分别准备应聘简历以及应聘发言稿,每组派出一名同学扮演应届毕业生。课堂上进行招聘面试的情景模拟表演,表演结束,各组互相进行点评,并讨论招聘面试的沟通技巧。

第一章	1. D	2. D	3. C	4. C	5. C	6. A
第二章	1. A	2. B	3. A	4. B	5. B	6. E	7. A	8. C
第三章	1. E	2. C	3. C	4. C	5. C
第四章	1. E	2. E	3. D	4. A	5. C
第五章	1. B	2. B	3. B	4. C	5. D	6. D	7. C	8. D	9. C
第六章	1. C	2. D	3. B	4. B	5. B	6. A	7. C	8. E
第七章	1. E	2. B	3. D	4. E	5. E	6. B	7. E
第八章	1. C	2. C	3. C	4. D	5. B	6. C	7. C	8. C	9. C
第九章	1. D	2. A	3. B	4. E	5. D	6. D	7. D	8. D	9. C	10. E
第十章	1. B	2. B	3. B	4. A	5. D	6. D	7. B	8. B

1. 王斌. 人际沟通. 第 2 版. 北京:人民卫生出版社,2012
2. 陈文. 护理礼仪与人际沟通. 南京:东南大学出版社,2011
3. 吕月桂,王远湘. 护理礼仪与人际沟通. 武汉:华中科技大学出版社,2011
4. 卢省花,徐玉梅. 护理礼仪与人际沟通. 武汉:华中科技大学出版社,2013
5. 刘勇. 人际沟通. 西安:第四军医大学出版社,2012
6. 孙元儒,韩悦. 护理礼仪与人际沟通. 北京:中国医药科技大学出版社,2013
7. 汪洪杰. 人际沟通. 郑州:郑州大学出版社,2008
8. 王英姿,杨朝晔. 人际沟通与礼仪. 北京:中国科学技术出版社,2011
9. 史宝欣. 人际沟通与护理实践. 北京:人民军医出版社,2011
10. 张翠娣. 护理人文修养与沟通技术. 北京:人民卫生出版社,2012
11. 钟海,孙敬华. 人际沟通. 第 3 版. 北京:科学出版社,2012
12. 周桂桐. 医患关系学基础. 北京:人民卫生出版社,2012
13. 王亚峰. 医学人文学导论. 郑州:郑州大学出版社,2008
14. 罗芳,王琳. 护理人际沟通. 第 2 版. 西安:第四军医大学出版社,2012
15. 张金钟,王晓燕. 医学伦理学. 北京:北京大学医学出版社,2010
16. 隋淑杰. 人际沟通与礼仪. 北京:人民卫生出版社,2013
17. 王凤荣. 护理礼仪与人际沟通. 北京:北京大学医学出版社,2013
18. 贺伟,肖丹. 人际沟通. 北京:科学出版社,2013
19. 李占文. 人际沟通与交流. 北京:科学出版社,2013
20. 吴玲. 人际沟通. 南京:江苏科学技术出版社,2011
21. 高燕. 护理礼仪与人际沟通. 第 2 版. 北京:高等教育出版社,2012
22. 王静,周丽君. 人际沟通与交往. 北京:高等教育出版社,2012
23. 李辉,秦东华. 护理礼仪. 北京:高等教育出版社,2012
24. 张绍岚. 疾病康复. 北京:人民卫生出版社,2010
25. 约瑟夫·A·德维托. 人际传播教程. 第 12 版. 北京:中国人民大学出版社,2011
26. 励建安. 康复医学. 第 2 版. 北京:科学出版社,2008
27. 史瑞芬. 护理人际学. 第 3 版. 北京:人民军医出版社,2010
28. 位汶军. 人际沟通. 西安:第四军医大学出版社,2013
29. 麻友平. 人际沟通与交流. 北京:清华大学出版社,2009
30. 尹梅. 医学沟通学. 北京:人民卫生出版社,2011
31. Julia Balzer Riley. 护理人际沟通. 隋树杰,董国忠,译. 北京:人民卫生出版社,2010
32. 马燕,马涛. 跨文化沟通技巧在护理工作中的应用. 新疆中医药,2011,29(4):89-90
33. 马如娅. 人际沟通. 第 2 版. 北京:人民卫生出版社,2010
34. Lisa Kennedy Sheldon. 护理沟通技巧. 仰曙芬,王治英,译. 北京:人民卫生出版社,2011
35. 王锦帆. 医患沟通学. 第 2 版. 北京:人民卫生出版社,2013
36. 唐凤平. 护士人文修养. 郑州:河南科学技术出版社,2008
37. 张书全. 人际沟通. 第 2 版. 北京:人民卫生出版社,2010
38. 贾启艾. 人际沟通. 第 3 版. 南京:东南大学出版社,2010

一、课程性质和任务

《人际沟通》是一门研究现实生活及职业活动中的沟通问题及其发展规律的综合性应用学科。是康复治疗技术专业以实践为主的专业基础课之一。本课程是以人际沟通等人文知识与康复治疗技术专业有机结合为目标,突出以人为中心的要求,培养学生良好的职业素养和职业能力,训练学生的服务意识,培养学生的综合素质和可持续发展能力。其主要内容包括:人际沟通及人际关系的基本理论知识,实践中的沟通技巧以及市场经济形势下的新型医疗人际关系。

本课程的主要任务是,学生通过本课程的学习,树立良好的沟通意识,培养良好的沟通态度,提高在工作及生活中的实际交往和沟通能力,一定的多元文化知识、团队合作能力,正确有效地处理工作、学习和生活中的各种冲突,营造和谐的人际关系。

二、课程教学目标

(一)知识目标

1. 掌握沟通的过程及要素,影响人际沟通的因素,医患交谈的技巧、常用语言及禁忌语,非语言沟通的形式、基本要求,人际认知效应,人际吸引规律,建立良好人际关系的策略,医疗人际关系,康复治疗工作中沟通的基本要求和内容。

2. 熟记沟通的概念、目的及意义,人际沟通的概念、方式、层次及特征,人际关系的概念、特点,人际交往的需要与动机,人际冲突,跨文化沟通、学生实习中的沟通及日常生活中沟通的基本要求和内容。

(二)能力目标

1. 能正确应用语言和非语言沟通技巧,在日常生活和康复治疗工作中进行有效的沟通。

2. 能运用人际认知效应、人际吸引理论及建立良好人际关系的策略,建立和发展良好的人际关系。

3. 能有效地处理人际冲突及医患冲突,能建立良好的医疗人际关系,能实现跨文化沟通,能在实习中与带教老师及患者进行良好的沟通。

(三)素质目标

1. 具有良好的职业道德修养,良好的沟通意识,良好的沟通态度和团结协作的精神。

2. 具有认真学习的态度和敢于创新的精神。

3. 爱护、尊重患者,有同感心和同情心,具有积极而稳定的职业情感。

三、教学内容、学时分配与具体要求

教学内容	教学要求			教学活动参考	学时分配		
	了解	熟悉	掌握		理论	实践	小计
第一章 沟通概述 第一节 沟通				理论讲授 多媒体演示	2		2
一、沟通的概念		√		小组讨论			
二、沟通的目的及意义		√					
三、沟通的过程及要素			√				
第二节 人际沟通							
一、人际沟通的概念		√					

教学内容	教学要求			教学活动参考	学时分配		
	了解	熟悉	掌握		理论	实践	小计
二、人际沟通的方式		√					
三、人际沟通的层次			√				
四、人际沟通的特征		√					
五、人际沟通的功能		√					
六、人际沟通的影响因素			√				
第三节 康复治疗工作中的人际沟通							
一、人际沟通在康复治疗工作中的作用		√					
二、康复治疗师人际沟通能力的培养		√					
第二章 人际关系				理论讲授	2		2
第一节 人际关系概述				多媒体演示			
一、人际关系的概念		√		小组讨论			
二、人际关系的特点		√					
三、人际关系与人际交往		√					
四、人际关系与人际沟通的辩证关系	√						
第二节 人际关系的基本理论							
一、人际认知理论			√				
二、人际吸引理论			√				
第三节 建立良好人际关系的策略							
一、主动交往			√				
二、尊重对方			√				
三、关注对方			√				
四、态度真诚			√				
五、表达热情			√				
六、主动提供帮助			√				
七、善用共情			√				
八、真诚赞美			√				
九、表现真实的自我			√				
十、保守秘密			√				
十一、应用恰当的沟通技巧			√				
第三章 医疗人际关系				理论讲授	2		2
第一节 医患关系				多媒体演示			
一、医患关系的性质与特点	√			小组讨论			
二、医患关系的模式		√					
三、医患关系的影响因素		√					
四、促进康复治疗师与患者建立良好关系的策略			√				
第二节 康复治疗师与患者家属的关系							
一、患者家属的角色特征	√						
二、康复治疗师与患者家属关系的影响因素		√					
三、促进康复治疗师与患者家属建立良好关系的策略			√				
第三节 康复治疗师与医院其他工作人员的关系							

续表

教学内容	教学要求			教学活动参考	学时分配		
	了解	熟悉	掌握		理论	实践	小计
一、康复治疗师的角色作用			√				
二、密切康复治疗师与康复护士之间关系的策略			√				
三、密切康复治疗师与康复医师之间关系的策略			√				
第四章 语言沟通				理论讲授	3	3	6
第一节 语言沟通概述				多媒体演示			
一、语言沟通的概念		√		小组讨论			
二、语言沟通的功能		√		角色扮演			
第二节 交谈				演讲			
一、交谈的定义和特点		√					
二、交谈的基本类型		√					
三、医患交谈的原则			√				
四、医患交谈的技巧			√				
五、医患交谈常用语言及禁忌			√				
第三节 演讲							
一、演讲的概念	√						
二、演讲的种类	√						
三、演讲的构思与设计		√					
四、演讲的表达技巧		√					
第四节 书面语言沟通							
一、书面语言沟通的含义	√						
二、书面语言沟通的作用		√					
三、书面语言沟通的原则		√					
第五节 电子媒介沟通							
一、电子媒介沟通概述	√						
二、常用电子媒介沟通的形式	√						
第五章 非语言沟通				理论讲授	3	3	6
第一节 非语言沟通概述				多媒体演示			
一、非语言沟通的概念	√			示教			
二、非语言沟通的特点	√			小组讨论			
三、非语言沟通的作用		√		角色扮演			
第二节 非语言沟通的形式							
一、客体语言		√					
二、体态语言			√				
三、人体触摸			√				
四、界域语言		√					
五、副语言			√				
第三节 非语言沟通的基本要求及技巧							
一、非语言沟通的基本要求			√				
二、康复治疗工作中非语言沟通技巧			√				
第六章 康复治疗工作中的沟通技巧				理论讲授	2	2	4

续表

教学内容	教学要求			教学活动参考	学时分配		
	了解	熟悉	掌握		理论	实践	小计
第一节　康复治疗工作中沟通的基本原则				多媒体演示			
一、以患者为中心原则			√	小组讨论			
二、互动原则			√	角色扮演			
三、鼓励原则			√				
四、关爱原则			√				
五、尊重原则			√				
六、诚信原则			√				
七、目的性原则			√				
八、连续性原则			√				
九、明确性原则			√				
第二节　康复治疗工作中影响有效沟通的特殊因素							
一、心理状态的特殊性			√				
二、功能障碍的特殊性			√				
三、治疗周期的特殊性			√				
四、年龄结构的特殊性			√				
五、患者家属心理活动的特殊性			√				
六、最终治疗目标的特殊性			√				
第三节　康复治疗工作中沟通的常用技巧							
一、沟通中的一般技巧			√				
二、建立支持性沟通关系的其他技巧			√				
第四节　医患冲突的处理技巧							
一、人际冲突概述		√					
二、医患冲突的原因、分类和过程	√						
三、医患冲突的处理技巧			√				
第七章　康复治疗师与患者的沟通				理论讲授	4	4	8
第一节　康复治疗师在治疗工作中与患者的沟通				多媒体演示			
一、康复治疗师在首次接触患者过程中的沟通			√	小组讨论			
二、康复治疗师在康复治疗过程中的沟通			√	角色扮演			
三、康复治疗师在康复健康教育工作中的沟通		√					
第二节　康复治疗师与特定患者的沟通							
一、与儿童患者的沟通			√				
二、与老年患者的沟通			√				
三、与感觉障碍患者的沟通			√				
四、与言语障碍患者的沟通			√				
五、与疼痛患者的沟通			√				
六、与抑郁患者的沟通			√				
七、与烦躁患者的沟通			√				
八、与脊髓损伤患者的沟通			√				

续表

教学内容	教学要求			教学活动参考	学时分配		
	了解	熟悉	掌握		理论	实践	小计
第八章 临床实习中的人际沟通				理论讲授	1	1	2
第一节 实习任务与人际沟通				多媒体演示			
一、实习生的角色和任务			√	小组讨论			
二、实习阶段良好人际沟通的重要性		√	√	角色扮演			
三、实习生在人际沟通中存在的问题	√						
第二节 实习生与带教老师的沟通							
一、影响实习生与带教老师沟通的因素		√					
二、实习生与带教老师沟通的策略			√				
第三节 实习生与患者的沟通							
一、影响实习生与患者沟通的因素		√					
二、实习生与患者的沟通技巧			√				
三、实习中医患纠纷的防范			√				
第九章 跨文化背景下的人际沟通				理论讲授	1	1	2
第一节 文化与跨文化沟通				多媒体演示			
一、文化		√		小组讨论			
二、跨文化沟通			√	角色扮演			
第二节 跨文化沟通障碍							
一、跨文化沟通障碍		√					
二、跨文化沟通的影响因素			√				
第三节 文化休克							
一、文化休克的概念			√				
二、引起文化休克的原因		√					
三、文化休克的表现			√				
四、住院患者的文化休克			√				
第四节 康复治疗工作中跨文化沟通的策略和技巧							
一、康复治疗工作中跨文化沟通的策略			√				
二、康复治疗工作中跨文化沟通的技巧			√				
第十章 日常生活中的人际沟通				理论讲授	1	1	2
第一节 与不同对象之间的沟通				多媒体演示			
一、与陌生人之间的沟通		√		小组讨论			
二、与同事之间的沟通			√	角色扮演			
三、与领导之间的沟通			√				
四、与下属之间的沟通		√					
第二节 常见关系沟通形式与技巧							
一、电话沟通			√				
二、拜访与接待			√				
三、求职面试			√				
四、咨询商议	√						
合计					21	15	36

四、大纲说明

（一）适用对象及参考学时

本教学大纲供高职高专三年制康复治疗技术专业使用。总学时为 36 学时，其中理论教学 21 学时，实践教学 15 学时。

（二）教学要求

本课程对教学内容的掌握程度要求有"了解""熟悉""掌握"三个层次。"掌握"是指学生对所学知识有很深刻的认识并能熟练应用，能综合分析和解决临床康复治疗工作中的实际问题；"熟悉"是指学生对所学知识能够理解并能应用所学技能；"了解"是学生对所学知识能够简单理解和记忆。

（三）教学建议

1. 充分了解学情　了解学生的知识结构、学习兴趣、学习态度、学习习惯及愿望需求等内容，做到有的放矢、因材施教。

2. 恰当选用教学方法　采用讲授、示教、多媒体演示、练习、角色扮演、情景模拟、任务驱动、案例教学等方法进行教学。本门课程是一门实践性很强的学科，所以应特别重视实践教学。在教学中应理论联系实际，采用模拟仿真训练的方式，模拟真实的医患沟通情景，训练学生的服务意识、沟通技巧，培养学生的综合素质和沟通能力。

3. 综合进行教学评价　本门课程采取过程性考核方式为佳。教学评价应采取多样化的方式，对学生的综合素质、学习态度、学习能力、知识掌握和灵活应用能力进行综合评价。通过课堂提问、讨论、角色扮演、随堂测试等方式考核学生的课堂学习及参与情况；通过布置作业、单元目标测试等方式考核学生的知识和技能的掌握情况；重视实践考核，加大实践考核的权重，对学生的实际沟通能力进行考核。